Europäische Hochschulschriften

Hendrik Balonier

Schriftsteller in der konservativen Tradition

Thomas Mann 1914-1924

D1341789

Peter Lang   Frankfurt am Main · Bern · New York

Schriftsteller in der konservativen Tradition

Europäische Hochschulschriften

Publications Universitaires Européennes
European University Studies

Reihe I

Deutsche Sprache und Literatur

Série I   Series I

Langue et littérature allemandes
German Language and Literature

Bd./Vol. 644

PETER LANG
Frankfurt am Main · Bern · New York

Hendrik Balonier

Schriftsteller in der konservativen Tradition

Thomas Mann 1914-1924

PETER LANG

Frankfurt am Main · Bern · New York

CIP-Kurztitelaufnahme der Deutschen Bibliothek

Balonier, Hendrik:

Schriftsteller in der konservativen Tradition :
Thomas Mann 1914 - 1924 / Hendrik Balonier. -
Frankfurt am Main ; Bern ; New York : Lang, 1983
  (Europäische Hochschulschriften : Reihe 1, Dt.
  Sprache u. Literatur ; Bd. 644)
    Auch als: Analysen und Dokumente ; Bd. 13
    ISBN 3-8204-7742-X
NE: Europäische Hochschulschriften / 01

D 30

ISSN 0721-3301
ISBN 3-8204-7742-X
© Verlag Peter Lang GmbH, Frankfurt am Main 1983

Druck und Bindung: Weihert-Druck GmbH, Darmstadt

02-8881

INHALT

Seite

Für Stefani

1. Einleitung

"Das höchste Wirkliche der Kunst ist isoliertes, abge-
schlossenes Werk. Zu Zeiten aber bleibt das runde Werk
allein dem Epigonen erreichbar. Das sind die Zeiten des
'Verfalls' der Künste, ihres 'Wollens'. "[1]

Benjamin zieht im engeren Kontext dieses Zitats die Parallele
zwischen der Literatur des Barocks und der Moderne. Begründet wird sie im Begriff der Allegorie: Das allegorische
Bild sei aus dem Lebenszusammenhang gerissenes Bruch-
stück, dem als solchem nicht mehr der falsche Schein der
Totalität anhafte. [2] Sinnstiftend ist das Zusammenfügen der
Fragmente nach einem neuen Prinzip, das der Allegoriker
bestimmt. Der Unterschied zu dem 'runden Werk' besteht darin, daß bei diesem Verfahren der Reflex der Kunst auf Realität verloren geht - Allegorie ist Konstruktion aus dem Ma-
terial.

Mit kleinen Akzentverschiebungen läßt sich dieser Gedanke
schon bei Thomas Mann finden. In einem Brief vom 25. Juli
1909 nimmt er eine Bemerkung Hofmannsthals zum Roman
'Königliche Hoheit'[3] auf:

"Sie brauchten auch das Wort Allegorie, und dieses Wort
ist ja ästhetisch sehr in Verruf. Mir scheint trotzdem die
poetische Allegorie von großen Maßen eine hohe Form zu
sein, und man kann, scheint mir, den Roman nicht besser
erhöhen, als indem man ihn ideal und konstruktiv macht. "[4]

Wenn auch das Wort in Verruf war, wurde die dahinterstehende Intention damals - zumindest im Umkreis Thomas Manns -

---

1. Walter Benjamin, Der Ursprung des deutschen Trauerspiels,
   in: Gesammelte Schriften, Hrsg. R. Tiedemann u. Hermann
   Schweppenhäuser, Band I.1.,Frankfurt 1974, S. 235
2. dazu: a.a.O.,S.352
3. In: Thomas Mann Gesammelte Werke in 13 Bänden,Frankfurt
   ²1974, Bd. II. Diese Werkausgabe wird nur noch zitiert
   nach Band - römische Zahl und Seite - arabische Zahl.
4. Brief an Hugo von Hofmannsthal, in: Thomas Mann, Briefe
   1889-1936, Hrsg. Erika Mann = Briefe I , S. 76

als modern empfunden. Ernst Bertram, Weggefährte seit Erscheinen von 'Königliche Hoheit' bis nach dem I. Weltkrieg, sah hinter der Fabel des Romans das "Problem des bewußten, allzubewußten Künstlertums, das die Gewalt zu analysieren gezwungen ist, welche ihm gebietet."[5] Die Königliche Hoheit als 'stellvertretende Existenz' allegorisiert die Künstlerproblematik; Form äußert sich als Haltung und Etikette.

In dieser Konzeption liegt die Bruchstelle zwischen Thomas Manns Modernität und seinem Traditionalismus : Das Kunstwerk verliert den Anspruch "sinnfälligen Seins"[6], das organisch den eigenen Lebenszusammenhängen entspringt. Es soll ersetzt werden durch die "hohe Form", die ihren Sinn in sich selbst erzeugt. Dieser glättende, auf Sinn rekurrierende Formwille war rückwärts gewandt, eher dem Ästhetizismus des 19. Jahrhunderts verhaftet, als in zeitgemäßeren Literaturströmungen verankert. Thomas Manns Traditionalismus zeigt sich im Vergleich mit den avantgardistischen Kunstbewegungen, deren Entstehung im Jahrzehnt um den I. Weltkrieg ja auch kein Zufall ist. Dabei liegt ihr Ursprung in einer ähnlichen Problematik, nämlich dessen, was Adorno die "Übermacht des dinghaft Prosaischen

---

5. Ernst Bertram, Thomas Manns Königliche Hoheit (1909), in: Ernst Bertram, Dichtung als Zeugnis, Frühe Bonner Studien zur Literatur, Hrsg. Ralph-Rainer Wuthenow, Bonn 1967, S. 73
6. Nach Gadamer hat das Symbol durch sein eigenes "sinnfälliges Sein" Bedeutung; diese beruht auf seiner "Präsenz". Das Symbol steht handgreiflich für einen übergeordneten Zusammenhang. Dagegen sei die Allegorie eine "rhetorische Figur" aus der "Sphäre des Logos"; d.h. statt des Gemeinten wird ein anderes gesagt, um dieses verständlicher zu machen. Hans-Georg Gadamer, Wahrheit und Methode, Tübingen 1972, S. 68 Die Unterscheidung von Symbol und Allegorie ist oben in meine Erklärung eingeflossen, um den Bruch der Moderne mit der Tradition als Verlust von Sinn darzustellen.

übers lebendige Subjekt"[7] nannte. Hier drückt sich Entfremdung und Zerfall von subjektiver Lebens- und Erfahrungswelt
in der Realität der kapitalistischen Gesellschaft aus.

Wenn Peter Bürger"den Benjaminschen Allegoriebegriff als
eine Theorie des avantgardistischen (nicht - organischen)
Kunstwerks"[8] versteht, bezieht er sich zuerst auf das Prinzip
der Fragmentierung als Reaktion auf diesen Wirklichkeitszerfall; er möchte aber auch die Kategorie der Sinnsetzung
durch den Künstler in seiner Theorie retten, mit dem Hinweis
darauf, daß Negation von Sinn auch Sinn sei.[9] Aber gerade
die implizierte Sinnlosigkeit macht z. B. beim Dadaisten die
Sprengung der Kunstkategorien aus - indem Systemlosigkeit
gegen das System als Formprinzip gesetzt wird. Die Adorno-
sche Definition der Montage macht dies deutlicher:

> Schein ist die Kunst am Ende dadurch, daß sie der Sugge -
> stion von Sinn inmitten des Sinnlosen nicht zu entrinnen
> vermag. Kunstwerke jedoch, die den Sinn negieren, müssen
> in ihrer Einheit auch zerrüttet sein; das ist die Funktion
> der Montage, die ebenso, durch die sich hervorkehrende
> Disparatheit der Teile, Einheit desavouiert, wie, als Form-
> prinzip, sie auch wieder bewirkt. "[10]

Dieser Schock der Moderne macht eine ästhetische Rettung
des Entfremdeten unmöglich: Das Verdikt Adornos über den
Impressionismus[11] trifft im Grunde auch Thomas Mann, weil
die Konstruktion von 'Königliche Hoheit' immer auf die Einheit der Form zielt. Die Form ist nicht Ausdruck zerfallender
Wirklichkeitserfahrungen, sondern ihr ästhetisches Surrogat.

---

7. Theodor W. Adorno, Ästhetische Theorie, Frankfurt 1970,
   S. 232
8. Peter Bürger, Theorie der Avantgarde, Frankfurt 1974, S. 93
9. a. a. O., S. 95. An anderer Stelle bezeichnet Bürger das avantgardistische Werk ausdrücklich noch als Einheit: "Auch das
   avantgardistische Werk ist noch hermeneutisch (d. h. als Sinn-
   ganzes) zu verstehen, nur hat die Einheit den Widerspruch
   in sich aufgenommen. " a. a. O., S. 110
10. Th. W. Adorno, Ästhetische Theorie, a. a. O., S. 231 f
11. a. a. O., S. 232

Die eigentümliche Vereinigung von Traditionalismus und Modernität läßt sich also schon an Thomas Manns erstem Roman nach den 'Buddenbrooks' zeigen; diese Doppelgesichtigkeit seiner Kunst wird gemeinhin erst für die späteren Romane als konstitutiv angesehen. In den entscheidenden Jahren um den I. Weltkrieg äußern sich seine Bemühungen einerseits vor allem im Willen, aus den Denkströmungen des 19. Jahrhunderts zu schöpfen, wofür die Namen Schopenhauer, Wagner, Nietzsche reklamiert werden, andererseits in einer immerwährenden Reflexion über die eigenen Kunstmittel, auch in bezug auf die Adaption dieser Tradition. Bei einer Untersuchung dieses Phänomens geht es nicht so sehr um die Anregung Bürgers, Literaturtheorie im Hinblick auf avancierte Kunst zu entwerfen,[12] sondern darum die zunehmende Fragwürdigkeit der Werkkategorie von einer anderen Seite aufzurollen. Die Unmöglichkeit, die Tradition zu retten, wird auch dort deutlich, wo sie formuliert werden soll, in einem Kunstwillen, der sich selbst als konservativ begreift.

Thomas Mann ließ sich über dieses Problem prononciert aus. In den 'Betrachtungen eines Unpolitischen' (1918) bezog er klare Position für das Überkommene aus Angst vor einer neuen Zeit. Es war dies auch der Prozeß einer Artikulation, die sich ihrer selbst unsicher wird, die ihre Ausweglosigkeit zuletzt hinter der Künstlerproblematik versteckt. So sieht Thomas Mann es selbst im nachhinein, in der nach Abfassung der 'Betrachtungen' geschriebenen Einleitung:

> "Künstlerwerk, Künstlerschrift: Es redet hier einer, der, wie es im Texte heißt, nicht gewohnt ist, zu reden, sondern reden zu lassen, Menschen und Dinge, und der also reden 'läßt' auch da noch, wo er unmittelbar selbst zu reden scheint und meint."[13]

---

12. vgl. Peter Bürger, Theorie der Avantgarde, a.a.O., S.123
13. XII, 11 (Hervorhebung von Thomas Mann)

Die Aporie, die sich bei der Ausformulierung der eigenen
Denkvoraussetzungen ergab, hatte auch Folgen für das
"Werk". Sie können an der Beziehung der 'Betrachtungen'
zum großen Roman der Jahre nach dem I. Weltkrieg, dem
'Zauberberg', konkreter bezeichnet werden. Dessen erste
Konzeption fiel ins Vorkriegsjahr.[14] Das unfertige Roman-
manuskript wurde im Kriege liegengelassen und die Arbeit
erst im April 1919 wieder aufgenommen – durch Überarbei-
tung des bisher Geschriebenen.[15] Dazwischen, 1915 bis 1919,
entwickelte Thomas Mann sein politisches Credo.

Gerade für diese Periode ist also davon auszugehen, daß
bei Thomas Mann Überlegungen zum Romankonzept mit seiner essayistischen Bemühung um die 'Betrachtungen' ein-
hergingen. Zum Erfassen der konservativen und der modernen Elemente seines Werks gehört insofern die Beschreibung des Verhältnisses von Essay und epischem Werk.

Dies ist ein altes und schwieriges Forschungsproblem,
das nicht mit dem Hinweis auf die Verwischung beider Literaturformen bei Thomas Mann abgetan ist.[16] Um hier genau-
ere Bestimmungen zu treffen, sind die unterschiedlichen
Rollen des Erzählers und des Essayisten hervorzuheben.

---

14. Vgl. den Brief an Ernst Bertram vom 24. Juli 1913. Der Ro-
man war zuerst als Novelle geplant, "eine Art humoristisches
Gegenstück zum 'Tod i V'(Tod in Venedig H. B.)" Th. Mann an
Ernst Bertram, Briefe aus den Jahren 1910-1955, Hrsg. Inge
Jens, Pfullingen 1960, S. 18 (= TM – EB)

15. Siehe Thomas Mann Tagebücher 1918-1921, Hrsg. Peter de
Mendelssohn, Frankfurt 1979, S. 205, Eintragung zum 20. IV.
1919:"Ich begann nach 4jähriger Unterbrechung wieder am
Zauberberg zu schreiben. "

16. Etwa bei Richard Exner, der Erzählerisches in den Essays
und Essayistisches in Romanen und Novellen hervorhebt. Beispielsweise sei die Entscheidung über die Kunstform beim
Essay 'Phantasie über Goethe' im Vergleich zur Erzählung
'Schwere Stunde' im Grunde nicht mehr zu treffen. S. dazu Richard Exner, Der Essay als dichterische Kunstform, stilistische und historische Probleme unter besonderer Berücksichtigung der Essayistik Thomas Manns, Heinrich Manns, Hugo v. Hofmannsthals und Rudolf Borchardts, Los Angeles 1958, S. 255 u. ö.
Allerdings bleiben bei Exner die Kriterien für die Gemeinsam-

Dazu gibt Thomas Mann eine Definition im Notizenkonvolut
zum geplanten aber nicht ausgeführten Literatur Essay
'Geist und Kunst', der sich vor allem mit der Bestimmung
des 'Dichters' und des 'Schriftstellers' befassen sollte:

> "Der Dichter geht von der Idee aus und setzt sie in Plastik,
> Gestaltung, Leben um. Der reine (absolute) Schriftsteller
> geht vom Leben, Erlebnis, dem Sinnlichen aus und setzt es
> in Ideen, in Geist um." [17]

Dieser Gedanke ermöglicht einige Aufschlüsse über Thomas
Manns 'Ideenkunst': Die einzelnen Momente des Romans (Personen, Handlungen) sollen über sich hinausweisen auf eine
höhere Einheit der Idee. Sie konstituieren so - symbolisch -
den "Sinn" des Romans. Andererseits hat der Essay diese

---

keiten von Essay und Novelle im Dunkel. In "Schwere Stunde"
läuft ein innerer Monolog des sich um die Darstellung der
Armee im Wallenstein quälenden Schiller ab, während 'Phan-
tasie über Goethe' in erster Linie interpretiert, die Schil-
derung von Goethes Geburt nur benutzt. Die folgenden Leseproben
zeigen die Distanz von Novelle und Essay:
"Der Wille zum Schweren ... Ahnte man, wieviel Zucht und
Selbstüberwindung ein Satz, ein strenger Gedanke ihn kostete?"
(Schwere Stunde, VIII, 377)
"Bei Goethe ist alles noch in ruhigerem, heiteren Gleichge-
wicht, objektive und plastische Gesinnung." (Phantasie über
Goethe, IX, 736)

17. Thomas Mann, Geist und Kunst, Notizen zum 'Literatur Essay'
in: Paul Scherrer, Hans Wysling Quellenkritische Studien zum
Werk Thomas Manns, Bern/München 1967 (=Thomas Mann Studien I), S. 174. Der gescheiterte Literatur Essay bildet den einst-
weiligen Abschluß von Thomas Manns Überlegungen zur Ästhetik.
Am Anfang steht "Bilse und Ich" (1906) X, 9ff als Abgrenzung
der 'Buddenbrooks' vom Schlüsselroman eines Leutnants Bilse.
Dieser Essay liefert Th. Manns Bekenntnis zur 'Voraussetzungs-
losigkeit' der Kunst: "Wie aber kann ich mein ganzes Selbst preis-
geben, ohne zugleich die Welt preiszugeben, die meine Vorstellung
ist?" X, 22. Eine wichtige Etappe zu den Betrachtungen stellt der
'Versuch über Theater' dar (X, 23ff). Hier wird erstmals der Roman "vom demokratisch-mondänen Typ" als "Instrument der Zivilisation" ausgespielt gegen den "höheren", "deutscheren Fall"
des Romans mit "individualistischer Moral-Problematik" (X, 61).
Einige zusammenhängende Seiten der Notizenmasse 'Geist und
Kunst' wurden als Essay 'Der Künstler und der Literat' (X, 62ff)
veröffentlicht.

Einheit aus dem "Leben" zu gewinnen, das Vielfältige und Weitverzweigte zu einer "Ganzheit" zusammenzuschließen.

Noch in einfachsten ästhetischen Fragestellungen zeigen sich Thomas Manns Affinitäten zur Lebensphilosophie ; wenn er über Kunst nachdenkt, eröffnet sich der ganze Komplex des "Weltanschaulichen". [18]

So kann auch der Ausgangspunkt der 'Betrachtungen' einigermaßen bezeichnet werden: Sie sind gekennzeichnet vom Versuch, Einheit herzustellen, indem sie sich im Kontext einer als kontinuierlich aufgefaßten Tradition formulieren.

Der Essay hat die Aufgabe, den Autor seiner gesellschaftlichen und historischen Bedingungen sicher zu machen.

Das Scheitern dieser Konzeption ist darin begründet, daß nicht nur "die Identität der Erfahrung, das in sich kontinuierliche und artikulierte Leben (zerfallen ist)" [19], sondern auch die Einheit des Individuums mit der Tradition. Geschichte läßt sich nicht mehr als Kontinuum denken, schon gar nicht durch die Projektion des einzelnen. Damit ist die Haltung des Erzählers, des "raunenden Beschwörers des Imperfekts" [20], die Thomas Mann im Vorsatz des 'Zauberberg' einnimmt, zutiefst fragwürdig geworden.

Der Reiz ist, den 'Zauberberg' in Hinblick auf das Scheitern der konservativen Position Thomas Manns bis zum Ende des I. Weltkrieges zu lesen und festzustellen, wo die "Ein-

---

18. vgl. etwa in diesem Zusammenhang Max Scheler, der eine "Philosophie aus der Fülle des Lebens heraus, ja - schärfer gesagt - eine Philosophie aus der Fülle des _Erlebens_ des Lebens heraus" entwickeln will. (Hervorhebung von Scheler), in: Max Scheler, Versuche einer Philosophie des Lebens, in: Die Weißen Blätter, 1. Jhg. Heft 3, November 1913, etwa zeitgleich zu 'Geist und Kunst'.
19. Theodor W. Adorno, Form und Gehalt des zeitgenössischen Romans, in: Akzente 1. Jhg. 1954, S. 411
20. vgl. Zauberberg, III, 9

heit des Erzählens"[21] verlorengeht, ob die Chronologie
sich nicht genauso 'verzettelt' wie schon früh Hans Castorps Reise.

---

21. vgl. auch Gunter Reiss, Allegorisierung und moderne
   Erzählkunst, Eine Studie zum Werk Thomas Manns,
   München 1970. Reiss spricht von der Skepsis und der
   Unsicherheit des Erzählers, die schon seit der Jahr-
   hundertwende für Thomas Mann zum Problem wurde.
   Den modernen Romancier kennzeichne "das mangelnde
   Vertrauen in sein Wissen, in das einst so umfassende
   epische Wissen". a.a.O., S. 49
   Die Betrachtungen können m.E. als ein letzter Versuch
   gewertet werden, dieses Wissen wieder herzustellen,
   etwa als Wissen um Tradition und Anknüpfungspunkte.

2. Die Voraussetzungen

Thomas Mann zitiert in den 'Betrachtungen eines Unpolitischen' eine Studie des frühen, noch lebensphilosophisch geprägten Georg Lukács über Theodor Storm[1]: 'Bürgerlicher
Beruf als Form des Lebens' wird hier definiert als "die
Herrschaft der Ordnung über die Stimmung, des Dauernden
über das Momentane, der ruhigen Arbeit über die Genialität,
die von Sensationen gespeist wird."[2]
Mehr noch als der in deutlicher Anlehnung an Max Weber
aus der bürgerlichen Ethik entwickelte Kunstbegriff[3] faszi-
nierte Thomas Mann Lukács' Deutung der Gestalt Theodor
Storms: Als ein letzter großer Dichter des ungebrochenen
alten Bürgertums repräsentiere dieser das alte Lebensgefühl in einer modernen Welt – in seinem Blick liege das Moment melancholischer Erinnerung, aber sein Werk drücke
die Kraft der Resignation jedes Entsagens aus. "Etwas ent-
schwindet und jemand blickt nach, und er lebt weiter und
geht nicht daran zugrunde."[4]
"Deutsches l'art pour l'art"[5] ist somit nicht nur eine spe-
ziell deutsche Verbindung von Artistik und Bürgerlichkeit,
sondern auch ein Kennzeichen, wie Altes in Neuem überdau-
ert. Hierin liegt ein zentrales Anliegen Thomas Manns in
den 'Betrachtungen' und gerade deswegen ein bedeutender Unterschied zu Lukács: Während dort die Möglichkeit bürgerlicher Kunst zurück ins 19. Jahrhundert auf Theodor Storm

---

1. Bürgerlichkeit und l'art pour l'art, in: Georg Lukács, Die
   Seele und die Formen, Berlin 1911
2. G. Lukács, a. a. O., S. 124f, zitiert in: Thomas Mann, Betrachtungen, XII, 103.
3. "Des Handwerkers Tüchtigkeit: das ist der Wesenszug dieses Ästhetentums", Lukács, a. a. O., S. 133
4. G. Lukács, a. a. O., S. 138f
5. a. a. O., S. 132, zitiert bei Thomas Mann, XII, 104

projiziert wird, erhebt hier Thomas Mann Anspruch auf einen unpolitischen Ästhetizismus für sich selbst und sein
eigenes Werk.[6] So ist seine Haltung auch nicht durch die
Kraft der Resignation geprägt, sondern durch eine bewußte
Auseinandersetzung mit der hereinbrechenden Moderne.

Noch zwölf Jahre nach Erscheinen der 'Betrachtungen'(1918)
hält er im 'Lebensabriß' (1930) daran fest, daß dieses Buch
seinen geistesgeschichtlichen Sinn "als letztes, großes und
nicht ohne Bravour geführtes Rückzugsgefecht romantischer
Bürgerlichkeit vor dem Neuen"[7] behalte.

Immerhin klingt hier an, daß den 'Betrachtungen' ihre Rele-
vanz innerhalb des Gesamtkunstwerks behaupten können.
Unter dem Signum "deutsches l'art pour l'art" entwickelt
sich ein künstlerischer Impetus, der in den Romanen und Erzählungen der mittleren bis späten Periode nachwirkt. Die
Erfahrung einer aussichtslosen Bemühung, die gerade deshalb das "Werk" hervorbringt, weil sie sich den Zeittenden-
zen widersetzt, ist ja die wesentliche Frucht der langjähri-
gen Niederschrift der 'Betrachtungen'. Hier schwingt der
Gedanke eines ungesicherten Künstlertums mit, das in seiner
Haltlosigkeit nicht dort stehenbleiben kann, wo das "Werk"
es eigentlich verlangte: Daß sich die Proportion von Form
und Inhalt dabei verändert, macht für Thomas Mann den Reiz
moderner Kunst aus. Der 'Doktor Faustus', ebenso wie der
'Zauberberg' der Roman eines Weltkrieges, dringt in die ästhetischen Fragestellungen der 'Betrachtungen' tief ein und

---

6. Weswegen er in den 'Betrachtungen' nicht nur an die Tradition des 19. Jahrhunderts anknüpfen will, sondern seine
   ganzen geistigen Wurzeln hier sieht: "So liegt auch mein
   geistiger Schwerpunkt jenseits der Jahrhundertwende." XII,
   22. "Bürgerlichkeit als Lebensstimmung, Lebensgefühl ist
   mein persönliches Erbe." XII, 139
7. XI, 129 vgl. auch Brief an René Schickele vom 2.4.1934:
   "Es gibt nichts Schöneres als ehrenvolle Rückzugsgefechte"
   Briefe I, S. 358

arbeitet die Vorstellung vom gespaltenen Künstlerwillen
auf:

> "Jenes klangfunkelnde 'Meerleuchten' war ein in meinen
> Augen sehr merkwürdiges Beispiel dafür, wie ein Künst-
> ler sein Bestes an eine Sache zu setzen vermag, an die
> er insgeheim nicht mehr glaubt, und darauf besteht, in
> Kunstmitteln zu exzellieren, die für sein Bewußtsein [7a]
> schon auf dem Punkte der Verbrauchtheit schweben. "

Prägnant identifiziert Thomas Mann darauf die Entwick-

lung der eigenen Kunst, wie sie sich im 'Zauberberg' aus-

formt, mit der des fiktiven Musikers Leverkühn im 'Doktor

Faustus':

> "Um aber alles zu sagen, so trug schon dies glaubenslose
> Meisterstück koloristischer Orchesterbrillanz heimlich
> die Züge der Parodie und der intellektuellen Ironisierung
> der Kunst überhaupt. "[7b]

Hier stellt sich heraus, welche Antriebskraft die ästheti-

schen Überlegungen der 'Betrachtungen' auch im Spätwerk

behaupten können. Sie wurden explizit im 'Doktor Faustus'

übernommen und bildeten sich als Formprinzip schon im

'Zauberberg' aus. Auf den ersten Blick scheint dessen Ab-

hängigkeit vom großen Essay unter einem anderen Aspekt

evidenter: Der erste Nachkriegsroman arbeitet den Charak-

ter der 'Betrachtungen' als Polemik gegen den Pazifismus

und ihr Eintreten für den Krieg, als einer der "Grundmäch-

te des Lebens"[8] auf, der zweite ist unter dem Eindruck der

Emigration und eines dezidierten Eintretens Thomas Manns

für den Frieden entstanden. Damit ist der heiklere Aspekt

der 'Betrachtungen' berührt: Sie sind zu einer ganzen Reihe

von Kriegsschriften deutscher Schriftsteller, Philosophen

und Professoren zu zählen, die alle ein Thema hatten: den

Krieg als Kampf der Ideen, die Verteidigung deutscher Kul-

7a. VI, 202
7b. a. a. O.
8. Vgl. XII, 464

tur gegen westliche Zivilisation.[9]

Jede Arbeit, die sich mit der Kriegspublizistik deutscher Intellektueller befaßt, wird einen beklagenswerten Anachronismus in Thema, Gestus und Sprache dieser Produktionen feststellen müssen, von dem auch die 'Betrachtungen' nicht frei sind. Für Thomas-Mann-Interpreten war der in der Kriegszeit an mehreren Stellen offen bekundete Nationalismus dann auch ein heikles Thema[10]. Dies hat gerade die Rezeption der 'Betrachtungen' geprägt, die wie kein anderes Buch Thomas Manns heute noch umstritten sind; auch ihre Bedeutung innerhalb des Gesamtwerks ist unterschiedlich bewertet worden.[11]

Es ist jedoch wichtig, die mannigfachen Verstrickungen Thomas Manns in nationalistische Zeitbezüge zu zeigen. Von hier aus kann eine Bestimmung des Schriftstellers in der modernen Massengesellschaft versucht werden: Thomas Manns Haltung im I. Weltkrieg ist gekennzeichnet von dem Versuch, Anschluß an geistige Bewegungen zu finden, die ihn von einer zunehmend empfundenen Orientierungslosigkeit befreien sollten. Die hereinbrechende Moderne, die Lukács ja auch ganz zeitgemäß im Zusammenhang mit

---

9. Die meisten Schriften behandeln dieses Thema zugespitzter in Hinblick auf den Krieg als Thomas Mann. Oft weist sie schon der Titel als ausgesprochene Kriegsschrift aus: z.B. Georg Simmel, Der Krieg und die geistigen Entscheidungen, München und Leipzig 1917, oder Rudolf Borchardt, Der Krieg und die deutsche Selbsteinkehr, Heidelberg 1915.

10. besonders Gedanken im Kriege (1914), XIII, 527ff und An die Redaktion des Svenska Dagbladet, Stockholm (1915) XIII, 545ff

11. So wertet Herbert Lehnert (Thomas-Mann-Forschung, Ein Bericht, Stuttgart 1969, S.137) die 'Betrachtungen' als "zeitweise Verengung in Thomas Manns Ansichten", die er jedoch schnell überwunden habe, während für Hermann Kurzke, der mit seinem Forschungsbericht an Lehnert anschließt (Thomas Mann Forschung 1969-1976, Frankfurt 1977), dieses Buch "zu den intelligentesten konservativen Programmschriften [gehört]".

Storms Melancholie faßbar machte, wurde vor dem I. Weltkrieg ein zentrales Problem bürgerlicher Schriftsteller,
das nicht selten als Verlust der Sinnzusammenhänge
empfunden wurde. [12]

---

12. Ein Brief von Thomas an Heinrich Mann zeigt, wenn er auch
nur als gelegentliche Äußerung zu werten ist, daß dieser
Verlust auch ein ganz persönliches Problem wurde: Neben
der Klage über "drohende Erschöpfung, Müdigkeit, Zweifel"
tritt "die Unfähigkeit, mich geistig und politisch eigentlich
zu orientieren, wie Du es gekonnt hast." Thomas Mann –
Heinrich Mann Briefwechsel 1900-1949, Hrsg. Hans Wysling, Frankfurt 1975, S. 103f. (Im Folgenden: Th. M. -H. M.)

2.1. Das Problem der Tradition

Der Mensch kann nur handeln innerhalb eines Kontinuums
überlieferter, verbindlicher Werte - die Gegenwart bezieht ihre schöpferische Kraft aus der Vergangenheit.
So lautet die ideale, vom Fortschrittsbegriff unbeschä-
digte Vorstellung der Tradition. Die Auffassung von
der Tradition als wirksamer Kraft bildete sich im 18.
Jahrhundert, um die Prinzipien der Aufklärung und deren Neigung zu Theorie und System zu bekämpfen.
Den Gedanken, daß sich das Bestehende organisch entwik-
kelt habe, spielt Herder in einem frühen Fragment gegen
die rationalistische Welterklärung aus. "Auch eine Philosophie der Geschichte zur Bildung der Menschheit"[13] tritt
provozierend programmatisch neben die aufklärerische
des planmäßigen Fortschritts. Der Verlauf der Geschichte
vollzieht sich für Herder naturhaft in Analogie zu den einzelnen Lebensstufen des Menschen. Zentral in diesem Ent-
wurf ist der Begriff der Kraft, die als beherrschendes
Prinzip die Geschichte treibt und dem einzelnen Leben
innewohnt:

> "Was ich auch sei! Ruf von Himmel zu Erde, daß wie
> alles auch ich an meiner Stelle etwas bedeute. Mit
> Kräften ausgespart zum Ganzen, und ja nur mit Ge-
> fühl der Glückseligkeit auch nach Maß dieser Kräfte!"[14]

---

13. J. G. Herder, Auch eine Philosophie der Geschichte zur
    Bildung der Menschheit. Mit einem Nachwort von Hans-Georg
    Gadamer, Frankfurt 1967. Diese Schrift wird gern als
    erstes Dokument des Historismus bezeichnet. Da sich bei
    Herder hier aber schon die dem Konservatismus wesent-
    lichen Denkstrukturen und -inhalte nachweisen lassen, wäre
    es auch interessant die These zu vertreten, daß der Konser-
    vatismus als politische Spielart des Historismus entstand.
    vgl. auch F. Meinecke, Die Entstehung des Historismus, neu
    hrsg. v. Carl Hinrichs, München 1959, Kap. 9 (=Werke Bd. 3)
14. vgl. a. a. O. , S. 106

So ist das einzelne Leben aufgehoben im kontinuierlich
fließenden Strom der Entwicklung der Menschheit.[15]

Herders Geschichtsbild weist damit schon die
wichtigsten Argumentationsstrukturen konservativen Denkens auf. Denn der Ursprung des modernen Konservatismus
liegt keinesfalls in seiner Forderung des Beharrens gegen
die treibenden, fortschrittlichen Kräfte, sondern darin, wie
er sein Verhältnis zur Wirklichkeit gegen die neuen Formen
theoretischer Weltaneignung bestimmt. Für Herder ist dis-
kursives Denken schon Verfall; seine Schrift ist darauf angelegt, in einer intuitiven Bildersprache Einheit von Mensch
und Menschheit zu suggerieren. Aufklärung dagegen ver-
höhnt er: Ihre Ideale Tugend und Glückseligkeit seien nichts
als durch Worte erhöhte und erdichtete Fakten, ihre Zu-
sammenfassung zur Theorie ein Roman, ein Traum[16] abseits der wirkenden Natur. Denn:"Zwischen jeder allge-
meingesagten, wenn auch der schönsten Wahrheit - und
ihrer mindesten Anwendung ist Kluft!"[17]

---

15. vgl. a.a.O., S. 48f
16. vgl. a.a.O., S. 46f
17. a.a.O., S. 84

2.2. Ursprünge des Konservatismus in Deutschland

Der moderne Konservatismus hat seine Wurzeln im 18. Jahrhundert, er entstand in seiner wesentlichen Denkstruktur in
der Abwehrhaltung gegen die Bewegung der Aufklärung und
zwar in einer Debatte um Theorie und Praxis[18], die im vorgestellten Dokument Herders anklingt. 'Lebenserfahrung'
heißt der Grundbegriff aller konservativen Argumentationen
zugunsten der Praxis.[19] "Einer der wesentlichsten Charak-
terzüge dieses konservativen Erlebens und Denkens scheint
uns das Sichklammern an das unmittelbar Vorhandene, prak-
tisch Konkrete zu sein. "[20] Hierin sieht Mannheim die ersten
Anzeichen des Reflexivwerdens eines Traditionalismus, der
noch vom Einklang des Individuums mit seinen Lebenszusammenhängen zeugte. So "(ist) traditionalistisches Handeln ( )
ein fast rein reaktives Handeln. 'Konservatives' Handeln ist
sinnorientiertes Handeln. "[21] Es läßt sich im 18. Jahrhundert
eine Entwicklung nachzeichnen, wie von zwei Seiten Versuche gemacht werden, die Bedingungen des Handelns, vor
allem des politischen Handelns, neu zu formulieren. Die Er-

---

18. "Praxis" ist hier nur als Handeln gefaßt, im Sinne der
    Debatte, die Kant mit seinen konservativen Gegenspielern
    Gentz, Rehberg, Möser und Garve geführt hat. vgl. Kant,
    Gentz, Rehberg, Über Theorie und Praxis. Einleitung von
    Dieter Henrich, Frankfurt 1967
19. vgl. auch Klaus Epstein, Die Ursprünge des Konservatis-
    mus in Deutschland, Frankfurt Berlin 1973, S. 29 Epstein
    hat als erster die Ursprünge von Aufklärung und Konser-
    vatismus herausgestellt.
20. Karl Mannheim, Das konservative Denken, in: ders. Wissens-
    soziologie. Auswahl aus dem Werk, Hrsg. Kurt H. Wolff,
    Neuwied und Berlin 1964, S. 408ff Zitat S. 424
21. a.a.O., S. 416 Hervorhebungen von Mannheim

schütterung der Grundlagen des Staatswesens, der kirchli-
chen und weltlichen Autorität, löste einerseits konservative Bestrebungen zu Reformen, andererseits progressive Forderungen nach einem neuen System[22] aus. Dies war aus mehreren Gründen notwendig: Gegen die großen politischen und
ökonomischen Umwälzungen im 18. Jahrhundert konnten sich
die deutschen Kleinstaaten mit ihrem starren Absolutismus
nicht behaupten. Die Auflösung des merkantilistischen Wirt-
schaftens in die Staatskasse durch das Prinzip des laissez-
faire begünstigte in zunehmendem Maße ein aufstrebendes
Bürgertum. Damit waren dem überprivilegierten Adel die
Grundlagen entzogen. Der Aufstieg des Bürgertums zersetz-
te auch den überkommenen Feudalismus, der in seiner einseitigen Ausrichtung auf das Prinzip von Grundherrn und Ab-
hängigen in seiner Immobilität von der Dynamik des freien
Marktes überrollt wurde. Zudem waren die Bauern durch eine Vielfalt von Abgaben und Leistungspflichten drastisch be-
lastet. Auch die deutschen Städte mit ihrem Zunftwesen fanden keinen Anschluß an den internationalen Handel. So ist
die Situation im Deutschland des 18. Jahrhunderts dadurch
gekennzeichnet, daß die Gesellschaft in einem unbewegli-
chen Staatssystem immer mobiler wurde.

Daneben entstand ein bürgerliches Selbstbewußtsein in der
Entwicklung eigener Ideale von Freiheit und Mündigkeit, die
die alten Werte, Ordnung und Gehorsam, zersetzten. Träger
dieser Ideen war ein neuer bürgerlicher Stand von Gebildeten. Deshalb hatten die Auseinandersetzungen um Tradition
und Fortschritt lange Zeit den Charakter intellektueller Debatten, z. B. auf den Gebieten der Religion oder der Literatur.[23]

---

22. vgl. K. Mannheim, a. a. O., S. 426
23. vgl. K. Epstein, a. a. O., S. 83f

Sie wurden erst dann für den Staat virulent, als er auch ökonomisch zusehends in die Krise geriet und seine Legitimation kaum mehr behaupten konnte.

Habermas hat diesen Prozeß als 'Strukturwandel der Öffentlichkeit' beschrieben:

> "Die feudalen Gewalten Kirche, Fürstentum und Herrenstand, an denen die repräsentative Öffentlichkeit haftet, zersetzen sich in einem Prozeß der Polarisierung; sie zerfallen am Ende in private Elemente auf der einen, in öffentliche auf der anderen Seite. "[24]

Dazwischen entstand ein Vakuum, in dem eine Orientierung politischen Handelns kaum mehr möglich war, weil die Repräsentanz des Entscheidens verlorenging. Die Heftigkeit, mit der die Diskussion um Theorie und Praxis im letzten Jahrzehnt des 18. Jahrhunderts geführt wurde, ist daran zu ermessen; ein beschleunigendender Effekt ging von der französischen Revolution aus und von der politischen Wirksamkeit der Ideen von 1789. Den äußeren Anlaß für die neue konservative Definition von sittlichem Handeln und dem Leben in Staat und Gesellschaft bildete eine kleine Schrift Kants[25], die darauf angelegt war, eine Vermittlung zwischen allgemeinen Prinzipien und ihrer Anwendung zu finden. Sie löste Widerspruch auf konservativer Seite aus. Wichtig vor allem waren die Aufsätze von Gentz und Rehberg, die Aufschlüsse über Ursprünge und Ausgangs-

---

24. Jürgen Habermas, Strukturwandel der Öffentlichkeit, Neuwied und Berlin 1962, S. 24f
25. Immanuel Kant, Über den Gemeinspruch: Das mag in der Theorie richtig sein, taugt aber nicht für die Praxis, hier zitiert in: Kant u. a. , Über Theorie und Praxis, a. a. O. S. 41ff Der Erstdruck erfolgte 1793 in der von Biester herausgegebenen 'Berlinischen Monatsschrift', in der auch die konservativen Gegenpositionen von Gentz ("Nachtrag zu dem Räsonnement des Herrn Professor Kant über das Verhältnis von Theorie und Praxis") und Rehberg ("Über das Verhältnis der Theorie zur Praxis") zuerst erschienen (1793/94). Beide sind in der von mir benutzten Ausgabe abgedruckt.

punkte konservativen Denkens zulassen.

Kant ging von den Grundbegriffen des bürgerlichen Rechts aus, wonach der bürgerliche Zustand jedes einzelnen auf seiner Freiheit als Mensch, Gleichheit als Untertan und Selbständigkeit als Bürger beruht. [26] Diese Prinzipien a priori bilden die "Theorie des Staatsrechts, ohne Einstimmung mit welcher keine Praxis gültig ist. "[27] Dem gegenüber stellen sowohl Gentz als auch Rehberg die konservative "Theorie aus Erfahrung", die, aus dem Leben in Kenntnis von Naturtrieben, Stärken und Schwächen der Menschen gewonnen, erst das Gesetz menschlichen Handelns liefern könne. [28] "Erfahrung allein (...) kann den Stoff zu den praktischen Voraussetzungen liefern, ohne welche das vollkommenste System der Rechte ewig nur ein reizendes Schattenbild bleibt. "[29] Dahinter steht die Vorstellung, daß der alte absolutistische Staat mitsamt seiner feudalen Wirtschaftsordnung noch reformierbar sei, trotz all seiner Begründungsschwierigkeiten. Nicht in der Verbesserung des Systems, sondern in der Verbesserung menschlicher Lebenspraxis sahen die Konservativen Reformansätze. Möser, der einseitiger zugunsten der Praxis argumentiert als seine konservativen Mitstreiter, faßte seine Kritik an Kant in einer prägnanten Formel zusammen: Kommen, sehen und siegen, ist der Wahlspruch des Empirikers; und das Überdenken, wie das möglich gewesen, beschäftigt den Theo-

---

26. vgl. a. a. O. , S. 59
27. a. a. O. , S. 78
28. "Theorie aus Erfahrung" bei Gentz a. a. O. , S. 103
    Rehberg a. a. O. , S. 127
29. Gentz a. a. O. , S. 102f; ganz ähnlich bei Möser:"es ist eitles Spielwerk, Sozial-Kontrakte für idealische Menschen, die von Theoretikern unter keine Umstände gesetzt werden oder die sie doch unmöglich alle übersehen können, auszusinnen. " Justus Möser, Über Theorie und Praxis, in: Sämtliche Werke Bd. IX, Hrsg. B. R. Abeken, Berlin 1843, S. 174

retiker. "[30]

Insgesamt bleibt festzuhalten, daß das Wesen des Konservatismus sich nicht in seinem Ideologiecharakter erschöpft: Er ist ja nicht Verteidigung des Bestehenden gegen die Wirkung der Ideen von Aufklärung und Revolution,
sondern er entstand genau wie die Aufklärung zu einem
Zeitpunkt, als die politischen Verhältnisse unsicher wurden, und damit die Bedingungen einer moralischen Politik
entfielen. [13] Mit anderen Worten: Konservatismus ist im 18.
Jahrhundert zunächst ein Versuch, die auseinanderstrebenden gesellschaftlichen Kräfte, Adel, Bürgertum, Landbevöl-
kerung in eine einheitliche Ordnung durch größtmögliche
Zugeständnisse zu binden. – In bezug auf Mösers 'Patriotische Phantasien' hat Goethe dieses Dilemma zu-
treffend beschrieben: "Wir sehen eine Verfassung auf der
Vergangenheit ruhen und noch als lebendig bestehen. Von
der einen Seite hält man am Herkommen fest, von der anderen kann man die Bewegung und Veränderung der Dinge
nicht hindern. "[32]

---

30. a.a.O., S.167
31. vgl. J. Habermas, Strukturwandel, a.a.O., S.137ff
32. J.W. Goethe, Dichtung und Wahrheit 3. Teil 13. Buch
    in: Goethes Werke, Hamburger Ausgabe in 14 Bänden
    Hrsg. Erich Trunz, Hamburg 1950, Bd. 9, S. 596

2. 3. Nachbemerkung zum Dilemma des Konservatismus

Die vorstehenden Überlegungen zur Entwicklung des Konservatismus wurden in bewußter Abgrenzung von Definitionen angestellt, was konservative Theorie sei. Martin
Greiffenhagen definiert zwar den Konservatismus als
'historische Kategorie',[33] versucht aber dennoch die
Strukturen konservativen Denkens – ähnlich wie Karl
Mannheim – zeitlos zu bestimmen. Dabei wird die
'Gleichursprünglichkeit von Konservatismus und Ratio-
nalismus'[34] hervorgehoben. Greiffenhagen legt damit
konservatives Denken auf die Kategorie 'Irrationalismus' fest.

> "Der Kern des konservativen Verständnisses von Irra-
> tionalität liegt darin, daß sich der Konservatismus mit
> ihm auf vorrationale Zustände und Bedingungen, Tat-
> sachen und Werte beruft und sich selber als die Ausle-
> gung solcher Sachverhalte begreift. "[35]

Es gerät aber in das Dilemma,"seine vorrationale Position
rational auszulegen".[36]

Bedenklich ist dieser Ansatz auf zweierlei Weise. Zum einen fällt jede Form von geschichtlichem Bewußtsein unter
Greiffenhagens Verdikt, sofern sie sich auf Tradition beruft. Wichtiger noch ist, daß die Festlegung des Konservatismus auf eine Theorie, die bestimmte Grundkategorien
inhaltlich bestimmt, seine jeweiligen Beziehungen zur geschichtlichen Wirklichkeit nicht mehr erfassen kann.

  Statt nur Bezug zu nehmen auf seine Irra-

---

33. Martin Greiffenhagen, Das Dilemma des Konservatismus
  in Deutschland, München 1977, S. 50
34. a. a. O. , S. 62ff
35. a. a. O. , S. 63
36. a. a. O. , S. 64

tionalität[37] und seine Funktion als Rechtfertigungslehre[38],
mag es dagegen berechtigt erscheinen, Wurzeln des Konservatismus im (beginnenden) Historismus des 18. Jahrhunderts und vor allem im Empirismus aufzuspüren. Der Blickwinkel allein auf die Irrationalität verstellt wichtige Faktoren der Entstehung: Einige, wie z. B. die Notwendigkeit
politischer Handlungsorientierung in einer auseinanderstrebenden Gesellschaft, Rettung des Begriffs, 'Tradition'
gegen das aufklärerische 'System', sind oben genannt.

Von hier aus läßt sich die Geschichte des
Konservatismus auch als Geschichte seines Wirklichkeits-
verlustes fassen. Im 19. Jahrhundert und vor dem I. Weltkrieg sollte er zu einer Geschichtsauffassung ohne den
zentralen Gedanken der Kontinuität werden. "Die Bewegung des konservativen Erlebens und Denkens (bewegt sich)
vom Pole des Erlebens aus der Tradition zum Pole des Lebens aus Erinnerung "[39] - Erinnerung die von der Romantik
bis zum I. Weltkrieg immer selektiver wurde.
Verloren wurde aber auch das Element des Konservatismus, das ihn anfangs auszeichnete, nämlich "Motive des
Handelns zu entwickeln oder konstant zu halten. Ohne sol-

---

37. "Alles konservative Denken ist irrational" beginnt der
    Aufsatz von Alfred von Martin, Weltanschauliche Motive
    im altkonservativen Denken, wieder abgedruckt in:
    Gerd Klaus Kaltenbrunner (Hrsg.), Rekonstruktion des
    Konservatismus, Bern 1978, S. 139ff, Zitat auf S. 139.
    V.Martin geht sehr stark auf den 'Organismusgedanken'
    und die Vorstellung einer göttlichen Ordnung im Konser-
    vatismus, etwa bei Adam Müller, ein. Beide Aspekte kom-
    men in der politischen Romantik eher zur Geltung.
38. vgl. Heide Gerstenberger, Konservatismus in der Weimarer
    Republik, in: Kaltenbrunner, a. a. O., S. 334. Sie definiert
    den Konservatismus als eine von Anfang an "irrationale
    Rechtfertigungslehre".
39. Mannheim, a. a. O., S. 445 Anm.

che Gemeinsamkeit kann kein Staat Bestand haben. "[40] Hier
ist die Eigenschaft der Klugheit in der Politik gemeint, die
in der Fähigkeit der Vermittlung des jeweils Konkreten
mit dem geschichtlich Gewordenen besteht.

Ein wichtiges Element des deutschen Konservatismus wurde so die Übernahme des 'klassischen Politikbegriffs', der
auf Aristoteles beruht und von Burke vermittelt ist:

"Politische Vernunft ist das Prinzip einer (moralischen)
Rechenkunst, einer Wissenschaft, moralische Größe
nicht metaphysisch oder mathematisch, sondern moralisch
zusammenzusetzen und abzuziehen, zu vervielfachen und
zu teilen. "[41]

'Klassische Politik' ist ein 'Wandeln auf dem Wege der Natur'[42], das voraussetzt, "daß der Staat zu den naturgemäßen
Gebilden gehört. "[43] Diese Vorstellung wird im 19. Jahrhundert durch technischen Fortschritt und die Entwicklung
zum modernen Kapitalismus, besonders aber durch die Ver-
wissenschaftlichung aller Lebensbereiche, unhaltbar. Erfahrung und 'kluges Situationsverständnis' werden durch
den Begriff des "Machens" ersetzt. Von hier nimmt der
Zerfall der Lebenszusammenhänge seinen Ausgang. Wenn
Hegel die Substanz der Sittlichkeit als "subjektive Gesinnung, aber des an sich seienden Rechts"[44] bestimmt, so ist
dies ein letzter Anklang an eine Tradition konkreter Politik
in Deutschland, die auf den Zusammenhang von Individuum
und Gemeinschaft ausgerichtet war und die letztendlich

---

40. Dieter Henrich, Einleitung zu E. Burke, Betrachtungen
    über die französische Revolution, Übs. Friedrich Gentz
    bearbeitet von Lore Iser, Frankfurt 1967, S. 17
41. Burke, Betrachtungen, a. a. O., S. 111, weiter unten
    spricht Burke in diesem Zusammenhang von "der
    obersten aller (politischen) Tugenden, der Klugheit"
    (im Original "the first of all virtues, prudence")
42. vgl. a. a. O., S. 69 ("following Nature")
43. Aristoteles, Politik 1253 a 2 f
44. Hegel, Philosophie des Rechts § 141

scheiterte.

Dimension und Auswirkung dieses Scheiterns verstrickt auch heute noch jede Gesellschaftstheorie in Aporien. Die Frage von Jürgen Habermas:

"Und wie kann das Versprechen der Sozialphilosophie, nämlich eine theoretische Analyse des gesellschaftlichen Lebenszusammenhangs, eingelöst werden, ohne andererseits auf die praktische Einstellung der klassischen Politik zu verzichten? ",

wird nur durch das Bedauern:

"Auf dem Wege zur Wissenschaft verliert Sozialphilosophie was die Politik einst als Klugheit vermochte. "[45]

beantwortet.

---

45. Jürgen Habermas, Die klassische Lehre von der Politik in ihrem Verhältnis zur Sozialphilosophie, in: Theorie und Praxis, Frankfurt [3] 1974 , S. 51

2.4. Wilhelm Meister. Konservativer Bildungsroman

zwischen "Theorie und Praxis"

Die lebhafte Debatte um die Politik ist abzulesen am Kunstwerk, das seine Einheit mit den Lebenszusammenhängen einbüßt. Seit der Mensch die Herrschaft über die Natur ergriffen hat und sie nach seinen Gesetzmäßigkeiten ordnet, verliert er die Bodenständigkeit. Im 18. Jahrhundert setzt der Prozeß ein, die Dichtung als das "Erhabene" aufzufassen, womit ein Kunstbegriff über die bloße Anschauung der Natur gestellt wird. Schillers Idealismus mit seiner "erhabenen" Einstellung löst die Wirklichkeitsbezüge der Kunst auf und schafft gleichsam eine neue Erfahrungswelt.

"Der Mensch ist, wie in andern Fällen, so auch hier, von der zweiten Hand besser bedient als von der ersten und will lieber einen zubereiteten und auserlesenen Stoff von der Kunst empfangen, als an der unreinen Quelle der Natur mühsam und dürftig schöpfen."[46]

Es bleiben also nur zwei Möglichkeiten, mit der Natur umzugehen. Entweder kann man ihr Gewalt antun, ihre Kräfte beherrschen, oder man flieht vor der Natur in eine ideale Welt des Denkens.[47]

Schillers Gedankengang ist nicht so unpolitisch, wie es auf den ersten Blick scheint. Hauptproblem des ausgehenden 18. Jahrhunderts war die Entwicklung eines bürgerlichen Selbstbewußtseins, das sich in einer genuin bürgerlichen Kunst widerspiegeln sollte. Die Hoffnung, daß ein Idealbild deutscher Kultur zur Erscheinung gelangen könne, beruhte auf dem Theater. Das deutsche Nationaltheater war der Be-

---

46. Friedrich Schiller, Über das Erhabene, in: Sämtliche Werke Bd. V, aufgrund der Originaldrucke hrsg. von Gerhard Fricke und Herbert G. Göpfert, München 1975, S. 807
47. vgl. a.a.O., S. 793f

zirk bürgerlicher Selbstdarstellung in einem absolutisti-
schen Staat. Es ging also nicht nur um Kunst und Natur,
sondern vielmehr um Formen von Repräsentation und die
Gewinnung einer neuen Öffentlichkeit. Schillers Auffassung
von der Dualität einer naiven und sentimentalischen Dichtung ist ja nicht allein eine Unterscheidung zweier literarischer Gattungen, der Riß hat seinen Ursprung in den
gesellschaftlichen Verhältnissen, er ist ein Entfremdungs-
phänomen. Ein Zeugnis davon gibt Goethes Wilhelm Meister,
der die 'Grenzlinie' zwischen dem Adeligen und dem Bürger
zieht. [48]

> "In Deutschland ist nur dem Edelmann eine gewisse allge-
> meine, wenn ich sagen darf, personelle Ausbildung mög-
> lich. Ein Bürger kann sich Verdienst erwerben und zur
> höchsten Not seinen Geist ausbilden; seine Persönlich-
> keit geht aber verloren, er mag sich stellen, wie er will." [49]

Der Edelmann ist eine "öffentliche Person", die das Besondere und das Allgemeine in sich faßt, der Bürger "darf
(sc. sich) nicht fragen: Was bist du, sondern nur: Was
hast du?" [50] Wilhelms Brief an den Freund Werner liefert
schon den Grund für den eigenen bürgerlichen Weg zum
Theater. Die Bühne ist Wilhelm Meister sozusagen der
Öffentlichkeitsersatz in seinem Drang nach Harmonie und
Allgemeingültigkeit. Seine theatralische Sendung scheitert
aber an den Aporien dieser Lebensform, die nicht das Reale, sondern nur das Ideale darstellt. Deshalb ist das Publikum auch "bereits Träger einer anderen Öffentlichkeit, die
mit der repräsentativen nichts mehr gemein hat." [51]
Der Bildungsroman wird so ein Ausgangspunkt des Rück-
wegs zu den natürlichen Grundlagen des Lebens. Die Erkenntnis, daß die "schöpferische Kraft" "tief in uns" liegt,

---

48. vgl. J. W. Goethe, Wilhelm Meisters Lehrjahre, Hamburger Ausgabe Bd. 7, a. a. O., S. 291
49. a. a. O., S. 290
50. a. a. O., S. 291
51. J. Habermas, Strukturwandel, a. a. O., S. 27

"die das zu erschaffen vermag, was sein soll" [52], wird
durch den Oheim der "schönen Seele" vermittelt, der es
als Adeliger wissen muß. Die Lektüre der "Bekenntnisse
einer schönen Seele" bringt Wilhelm so von seinem bürgerlichen Irrtum ab, Bildung dort zu suchen, wo er eigentlich keine Talente hatte. [53] Der Erziehungsgedanke hängt
also eng mit den konservativen Vorstellungen einer natürlichen Praxis zusammen. Als Wilhelm mit dem Adel tatsächlich in Berührung gekommen ist, bewegt sich sein Suchen
und Streben nur noch in dieser Richtung. Alle Natürlichkeit scheint für ihn beim Adel zu liegen. Die Antipoden
Schiller und Goethe stehen für Lebensmöglichkeiten ihrer
Zeit. Dem Schillerschen Reich der Freiheit und der Kunst
als Ideal setzt der konservative Goethe seine Auffassung
von den festen Lebensverhältnissen entgegen. Beide ver-
suchen jedoch das Schlagwort der Epoche "Der Bürgerliche arbeitet, der Adelige repräsentiert", schöpferisch
zu überwinden. [54] Ihre Utopie ist der "vollendete Bürger",
dessen Schönheitssinn mit seiner inneren Entwicklung im
Einklang stehen soll. [55] Bei Goethe ist beides auf die Ausformung von Naturanlagen bezogen; dies ist auch seine
wesentliche Intention im Roman. So jedenfalls äußert sich
der Abbé, der die Fäden des Geschehens im Hintergrund
in der Hand hält und Wilhelm zur Meisterschaft führen
will :

"Jede Anlage ist wichtig, und sie muß entwickelt werden.
Wenn einer nur das Schöne, der andere nur das Nütz-
liche befördert, so machen beide zusammen erst einen
Menschen aus. Das Nützliche befördert sich selbst, denn

---

52. J. W. Goethe, Wilhelm Meister, a. a. O. , S. 405
53. vgl. a. a. O. , S. 495
54. vgl. Schiller, Notwendige Grenzen beim Gebrauch
    schöner Formen, in:Werke V, a. a. O. , S. 685. Schiller
    zitiert dazu Garves "Vergleichung bürgerlicher und
    adeliger Sitten. "
55. vgl. a. a. O. , S. 552

die Menge bringt es hervor, und alle können's nicht ent-
behren; das Schöne muß befördert werden, denn wenige
stellen's dar und viele bedürfen's. "[56]

Bei Goethe hat das Bürgertum vom Adel zu lernen. Nicht
etwa der emsige Werner ist es, der die Gesellschaft in
ihrer aufstrebenden Entwicklung voranbringt, sondern die
Gruppe der adligen Reformkonservativen um Jarno, Lotha-
rio und Therese mit ihren pragmatischen Bestrebungen,
das feudale System auf eine natürliche Weise zu verän-
dern. Daß hier Pläne geschmiedet, Projekte entworfen
werden und offensichtlich mit den Organisationsformen
einer rationelleren Landwirtschaft das Element der Theorie sich in den Roman einführt, ist Grund der Kritik des
mißtrauischen Novalis: "Der Held retardiert das Eindringen des Evangeliums der Ökonomie. "[57]

Tatsächlich kennzeichnen die pragmatischen Ziele Wilhelms Entwicklungsgang in zunehmendem Maße. Die Projekte Odoardos und Lenardos in den 'Wanderjahren'
stehen im Zeichen praktischer Weltaneignung, die aber
immer an lebendige Tradition und Einklang mit der Natur gebunden ist. Dies unterscheidet sie von den Metho-
den des bürgerlichen Wissenschaftsbetriebs des 19. Jahrhunderts :

"Bei dem Studieren der Wissenschaften, besonders
derer, welche die Natur behandeln, ist die Untersuchung so nötig als schwer: ob das, was uns von alters
her überliefert und von unsern Vorfahren für gültig
geachtet worden, auch wirklich gegründet und zuver-
lässig sei, in dem Grade, daß man darauf fernerhin
sicher fortbauen möge? oder ob ein herkömmliches
Bekenntnis nur stationär geworden und deshalb mehr

---

56. J. W. Goethe, Wilhelm Meister, a. a. O. , S. 552
57. Novalis, Gegen Wilhelm Meister, in:Fragmente und
    Studien 1799-1800, in: Werke hrsg. und komm. Ger-
    hard Schulz, München 1969 Nr. 135, S. 546 (HKA
    Bd. 3 Abt. XII Nr. 536)

einen Stillstand als einen Fortschritt veranlasse? Ein
Kennzeichen fördert diese Untersuchung, wenn nämlich
das Angenommene lebendig und in das tätige Bestreben
einwirkend und fördernd gewesen und geblieben. "[58]

Die Entfaltung des Wilhelm Meister ist so nur unter der
Annahme lebendiger Naturkräfte zu verstehen. Seine Suche
nach der Wirklichkeit wird zum Versuch, Harmonie mit der
Natur herzustellen.

Im berühmten Fragment über die Natur[59] wird diese Beziehung festgelegt:

"Natur!... Wir leben mitten in ihr und sind ihr fremde.
Sie spricht unaufhörlich mit uns und verrät uns ihr Ge-
heimnis nicht. Wir wirken beständig auf sie und haben
doch keine Gewalt über sie... Gedacht hat sie und sinnt
beständig; aber nicht als ein Mensch, sondern als Natur."[60]

Das Fragment ist die Begründung der morphologischen Studien Goethes. Erkenntnis der Grundlagen erscheint nur möglich, indem man der Natur ihre innewohnenden Gesetzlich-
keiten abmerkt. Das bürgerliche Lebensgefühl des 18. Jahrhunderts läßt sich hier vielleicht am sachhaltigsten von dem
so ganz anders gearteten 19. Jahrhundert abgrenzen, es
wirkt vor allem im Spätwerk Goethes. Die 'Wanderjahre'
sind in ihrer Romanform, die den Erzählzusammenhang zersetzt, Episoden und Epigramme vermischt, mit der Vorliebe
der Epoche für den üppig wuchernden Garten zu vergleichen.
Die Einheit des Mannigfachen ergibt sich nicht mehr aus
einem rationalen Ordnungsprinzip, sie ist aus dem harmonischen Zusammenhang der aufeinander bezogenen Teile
zu erschließen. Harmonie ist nicht herstellbar, sondern
vollzieht sich naturhaft.

---

58. J. W. Goethe, Wilhelm Meisters Wanderjahre, in: Ham-
    burger Ausgabe Bd. 8, a. a. O. , S. 442f
59. Das auch in neueren Goethe-Ausgaben Christof Tobler
    zugeschrieben wird, obwohl der späte Goethe sich dazu
    bekannt hat. vgl. J. W. Goethe, Sämtliche Werke Artemis
    Ausgabe Hrsg. Ernst Beutler , Bd. 16, Zürich 1977,
    S. 921 und S. 925f
60. a. a. O. , S. 922

3. Das 19. Jahrhundert und die Tradition

Der eigentliche Siegeszug der Aufklärung liegt in der Wirksamkeit abstrakter Ideen auf die Geschichte. Das 19. Jahrhundert ist gekennzeichnet von einer Dynamisierung der
Gesellschaft in allen Bereichen; Ursache ist die Entwicklung arbeitsteiliger Produktionsweisen und die damit ein-
hergehende Technifizierung der Arbeitswelt. "Von Anfang
an wirkt sich die neue Verkettung von Wissenschaft, Arbeits-
prozeß und Wirtschaft zu einer Bedrohung des Lebens aus."[1]
Damit ist das alte ontologische Denken erschüttert. "Klassische Politik", d.h. Handeln in einem Kontext überlieferter
'natürlicher' Werte, verliert ihre Geltung.

Der einzelne bewegt sich nur noch in einer Umgebung, die
er selbst künstlich geschaffen hat und spürt die Entfremdung von Sein, Natur und Geschichte. Diese Entfremdung
ist im Grunde das Problem der modernen Erkenntnis-
theorie, die vom unüberbrückbaren Zwiespalt zwischen
Subjekt und Objekt, Geist und Natur beherrscht ist.[2] Die
Erfahrung des Verlusts von Tradition als einer Entfremdung vom eigentlichen Sein entsteht nach der Umgestaltung
der Wirklichkeit. Hannah Arendt hält geradezu das Erkennt-
nisproblem für die Ursache moderner pragmatischer Weltaneignung.

> "Wenn der Mensch auch unfähig sein mag, die gegebene
> Welt zu erkennen, die er ja nicht selbst geschaffen hat,
> so bleibt ihm doch noch immer die Möglichkeit, das zu er-
> kennen, was nachweislich das Gebilde seiner eigenen
> Hände ist."[3]

---

1. Helmuth Plessner, Die verspätete Nation, Frankfurt 1974, S. 86
2. vgl. Carl Schmitt, Politische Romantik, München und Leipzig
   1919, S. 48
3. Hannah Arendt, Fragwürdige Traditionsbestände im politischen Denken der Gegenwart, Frankfurt o. J. (1959), S. 66

Zwangsläufig kann sich so im 19. Jahrhundert kein Traditionsbegriff entwickeln,[4] der auf die politische Wirklichkeit gerichtet ist; vielmehr mußten die Anknüpfungspunkte in der Vergangenheit gefunden werden. Der Konservatismus befand sich in der paradoxen Situation, Bestehendes formulieren zu müssen, als er schon durch eine neue Realität abgelöst wurde, die Berufung auf die "Dauer" und die Kontinuität der Geschichte nicht mehr möglich war.[5]

Damit ist das Problem der deutschen Geistesgeschichte des 19. Jahrhunderts kurz skizziert. In der "Dialektik der Aufklärung" ist die Kehrseite der Befreiung des Subjekts der wirklichkeitsgesättigte Fortschrittsbegriff, der blind ist für geistige Entwicklungen jenseits der Fakten. "Die glückliche Ehe des menschlichen Verstandes mit der Natur der Dinge"[6] ist in Deutschland nicht zustande gekommen. Die Gründerzeit nach der Reichseinigung 1871 stand im Zeichen wissenschaftlicher, vor allem aber wirtschaftlicher Anstrengungen, der Industrialisierung Deutschlands und seines Sprungs in den Hochkapitalismus. Prophetisch weist Nietzsche nach dem Krieg von 1870/71 darauf hin, daß hier nicht die deutsche Kultur gesiegt habe.[7]

Tatsächlich ist die Zeit bis zum ersten Weltkrieg geprägt von Realpolitik und Wirtschaftstätigkeit. Es bildet sich

---

4. Helmuth Plessner spricht vom Traditionszerfall im 19. Jahrhundert, a. a. O. , S. 82
5. vgl. auch Carl Schmitt, a. a. O. , S. 54. Für ihn ist diese Berufung das eigentliche konservative Argument.
6. Zit. aus Horkheimer/Adorno, Dialektik der Aufklärung, Frankfurt 1969, S. 7
7. Friedrich Nietzsche, Unzeitgemäße Betrachtungen, 1. Stück David Strauß der Bekenner und der Schriftsteller, in: Werke in 3 Bdn, Hrsg. K. Schlechta, München [7]1973, S. 138 , Bd. I

eine typische 'Newcomergesellschaft' mit offenen Chancen,
die gekennzeichnet ist vom Aufstieg des Kleinbürgertums.
Das Deutsche Reich war als Begriff nur ein Mantel für diese in Tätigkeit befindliche Gesellschaft, die keine Einbin-
dung der unterschiedlichen sozialen Gruppierungen Adel,
Bürgertum, Arbeiterschaft gewährleistete. Allenfalls trat
eine Konzentration der verschiedenen Kräfte aufgrund des
Wegfallens der Ländergrenzen ein. Wirtschaftstrusts und
Großindustrie einerseits, eine selbstbewußter werdende
Arbeiterschaft andererseits kennzeichnen Prosperität
und soziale Probleme dieser Zeit.

3.1. 'Weltanschauung'

"Vielleicht gibt es ein Reich der Weisheit, aus dem
der Logiker verbannt ist? Vielleicht ist die Kunst
sogar ein notwendiges Korrelativum und Supplement
der Wissenschaft?"[8]

"Mit bürgerlicher Gesellschaft ist Tradition strengen Sinnes

unvereinbar."[9] Adorno beschreibt hier implizit die Tendenz,

Tradition zu verdinglichen, etwa in Form eines 'Kulturerbes'.

und "real verlorene Tradition ... ästhetisch zu surrogieren."[10]

Dies muß in dieser Klarheit festgestellt werden, weil bürger-

liches Bewußtsein gern in die Scheinwelt der Tradition flieht,

wenn es an der materialistischen Ausrichtung des Lebens lei-

det. In diesem "Traditionskonsum" zeigt sich der Doppelcha-

rakter bürgerlicher Denkweise.

Einerseits bildet sich mit dem Kapitalismus in Deutschland ein

vielfach beschworenes Arbeits- und Berufsethos: Mit der in-

dustriellen Revolution richtete sich in Deutschland der Begriff

Fortschritt nach den ökonomischen Faktoren aus. In nur weni-

gen Jahrzehnten hatte sich das junge 'Deutsche Reich' dadurch

einen wirtschaftlichen Spitzenplatz in Europa erkämpft. "Fach-

menschentum" war "Lebensstil" geworden.[11]

---

8. Friedrich Nietzsche, Geburt der Tragödie, in: Werke Bd. I
   a.a.O., S. 82
9. Theodor W. Adorno, Über Tradition, in: ders. Ohne Leit-
   bild Parva Aesthetica, Frankfurt 1967, S.29
10. a.a.O., S 31

11. vgl. Max Weber, Protestantismus und kapitalistischer
   Geist, in: ders. Soziologie, Universalgeschichtliche
   Analysen, Politik, Ausgewählte Schriften, Hrsg. Johannes
   Winckelmann, Stuttgart 1973, S. 378f
   Weber beschreibt als 'Grundmotiv bürgerlichen Lebens-
   stils' die Askese:"Der Puritaner wollte Berufsmensch
   sein, wir müssen es sein. "(Hervorhebung von Weber)
   Dies sei der Abschied "von einer Zeit des vollen und
   schönen Menschtums."

Aber der dahinterstehende 'Geist der Askese' war der industriellen Eigenmacht gewichen: "Der siegreiche Kapitalismus jedenfalls bedarf, seit er auf mechanischer Grundlage ruht, dieser Stütze nicht mehr. "[12]

Jedoch wurde auch abseits der neuen Arbeitswelt ethische Verpflichtung[13] empfunden – die Wiederbelebung der deutschen Kultur. Der rasende wirtschaftliche Fortschritt stellt sich als geistige Krise dar. In der Prosperität ökonomischer Verhältnisse entsteht der literarische Begriff der décadence, der kulturphilosophische des Verfalls. 'Verfall' meint das Zerbrechen von 'Ich' und 'Welt', an

---

12. a. a. O. , S. 379

13. Es ist beispielsweise bezeichnend, daß Max Scheler die "neue Kulturgesinnung" "von den geistigen Grundhaltungen starker Persönlichkeiten zusammengefaßter Gemeinschaftsbildungen" betont, die sich analog zum "erstaunlichen ethischen Vorbild einer inneren und letzten Unabhängigkeit vom Kapitalismus" bildeten, "das Stefan George und sein Kreis ... gaben. " Max Scheler, Die Zukunft des Kapitalismus, in: Die weißen Blätter, 1. Jhg. H. 9 Mai 1914, S. 946f. Wie wirklichkeitsfern und elitär 'deutsche Kultur' begriffen wurde, zeigt sich in Schelers Übernahme Georgescher Einteilungen (Kulturpöbel – edlere Vertreter), wenn er die "Bürger-Massen" gegen die großen Einzelnen ausspielt (vgl. S. 47f). Ein gutes Beispiel, wie das Nebeneinander von industrieller Gesellschaft und geistiger Kultur, von geheimer Tradition hinter der Fassade bürgerlicher Lebenswelt gedacht wurde, gibt Georges zweites Zeitgedicht im Siebenten Ring.
George beruhigt seine Jünger, die klagen:
" 'Nur niedre herrschen noch, die edlen starben:
Verschwemmt ist glaube und verdorrt ist liebe,"
mit den Worten: "Ihr wandet so das haupt bis ihr die Schönen
        Die Grossen nicht mehr saht–um sie zu leugnen".
Die Sorge: " 'Es ist kein tag. Nur wer den leib aus sich
        Ertötet hat der lösung lohn: die dauer'. "
wird getröstet: "Und schlingt das dunkel uns und unsre trauer:
        Eins das von je war (keiner kennt es) währet"
Stefan George, Der Siebente Ring, Gesamtausgabe der Werke, Endgültige Fassung, Bd. VI/VII, Berlin 1931, S. 32f.

dessen Zusammenhang blinde Fortschrittsnaivität noch glaubte.

So sind beide Bewegungen, "Berufs"- und "Kultur"- Bürgertum, von der Vorstellung einer sinnvollen Totalität mit dem Individuum als Zentrum geprägt. Jedem Bürger bot sich "seine" Weltanschauung: entweder als Festhalten an der "Herrschaft des Subjekts",[14] das sich seinen Lebensraum, die Realität selbst gestaltet, oder als Illusion einer "inneren" Wirklichkeit, der deutschen Geisteskultur. Inmitten einer Wirklichkeit, in der soziale Prozesse in immer stärkerem Maße eigengesetzlich verlaufen, klammerte sich das deutsche Bürgertum an die Fiktion, Tradition oder Fortschritt könnten willentlich ergriffen werden. Aber:

> "Fortschritte sind Prozesse, die sich nicht nach Analogie von Handlungsvorgängen verstehen lassen; Fortschritte sind nicht Planrealisationen; Fortschritte sind, wohlverstanden in diesem Sinne, Prozesse ohne Handlungssubjekt."[15]

Damit ist das Grundproblem bezeichnet, das damals in eine Krise der Philosophie führte. Sie wird manifest in der Vielzahl der 'weltanschaulichen Bewegungen', die das Ziel hatten, Orientierungen zu bieten, den einzelnen wenigstens in eine Bekenntnisgemeinschaft einzubinden.

Man kann den Begriff 'Weltanschauung' als eine Form der 'Popularphilosophie' definieren, die in allgemeinverständlichen, vorwissenschaftlichen Termini die Struktur der jeweiligen Umwelt einem größeren Kreis begreiflich zu machen versucht, und zwar so, daß vom jeweils einzelnen auf ein

---

14. vgl. Hegels Definition der Aufklärung in: Vorlesung über die Philosophie der Geschichte, Werke in 20 Bd., Hrsg. Moldenhauer/Michel, Bd. 12, Frankfurt 1970, S. 522

15. Hermann Lübbe, Traditionsverlust und Fortschrittskrise. Sozialer Wandel als Orientierungsproblem, in: ders. Praxis der Philosophie, Praktische Philosophie. Geschichtstheorie, Stuttgart 1978, S. 135

übergeordnetes Ganzes geschlossen werden kann. Mit dem

Mittel des bildhaften Vergleichs (Analogie) wird die Wirk-

lichkeit als organhaftes Gebilde aufgefaßt. [16]

Bürgerliches Selbstverständnis bildete sich so in sozial-

und kulturkritischen Auffassungen, die eines gemeinsam

hatten: Sie durchschauten nicht die Bedingungen, in denen

sie entstanden.

In der verwirrenden Vielfalt des pseudo-philosophischen

Schrifttums der Jahrhundertwende kristallisieren sich die

Hauptströmungen an zwei Punkten: Die Glücksvorstellun-

gen des Materialismus und des Positivismus stehen in ei-

ner eigenartig starren Dialektik dem Kulturpessimismus

des Idealismus gegenüber.

Beide bauen sich ihr Weltbild in "Analogie zum Leben",

aber während die einen "Natur" meinen[17], haben die an-

deren einen verschwommenen Begriff von "geistigem" Le-

ben. [18] Bürgerliches ist gespaltenes Bewußtsein; das wird

in den idealtypischen Vertretern des Sozial-Darwinisten

und des Geistesaristokraten offenbar.

Die (unhistorisch) materialistische Lebenseinstellung ist

Produkt des Vordringens der Erfahrungswissenschaften

in viele Bereiche, wobei Erfahrung jetzt nicht als 'Wan-

---

16. vgl. Karl Mannheim, Beiträge zur Theorie der Weltan-
schauungs-Interpretation, in: ders. Wissenssoziologie,
a. a. O. , S. 91 ff
17. z. B. wenn Haeckel "den gestirnten Himmel" und "das
mikroskopische Leben in einem Wassertropfen" in Verbindung bringt. Ernst Haeckel, Die Welträtsel, Gemein-
verständliche Studien über monistische Philosophie, Leipzig 1918, S. 215. Im 1906 gegründeten Monistenbund, dessen
Ehrenvorsitzender Haeckel war, zeigt sich die Fortschrittsnaivität, die damals vielerorts in solchen Vereinigungen gepflegt wurde. Die Versöhnung von Philosophie und Natur-
wissenschaft wurde hier als "Veredelung" des Menschen
gesehen.
18. vgl. Scheler, Philosophie, a. a. O. , S. 204 "All das, was im
Denken und Anschauen der Welt, uns an Gehalten, an Werten,
an Sinneinheiten entgegenblitzt", ist für ihn "Erleben".

deln im Wege der Natur' verstanden wurde, sondern als
ihre Aneignung im Sinne wissenschaftlicher und techni-
scher Praxis. Dennoch wurde Fortschritt als 'natürliche
Entwicklung' aufgefaßt, Gesellschaft als freies Spiel der
Kräfte, das sich wie in der Natur zu einem harmonischen
Ganzen zusammenfügt. Mit dieser Ideologie des Siegersin-
nes wollte das aufstrebende Bürgertum die letzten machtstaatlichen Barrieren wegräumen, die dem freien wirtschaftlichen Handeln in den Weg gelegt wurden.

"Diesem nüchtern-pragmatischen Geist moderner Wissenschaft und Produktion entspricht das anthropologische
Grundvokabular des bürgerlichen Zeitalters, das auch
den Schlüssel liefert zu dessen Vorstellungen vom Glück.
Wie sieht dieses Grundvokabular aus? Auffällig ist die
monotone Wiederkehr von Kategorien wie "Selbsterhal-
tung", "Interesse" und "Egoismus", die sich als solche
ewiger Natur darstellen, zugleich aber wesentliche Züge der aufkommenden Gesellschaft freier Konkurrenz
widerspiegeln. In ihr ist der einzelne, das atomistische,
punktuelle Ich als Konzentrationspunkt von Interessen
bestimmt. "[19]

Der deutsche Intellektuelle dagegen gefiel sich in einer
unpolitischen Haltung, die sich selbst als idealistisch
auffaßte. Fritz Stern hat diesen Typus treffend 'Vulgär-
idealismus' genannt.[20]
Dieser Begriff bezeichnet den Niedergang deutscher Tradition vor dem I. Weltkrieg. Abseits jeder politischen und
gesellschaftlichen Realität hielt sich die Vorstellung der
Autonomie kultureller Entwicklung, an die sich der ein-

---

19. Alfred Schmidt, Zum Begriff des Glücks in der materialistischen Philosophie, in: ders. Drei Studien über Materialismus, München, Wien 1977, S. 150
20. Fritz Stern, Die politischen Folgen des unpolitischen
Deutschen, in: Michael Stürmer (Hrsg.) Das Kaiserliche Deutschland 1870-1918, Düsseldorf 1970,
S. 178

zelne als geistiges Wesen anschließt; er definiert sich

als 'Persönlichkeit' im Horizont deutscher Kultur.[21]

Dies zeugt vom Traum, daß sich der
Deutsche "längst über seinen politischen Zustand empor-
gehoben hat",[22] vom Traum der deutschen Innerlichkeit.

Hatte in der Literatur des 18. Jahrhunderts – etwa bei

Schiller – der Hang zum Ideal noch anti-absolutistische,

also gegen die Machtstaatlichkeit gerichtete Tendenz, so

haftete dem Rückgriff auf diese Literatur im 19. Jahrhun-

dert ein ausgesprochener Ideologiecharakter an. "Die

durch Schiller vermittelte Philisterschwärmerei für un-

realisierbare Ideale "[23] hatte die Funktion, die autoritäre

Struktur des Wilhelminischen Reiches zu legitimieren, in-

dem sie der immer fragwürdiger gewordenen Lebenswelt

die scheinbare Intaktheit einer geistigen Kultur gegenüber-

setzte.[24] Der deutsche Geistesaristokrat zog sich ins

Reich einer "machtgeschützten Innerlichkeit"zurück und

fetischisierte die Werte deutscher Kulturtradition. Aber

die Berufung auf diese gleichsam ausgestellten Werte spie-

gelt in deren Vereinzelung nur die zunehmende Isolation

des Individuums wieder. Die Versuche, sie zu durchbrechen,

---

21. vgl. auch Betrachtungen XII, 282: "Der Mensch ist nicht
    nur ein soziales, sondern auch ein metaphysisches We-
    sen; der Deutsche zuerst. "
22. Friedrich Schiller, Randbemerkung zum Balladenfrag-
    ment"Deutsche Größe" in: Sämtliche Werke in 20 Bdn.
    Hrsg. Gerhard Fricke und Norbert G. Göpfert in Verb.
    mit Herbert Stubenrauch, Bd. 2, München 1965, S. 227
23. Friedrich Engels Feuerbach und der Ausgang der klas-
    sischen deutschen Philosophie, in:Marx/Engels Ausge-
    wählte Schriften Bd. II, Berlin (Ost) 1952, S. 345.
    Hier hat auch Kants Kategorischer Imperativ wegen der
    ihm immanenten Unrealisierbarkeit Ideologiecharakter.
24. vgl. auch Th. Mann, Betrachtungen XII, 289 "Immer war
    der Staat eine Veranstaltung, dem Geistigen, dem natio-
    nalen Ideenschutz Macht zu sichern im Innern, ihm Ruhe,
    Ausbreitung, Triumph zu sichern nach außen. "

werden immer abenteuerlicher bis zur Konstruktion der
Ineinssetzung von Persönlichkeit und ihrer Kulturgemeinschaft - Volk als mythisches Individuum.[25]

Die Identifikation verstaubter musealer Werte mit Tradition ist eine entscheidende Station des kulturellen Wirk-
lichkeitsverlustes, weil es ein Verlust der Authentizität
aller Kunst ist: "Denn kein authentisches Kunstwerk
und keine wahre Philosophie haben ihrem Sinn nach je
sich in sich selbst, ihrem 'An-sich-Sein' erschöpft. Stets
standen sie in Relation zu dem realen Lebensprozeß der
Gesellschaft, von dem sie sich schieden. "[26]

Allerdings scheiterten auch Versuche, die beiden auseinanderstrebenden Positionen im Bürgertum einander näher
zu bringen. Haeckel schreibt über den modernen Menschen,
"welcher Wissenschaft und Kunst besitzt: überall findet
er zwar den harten 'Kampf ums Dasein' aber daneben auch
das 'Wahre, Schöne und Gute'. "[27]

Im Porträt des Bildungsphilisters hat Nietzsche das Cha-
rakterbild der Träger dieser 'Kultur' gezeichnet. Wenn
Nietzsche Kultur als Einheit des künstlerischen Stils in
allen Lebensäußerungen eines Volkes definiert,[28] meint
er damit auch den Zusammenhang zwischen Denken und
Handeln. Insofern gibt es für ihn keine originale deutsche
Kultur. Der Bildungsphilister zeigt Gebildetheit statt Bildung, indem er wahllos Kunststile zusammenträgt, "Formen,
Farben, Produkte, Kuriositäten aller Zeiten und aller Zo-

---

25. vgl. XII, 250 "Sympathie mit dem mythischen Indivi-
    duum, 'deutsches Volk' und seinem Heroenkampf ".
26. Th. W. Adorno, Kulturkritik und Gesellschaft, in:ders.
    Gesellschaftstheorie und Kulturkritik, Frankfurt 1975,
    S. 51
27. Haeckel, a. a. O. , S. 216
28. Friedrich Nietzsche, Unzeitgemäße Betrachtungen,
    Erstes Stück, a. a. O. , S. 140

nen"[29] anhäuft; am Deutschen der Gründerzeit diagnosti-
ziert Nietzsche schon früh phlegmatische Gefühllosigkeit
statt geistiger Regsamkeit. [30] Die Chance produktiver Kultur sei in der Vergangenheit vertan worden, könne höch-
stens in der Zukunft ergriffen werden.

Es ist klar, woran diese Parvenukultur der Gebildeten
mit ihrem monumentalen Kitsch leidet: Eine echte Vermittlung deutscher Tradition mit der ihr entgegenlaufen-
den Realität hat es genauso wenig gegeben wie eine Vermittlung des Fortschrittsbegriffs mit den geistigen Tradi-
tionsbeständen. Dies ist es, was Nietzsche in seinem Kul-
tur- und Bildungsbegriff vorschwebt.

Die Projektion ins Historische durch Literatur und bildende Kunst der Jahrhundertwende ist gleichsam Entlastung
von der Eigenmacht des industriellen Zeitalters, nicht seine Verarbeitung.

---

29. a. a. O.
30. a. a. O. , S. 141

4. "Betrachtungen eines Unpolitischen

Das Bewußtsein einer Zeitwende führt bei Thomas Mann zusammen mit der Katastrophe des Krieges zur Entwicklung
eines Konservatismus, der bestrebt ist, die eigenen literarischen Voraussetzungen zu retten. Er versucht, diese Rettung manifest zu machen, indem er sich in den 'Betrachtungen'
einen Gegner definiert, an dem er die Gültigkeit der eigenen
Vorstellungswelt beweisen will: den Zivilisationsliteraten.[1]
In dieser Kunstfigur sollen die Prinzipien des Modernen
personifiziert werden, damit sich der Schriftsteller Thomas Mann in der Abgrenzung zu ihr behaupten kann.
Darin eine Polemik gegen den Bruder, gegen Heinrich Mann,
zu entdecken, fiel schon bei Erscheinen der Betrachtungen
nicht schwer, da seitenlang aus dessen 'Zola-Essay' zitiert
wurde, der offensichtlich einige versteckte Attacken gegen
Thomas Mann enthielt.[2] Allerdings lassen sich auch wei-
tere Literaten aus dem Umkreis Heinrich Manns und der
aktivistischen Bewegung als geistige Vorbilder für den Zivilisationsliteraten namhaft machen, etwa Kurt Hiller.[3]

---

1. Für Martin Greiffenhagen sind Zeitwendebewußtsein,
   Schaffung eines definitorischen Gegners (des Rationalis-
   mus) und die terminologische Unterscheidung "Kultur-Zi-
   vilisation" genuine Merkmale des modernen Konservatismus;
   dazu Greiffenhagen, Dilemma, a. a. O. , S. 67ff und 122ff
2. Beispielsweise den berühmten zweiten Satz im Zola-Essay:
   "Sache derer, die früh vertrocknen sollen, ist es, schon zu
   Anfang ihrer zwanzig Jahre bewußt und weltgerecht hinzutre-
   ten" konnte Thomas Mann mühelos auf sich und sein Frühwerk
   'Buddenbrooks' beziehen. Dieser Satz ist in späteren Druck-
   fassungen gestrichen (vgl. Heinrich Mann, Zola Erstveröffentlichung in: Die weißen Blätter, 2. Jhg. H. 11 November 1915,
   S. 1312 und Zola in: Ausgewählte Werke Hrsg. A. Kantorowicz
   Essays, Berlin und Weimar 1961 Bd. I, S. 153. H. Mann bestritt
   später, daß dieser Satz auf Th. Mann gemünzt gewesen sei,
   was ich nicht für überzeugend halte, da der Satz (zumal mit
   der präzisen Angabe "Anfang ihrer zwanzig Jahre") nur mühsam in den Kontext paßt und leicht entfallen konnte.
3. vgl. Winfried Hellmann: Das Geschichtsdenken des frühen
   Thomas Mann, Tübingen 1972

Dieser Konflikt zweier verschiedener ästhetischer Positionen ist nicht beigelegt, denn er handelt vom schwierigen Verhältnis des Schriftstellers zur Gesellschaft; bei Thomas nimmt es sich wesentlich problematischer aus als bei Heinrich Mann, der immer wieder versucht, eine Einheit von literarischer und politischer Praxis zu denken. Eine große Distanz besteht zwischen den tempogeladenen und präzisen Essays Heinrichs und den selbstgrüblerisch reflektierenden Betrachtungen Thomas Manns: Wo Heinrich treffsicher formuliert: "Ein Intellektueller, der sich an die Herrenkaste heranmacht, begeht Verrat am Geist. Denn der Geist ist nichts Erhaltendes und gibt kein Vorrecht"[4], sucht Thomas Mann verzweifelt nach der Autorität einer dichterischen Tradition, an die er sein Werk anschließen kann. [5]

---

4. Geist und Tat (1910) aus: Heinrich Mann, Politische Essays, Frankfurt 1974
5. Thomas Manns Auffassung von Tradition lehnt sich immer an Autoritäten an, in den Betrachtungen etwa an das 'Dreigestirn' Schopenhauer, Wagner, Nietzsche. Ein Beispiel für Thomas Manns Traditionsbegriff im Zusammenhang mit seiner Definition des Unpolitischen gebe ich hier ausführlich wieder, weil sie die weiteren Ausführungen verständlicher machen:
"Denn ich bin unpolitisch, national, aber unpolitisch gesinnt, wie der Deutsche der bürgerlichen Kultur und wie der der Romantik, die keine andere politische Forderung kannte als die hoch-nationale nach Kaiser und Reich und die so gründlich undemokratisch war, daß nur ihre seelischen Nachwirkungen die Politiker, Burschenschaftler, Revolutionäre der Paulskirche das Erbkaisertum wollen ließen und sie, wie Vogt an Herwegh schrieb, "zu vollkommenen Aristokraten" machten. " Betrachtungen, XII, 116 (Hervorhebung von Th. Mann).

4.1. Ästhetizismus

Mit Erstaunen liest man heute ein Urteil Egon Friedells aus
dem Jahre 1919 über die 'Betrachtungen': "Befreit und be-
feuert war ich von den sonderbar verschränkten, sich auf-
hebenden und bestätigenden, in ihren wirren Konturen so
glänzend gemeißelten Sätzen dieses geheimnisvollen Buches,
dessen sechseinhalbhundert Seiten ich verschlungen habe
wie einen sensationellen Moderoman. "[6] Selbst wenn man
Friedells außergewöhnliche assoziative Vorstellungkraft berücksichtigt, zeigt sich, daß die 'Betrachtungen' damals in
weiten Kreisen ein 'gelesenes' Buch waren. Dabei ist es
schon in bezug auf seine Begrifflichkeit ein Abgrund. Mit
Recht weist Hans Egon Holthusen in diesem Zusammenhang
auf eine zentrale Schwäche nicht nur der Thomas Mannschen
Essayistik hin: "Was die Begriffe Thomas Manns angeht, so
versinkt man leicht ins Bodenlose, wenn man einen von ihnen
fixieren, umreißen, lokalisieren will. Seine Begriffe haben
keine festen Grenzen, ..., sind nur als schwebende Stim-
mungswerte und psychologische Reizstoffe zu verstehen. "[7]

Bezüglich der 'Betrachtungen' sind
beide Positionen in Einklang zu bringen, denn was heute
vielfach als leere Phrase erscheint, bewegte sich im Rahmen deutschnationaler Sprachgebärde; daß sich hier aber
außerdem Passagen brillanter impressionistischer Eindrück-
lichkeit fanden, mochte damals als Grund für eine subtile

---

6 . Egon Friedell, Die Betrachtungen eines Unpolitischen
in: Neues Wiener Journal, 9. März 1919, wiederabge-
druckt in: Klaus Schröter (Hrsg.) Thomas Mann im Urteil
seiner Zeit, Hamburg 1969, S. 83
7 . Hans Egon Holthusen, Die Welt ohne Transzendenz, Eine
Studie zu Thomas Manns Dr. Faustus und seinen Nebenschriften, in: Merkur III, 1949, S. 43

Faszination angesehen werden. So überlagern die schrillen
Töne der kurzschlüssigen Definitionen, der nationalen Emphase, der Polemik gegen die Demokratie die Grundmelodie
einer leiseren Stimmungslage.[8] Die 'Betrachtungen' geben
sich als eine Mischung von Pathos und Innerlichkeit. Eine
Stelle, an der sich Thomas Mann ausnahmsweise mit Malerei
befaßt, zeigt beides. Humanität wird unter dem ästhetischen
Gesichtspunkt dargestellt, in der Beschreibung eines Bildes
von Böcklin (Der Heilige Hain):

> "Ich brauche nur aufzublicken von meinem Tisch, um mein
> Auge an der Vision eines feuchten Haines zu laben, durch
> dessen Halbdunkel die lichte Architektur eines Tempels
> schimmert. Vom Opferstein lodert die Flamme, deren Rauch
> sich in den Zweigen verliert. Steinplatten, in den sumpfig-
> beblümten Grund gebettet, führen zu seinen flachen Stufen,
> und dort knien, ihr Menschtum feierlich vor dem Heiligen
> erniedernd, priesterlich verhüllte Gestalten, während an-
> dere, aufrecht, in zeremonialer Haltung aus der Richtung
> des Tempels zum Dienste heranschreiten."[9]

Unmittelbar an das in literarischer Symbolsprache erzeugte
Stimmungsbild schließt sich Polemik an:

> "Wer in diesem Bilde des Schweizers, das ich von jeher
> wert und mir nahe halte, eine Beleidigung der Menschen-
> würde erblickte, den dürfte man einen Banausen nennen.
> Trotzdem ist der politische Philanthrop ohne Zweifel
> verpflichtet, dergleichen darin zu erblicken, – und soviel
> sei eingeräumt, daß es ein nur zu schlagendes Beispiel
> für die Unzuverlässigkeit der Kunst als Mittel des Fort-
> schritts bietet, für ihren verräterischen Hang zur Schön-
> heit schaffenden Widervernunft."[10]

Interessant an dieser Stelle ist nicht nur der rasche Tempo-

---

8 . Eckhard Heftrich hat die Betrachtungen als 'Zeitenlärm'
   bezeichnet im Gegensatz zur wohlkomponierten 'Zauberbergmusik". Er bemängelt an den Betrachtungen, die für
   ihn 'Ideenmaterial'für den 'Zauberberg' und 'Dr. Faustus'
   sind, eher die sachlichen inneren Widersprüche und die
   Inhomogenität in der Form als ihren Nationalismus.
   vgl. Eckhard Heftrich, Zauberbergmusik, Frankfurt 1975
9 . XII, 478
10 . XII, 479

wechsel, etwa die ruhige Stimmung des Bildes als "schla-
gendes Beispiel" für die Fortschrittsfeindlichkeit der
Kunst zu nehmen. In diesem literarischen Manöver offenbart sich ein Rückzug auf das, was Thomas Mann für sein
Eigentliches hielt: Kunst und Künstlertum.

Die besagten Sätze wurden um den Spätsommer 1917 geschrieben, "während die englisch-französische Offensive
in Flandern tobt. "[11] Sie zeugen davon, daß die 'Betrachtungen' in einer Krise steckten, daß der Krieg, zu dessen
Verteidigung vorher auch das nationalistischste Argument
recht war, unglücklich zu Ende gehen sollte. So verweist
das Stimmungsbild gleichzeitig zurück, auf die eigenen literarischen Voraussetzungen und in die Zukunft, auf den
'Zauberberg', wo ja auch die Frage der Beziehung von Ästhetizismus und Humanität mit ihrer Beantwortung in einem
eigentümlichen Symbolismus anstehen wird.[12]

Denn im Grunde hat sich hier, am Ende der 'Betrachtungen;'
eine Überzeugung neu gebildet, die bereits überwunden
schien, Kunst wird gegen die Wirklichkeit ausgespielt; der
"schöne Schein der Traumwelten"[13] wird nicht produktiv,

---

11. XII, 489
12. T. J. Reed diskutierte dieses Bild im Zusammenhang mit
    dem Schneekapitel im Zauberberg: "A temple, a sacrificial
    stone, hints of a terrible ceremony, all indicating that there
    is a side to humanity which rationalism ignores - these will
    recur in Hans Castorp's vision in the snow, in that second
    scene within the temple. " T. J. Reed, The Uses of Tradition,
    Oxford 1974, S. 244. Reed hält im 'Zauberberg' allerdings
    die 'Sympathie mit dem Tode' in den 'Betrachtungen' für über-
    wunden. Das Innere des Tempels, dort das personifizierte
    Grauen (III, 683) ist hier "Wohltat, Genugtuung", "zwei Schrit-
    te seitwärts der Heerstraße des Fortschritts und ein Asyl
    umfängt dich, wo der Ernst, die Stille, der Todesgedanke
    im Rechte wohnen und das Kreuz zur Anbetung erhöht ist. "
    (XII, 480)
13. Nietzsche, Geburt der Tragödie, a. a. O. , S. 22. Das Apolli-
    nische, bekanntlich die Voraussetzung der bildenden Kunst.
    Aber Kunst " (ist) ein metaphysisches Supplement der Natur-
    wirklichkeit ( ) zu deren Überwindung neben sie gestellt. " a. a. O.
    S. 130

sondern als Weltflucht genutzt. Es ist bezeichnend, daß Thomas Mann auf jenen Böcklin zurückgriff, der von seinen Zeitgenossen eben wegen dieser Entlastung von der Realität, der Transposition der Kunst ins 'Hohe' gerühmt wurde:

> "Diese Entrücktheit aus allen bloßen Relationen, allem Bedingten, aller Bindung und Begrenzung durch ein Außerhalb, trägt das Gefühl von Freiheit, das wir seinen Bildern gegenüber genießen, das Auftauchen, Aufathmen, Abschütteln alles Druckes, mit dem die Bedingtheiten und Rücksichten, die Nah- und Fernwirkungen des Lebens uns niederhalten. " [14]

Die Annahme, es gäbe eine innere und eine äußere Humanität, veranlaßte Thomas Mann auch zu solchem Dualismus; Humanität ist für ihn in diesem Zusammenhang einzig und allein Ideal; Vermittlungsversuche mit der Realität, auch der des Krieges, werden nicht angestellt. Die Weltflucht aus der Krise sieht so aus:

> "daß es heilige Orte gibt, heute noch, gefriedete Freistätten der Seele, wo der Mensch, dem üblen Gebrodel irgendeiner Großstadtstraße entronnen, umgeben plötzlich von hallender Stille, farbigem Dämmer, angehaucht vom Duft der Jahrhunderte, dem Ewigen, Wesentlichen, kurz dem Menschlichen Aug in Aug gegenübersteht, - das hat etwas Phantastisches, Unglaubwürdiges und ist ein großes, herrliches Labsal. "[15]

In der Anspielung auf Vergänglichkeit und Tod als die Grundzüge des Menschlichen ist ein Stadium äußerster Verklärung, äußerster ästhetischer Verfeinerung erreicht. Allerdings sieht all dies wie inszeniert aus. Als Durchgangspunkt zwischen nationalistischer Kriegsapologetik und Thomas Manns Selbstbekenntnis zum Dichterischen steht nicht zufällig der Name Böcklin, repräsentiert doch gerade seine Kunst die Spaltung gründerzeitlichen Bewußtseins wie keine andere:

---

[14]. Georg Simmel, Böcklins Landschaften, in: Die Zukunft, 4. Jhg. 1895, S. 273

[15]. XII, 479

Sie ist 'schöner Schein' als Lebenssurrogat, aber in ihr

ist auch die Sehnsucht nach dem Elementaren durch die

Darstellung wirkender Naturkraft.

Daß Thomas Mann dieses Problem am Ende der Betrach-

tungen ausgestaltet und seinem Begriff der Ironie einver-

leibt, zeigt verspätete Krisenbewältigung an. Im Grunde

kommt er auf den Tonio-Kröger-Konflikt zurück, allerdings

mit anderen Implikationen, als es das Gegensatzpaar Schuld-

Unschuld ausdrückte:

> "Es ist das Problem der Schönheit, daß der Geist das
> Leben, das Leben aber den Geist als 'Schönheit' emp-
> findet ... Der Geist, welcher liebt, ist nicht fanatisch,
> er ist geistreich, er ist politisch, er wirbt, und sein
> Werben ist erotische Ironie. Man hat dafür einen politi-
> schen Terminus; er lautet 'Konservativismus'. Was ist
> Konservativismus? Die erotische Ironie des Geistes."

Es deutet sich hier eine Überwindung des Ästhetizismus

der Form an durch eine symbolische Kunst, in der sich Form

und Inhalt des Werks gegenseitig widerspiegelt.[17] Damit

sind erste Ansätze erreicht, die Krise des für Thomas Mann

literarisch äußerst unfruchtbaren Jahrzehnts zu bewältigen.[18]

---

16. XII, 569
17. Vgl. Th. W. Adornos Bestimmung der 'Form-Inhaltsäs-
    thetik'. Inhaltsästhetik behält ironisch in dem Streit die
    Oberhand dadurch, daß der Gehalt der Werke und der
    Kunst insgesamt, ihr Zweck, nicht formal sondern inhalt-
    lich ist. Dazu wird er jedoch nur vermöge der Form. Hat
    Ästhetik zentral von der Form zu handeln, so verinhalt-
    licht sie sich, indem sie die Formen zum Sprechen bringt.
    Th. W. Adorno, Ästhetische Theorie, a. a. O., S. 432
18. Zwischen dem 'Tod in Venedig' (1912) und den beiden Idyl-
    len 'Gesang vom Kindchen'/'Herr und Hund' (1919) wurde
    kein erzählerisches Werk veröffentlicht. Wie drängend die
    aktuellen Probleme waren und wie stark sie die literari-
    sche Arbeit in Frage stellten, erläutert Th. Mann in einem
    Brief vom 25. III. 1917 an Paul Amann: "Aber merkwürdig
    bleibt mir, wie ich schon vor dem Kriege, an den ich nicht
    glaubte, die Politik, und zwar die politischen Probleme des
    Krieges im Sinne hatte: der Roman (Zauberberg H. B.), in
    dem ich unterbrochen wurde, hatte ein pädagogisch-politi-

Die Schwierigkeiten, die dabei zum Ausdruck kommen, sind
jedoch weder für Thomas Mann noch für andere Schriftsteller seiner Zeit neu; der Ästhetizismus ist aus dem Mangel
an Wirklichkeitsbezug des einzelnen Schriftstellers geboren. Das Leiden an einer Existenz abseits jeglicher Lebenspraxis wird aufgewogen durch den Erfolg der eigenen literarischen Produktion,[19] die bald als einziger Fixpunkt bleibt,
weil das Ganze in seiner ständigen Bewegtheit und Veränderung von außen immer undurchschaubarer wird. Objekti-
vität wird allein der Kunstform zugebilligt, die man meistert.

Ähnlich stellt sich übrigens das Problem bei Hofmannsthal,
dessen Bemühungen um den Ästhetizismus auf das Objektive, das Wirkliche hinter der äußeren Manieriertheit zielen.[20]

---

sches Hauptmotiv;... Sehen Sie? Und die Betrachtungen
muß ich nur deshalb schreiben, weil infolge des Krieges
der Roman sonst intellektuell unerträglich überlastet
worden wäre. " in: Thomas Mann Briefe an Paul Amann,
Hrsg. Herbert Wegener, Lübeck 1959 (= Amann Briefe),
S. 53

19 . Vgl. Thomas Manns kleine Lebensskizze, 'Im Spiegel'
die auch in den Betrachtungen (XII, 573f) zitiert wird.
Aus dem Schüler, der sich schon "in Sekunda" aus dem
normalen Schulablauf ausgrenzt, "faul, verstockt, und
voll liederlichen Hohns gegen das Ganze, "(XI, 330) wurde später der gefeierte Schriftsteller, gerade weil er
"ein auf allen Gebieten ernsthafter Tätigkeit unbedingt
unbrauchbarer ... Kumpan" war. (XI, 332)

20 . Vgl. Hermann Rudolph, Kulturkritik und konservative
Revolution. Zum kulturell-politischen Denken Hofmannsthals und seinem problemgeschichtlichen Kontext, Tübingen 1971, S. 30f . Beim frühen Hofmannsthal leite die
"Krise in der Daseinsführung" zu einer Orientierung am
Ästhetizismus über. "Hofmannsthal sieht den Ästhetizismus wesentlich als Versuch einer Reform der Daseinsführung, einer 'künstlerischen Kultur' in einer Epoche, die
in seinen Augen nicht mehr durch eine Kultur gehalten
wird. " ('künstlerische Kultur' zit. Hofmannsthal),
a. a. O.

Ein gutes Jahrzehnt früher als Thomas Mann sieht er ähnliche Lösungswege: "Das Wissen um die Darstellbarkeit tröstet gegen die Überwältigung durch das Leben, das Wissen ums Leben tröstet über die Schattenhaftigkeit der Darstellung. "[21]

---

21. Hugo v. Hofmannsthal, Dichter und Leben, in : Gesammelte Werke in zehn Einzelbänden, Reden und Aufsätze I, 1891-1913, Hrsg. Bernd Schoeller in Beratung mit Rudolf Hirsch, Frankfurt 1979, S. 235

4.2. Krieg

Ironie ist also einstweilen eine letzte Implikation des Geistes in den 'Betrachtungen'. Beide Begriffe, in ihrem historischen Bedeutungswandel ohnehin schillernd, sind gerade bei Thomas Mann schwer zu bestimmen. Schon vor der Niederschrift der 'Betrachtungen' wird das Wort 'Geist' in den verschiedensten Anwendungen gebraucht. Die 'Weißen Blätter', die sich an einigen Stellen mit den Kriegsschriften Thomas Manns beschäftigten, glossierten seine vielfachen Verwandlungen: Der 'Geist' "(ist) die problematischste Angelegenheit geworden ( ), die es heute gibt. Thomas Mann, der ihn im September und sogar noch im Dezember aufs heftigste befehdet, nein, mit Verachtung ablehnt, verspricht im April die 'Synthese von Macht und Geist' als das 'dritte Reich', das Deutschland sich durch diesen Krieg bereite."[22] In Anspielung auf die drei Kriegsschriften 'Gedanken im Kriege' ("Geschrieben September 1914"), 'Friedrich und die große Koalition' ("Geschrieben Dezember 1914")[23] und 'An die Redaktion des 'Svenska Dagbladet' ' ("Geschrieben April 1915") wird gezeigt, daß die Thomas Mannsche Essayistik sich auf unsicherer Grundlage bewegt. Konstant ist scheinbar nur der Dualismus als Denkform, das Gegeneinandersetzen von Begriffen, die man für polar hält. Dazwischen fließen die Gedanken, die sich nicht unbedingt

---

22 . Aus: Die Weißen Blätter, Hrsg. René Schickele, 2, Jhg. H. 7, Juli 1915, S. 926. Die Glosse 'Thomas Mann' ist nicht unterzeichnet, stammt vielleicht von René Schickele, der für die darauffolgende verantwortlich zeichnete, wahrscheinlicher, nach der Diktion zu schließen, von Kurt Hiller, der sich auch später noch an gleicher Stelle mit Th. Mann auseinandersetzte. vgl. Kurt Hiller, Vom Aktivismus, in: Die Weißen Blätter, 4. Jhg. H. 4, April 1917, S. 88ff

23 . X, 76ff

fassen, nur jeweils von den Polen her bestimmen lassen.
So gewähren die Definitionen von Kultur und Zivilisation
der 'Gedanken im Kriege' erste Anhaltspunkte. Bei nähe-
rem Hinsehen erweist sich ihr Verhältnis als der alte Konflikt von Leben und Geist, als "eine der vielfältigen Er-
scheinungsformen des ewigen Weltgegensatzes. "[24] Die
Kunst ist in erster Linie in der Kultur beheimatet, denn
sie ist "Sublimierung des Dämonischen";[25] und Kultur
nimmt dies in sich auf, weil sie einerseits "Geschlossenheit, Stil, Form, Haltung, Geschmack" ist, aber auch "Ora-
kel, Magie, Päderastie, Vitzliputzli" und dergleichen mehr,
eben "die buntesten Greuel umfassen"[26] kann. Der Geist der
Zivilisation dagegen stellt sich in Wissenschaft, Erkenntnis, Skepsis, Zersetzung dar.[27]
Im Kern werden hier Kunstanschauungen des frühen, noch
an Richard Wagner glaubenden Nietzsche wiedergegeben,
allerdings in einer für Thomas Mann damals typischen Diktion, einer Mischung aus Anachronismus und Zeitbezogen-
heit. Was sich Thomas Mann von der Kunst für die Kultur
erhofft, nämlich daß sie Ausdrucksform mythischer Naturkräfte sei[28], erwartet Nietzsche von Wagner:

"Das Dichterische in Wagner zeigt sich darin, daß er in
sichtbaren und fühlbaren Vorgängen, nicht in Begriffen
denkt, das heißt, daß er mythisch denkt, so wie immer das
Volk gedacht hat. Dem Mythus liegt nicht ein Gedanke zugrunde, wie die Kinder einer verkünstelten Kultur ver-
meinen, sondern er selber ist ein Denken; er teilt eine Vorstellung von der Welt mit, aber in der Abfolge von Vorgängen, Handlungen und Leiden. Der Ring des Nibelungen ist

---

24.   XIII, 528
25.   XIII, 529
26.   XIII, 528
27.   vgl. XIII, 529
28.   vgl. XIII, 530

ein ungeheures Gedankensystem ohne die begriffliche
Form des Gedankens. "[29]

Die verfehlte Rezeption des Nietzscheschen Mythos-Begriffs
leitete schließlich über zu jener für Thomas Mann so unglücklichen Verbindung von Kunst und Krieg. Denn "ohne Mythus...
geht jede Kultur ihrer gesunden schöpferischen Naturkraft
verlustig ; erst ein mit Mythen umstellter Horizont schließt
eine ganze Kulturbewegung zur Einheit ab. "[30] Dies ist explizit gegen den abstrakten Staat formuliert, [31] implizit eine Verweigerung der Kunst gegenüber einer unmenschlichen
Gesellschaft. [32] Aber das "Wunder", "die Wiedergeburt des
deutschen Mythos", [33] fand nicht auf der Bühne oder in der
deutschen Musik statt, sondern durch den Krieg. Vor diesem
Hintergrund ist die Emphase zu verstehen, mit der der Krieg
als schöpferisches Ereignis geradezu ästhetisiert wurde :
"Krieg! Es war Reinigung, Befreiung, was wir empfanden,
und eine ungeheure Hoffnung. Hiervon sagten die Dichter,
nur hiervon. "[34]

Die Irrfahrt des Geistes in der Kriegsliteratur Thomas Manns
hat eine zweite Begründung, die oben als 'Krise der Philosophie' angesprochen wurde. Nur zu jener Zeit, in der Philosophie zur Weltanschauung verkam, Denken nicht die eigenen
Voraussetzungen reflektierte, konnte die Kriegsapologetik
von den 'Gedanken im Kriege' bis zu den 'Betrachtungen'
entstehen. Die Beziehungen von Thomas Mann zu den 'Ideen
von 1914' der deutschen Philosophie lassen sich am oft

---

29. F. Nietzsche, Unzeitgemäße Betrachtungen IV, Richard
    Wagner in Bayreuth, in: Werke I, a. a. O. , S. 413
30. F. Nietzsche, Die Geburt der Tragödie, a. a. O. , S. 125
    Eine Stelle, auf die übrigens Th. Mann, soweit ich sehe,
    nicht Bezug nimmt.
31. a. a. O.
32. vgl. a. a. O. , S. 126 "unsere so fragwürdige Kultur"
33. a. a. O.
34. XIII, 533

einseitigen und undifferenzierten Bild gesellschaftlicher
Wirklichkeit feststellen, die er mit dieser teilt. Der Ekel
des Bajazzos am 'Ganzen'[35] kehrt wieder als "innerer
Haß" gegen den "Komfort des Friedens".[36] Die Wirk -
lichkeit einer Gesellschaft, in der Parteien und Verbände
immer selbstbewußter ihre Gruppeninteressen anmelden,
die beiden größten gesellschaftlichen Faktoren Arbeiterschaft und Bürgertum aber weitgehend von unmittelbarer
politischer Macht ausgeschlossen sind, wird ignoriert oder
kompensiert durch den Begriff des 'Deutschtums', der Einheit nur vortäuscht. Es kennzeichnet die Kriegsphilosophie,
daß ihr jeder Bezug zu politischem, pragmatischem Handeln
verloren ging. Darin ist aber nicht nur die Tragik des deutschen Bürgertums begründet, sondern auch der deutschen
Sozialdemokratie: "Wenn die englische Arbeiterschaft heute (1928 H. B.) imstande ist, über alle politischen Fragen
so klar und präzis zu urteilen, so dankt sie das dem politischen Vorbild des englischen Bürgertums seit Jahrhun-
derten. Eine ähnliche   Tradition des deutschen Bürgertums fehlte. "[37]
Über die Realität komplexer wirtschaftlicher Verhältnisse
hinweg wurde der Krieg als Kampf deutscher Kultur gegen
westliche Zivilisation gesehen.
Die Konfrontation beider Begriffe war ein stereotypes Grund-
muster damaliger Kriegspublizistik. Sie bezeichnet das Leiden am Vorkriegszustand, der von der Desintegration durch
die Ausbildung liberalistischer Wirtschaftsformen geprägt
war. Der Krieg wird dagegen als Hoffnung der Wiederherstellung der Einheit der Kulturgemeinschaft, der Neu-

---

35 . vgl. VIII,106
36 . XIII,533
37 . Arthur Rosenberg, Entstehung der Weimarer Republik,
     Hrsg. Kurt Kersten, Frankfurt 1961

schöpfung aus einer unterbrochenen deutschen Bildungs-
tradition gefeiert. Die Intellektuellen, vorher nur Rand-
existenzen einer auf das Prinzip Nützlichkeit ausgerich-
teten Gesellschaft, sahen die Möglichkeit in ihrem Kriegs-
engagement dem eigenen Dasein "Sinn und Bedeutung"[38]
zu verleihen.[39] Die gemeinsame Zielrichtung ihrer Schriften gegen den Kapitalismus und für die Erneuerung aus den
schöpferischen Kräften des Krieges liegt hierin begründet.
Eine wichtige Voraussetzung war dabei die Fiktion vom
'deutschen Werden' als innererEntwicklung, die sich im einzelnen und seinem Volk gleichermaßen abspiele und so die
"Einheit" herstelle. In der Selbstbehauptung sollte sich das
'deutsche Wesen' bilden; dies Wesen ist

> "nichts in sich Geschlossenes, Fertiges, sondern im Wer-
> den. Das haben in der Tat alle unsere Großen wie aus ei-
> nem Munde erklärt, das drückt sich übereinstimmend aus
> in unserem künstlerischen und philosophischen, unserem
> Geschichts- unserem Bildungs- und Erziehungsgeist, wel-
> ches alles auf die ewige Genesis aus dem ewigen Urquell,
> nicht auf ein geschlossenes, ein Fertig- s e i n deutet."[40]

---

[38] . vgl. Werner Sombart, Händler und Helden, Patriotische
Besinnungen, München und Leipzig 1915, S. 89. Für Sombart hat "das schmerzvolle Sterben der Tausende Sinn und
Bedeutung", weil der einzelne im Heldentod sein Leben dem
"höheren Leben" opfert.

[39] . vgl. Klaus Schwabe, Zur politischen Haltung der deutschen
Professoren im ersten Weltkrieg, in:Historische Zeitschrift,
H. 193 (1961), S. 603

[40] . Paul Natorp, Das Weltdrama der Geschichte und seine Personen, in:Krieg und Friede. Drei Reden gehalten auf Veran-
staltungen der "Ethischen Gesellschaft" in München im September 1915, mit einem kritischen Anhang hrsg. vom Dürer-
bund München 1915, S. 26 (Hervorhebung von Natorp). Der
zitierte Satz könnte genauso in Ernst Bertrams Nietzsche-
Buch stehen, das während der Freundschaft zu Thomas Mann
parallel zu den Betrachtungen entstand. vgl. Ernst Bertram
Nietzsche eine Mythologie, Berlin 1918, S. 64ff das Kapitel
'Das deutsche Werden' bes. S. 79 "Nietzsche ist eine Form
deutschen Werdens" (Hervorhebung von Bertram). Daß dieser Gedanke damals in der Luft lag, zeigt sich an dieser be-

Thomas Mann beschreibt umgekehrt – indem er Lagarde zitiert – den Fortschritt als "Verlust deutschen Wesens. "[41]
So wird die Fiktion einer inneren Entwicklung gegen die bestehende Wirklichkeit gesetzt; eine geistige Tradition, in der nichts verloren ging, soll durch den Krieg umgesetzt werden. Es bildet sich damit ein neuer Begriff von Praxis, der in einer Verschmelzung von Denken und Handeln besteht und der, versteht sich, nur von jenen ins Spiel gebracht werden konnte, die auf der Seite des Geistes fernab von jeder politischen Verantwortung standen. Dieser Begriff beruht auf der Vorstellung einer Dynamisierung des Denkens im "Erleben". Die moderne Lebensphilosophie ist die Substanz der deutschen Kriegsphilosophie, die Faszination, die sie auf Thomas Mann ausübte, macht auch das Kriegerische an den 'Betrachtungen' aus.
Vor allem die Kritik Georg Simmels an der Zweckrationalität der modernen Gesellschaft beeinflußt viele Argumentationen in den 'Betrachtungen'. In der Verwandlung der Mittel zu einem "Endwert und Selbstzweck",[42] der "Anbetung des Geldes"[43] liegt auch für Thomas Mann die Entfremdung des modernen Menschen vom 'Eigentlichen' begründet, "insofern wir nämlich in einer gewerblichen, dem Nützlichkeitsprinzip anhängenden Epoche leben, deren hauptsächliche Triebfeder der Drang nach Wohlstand und deren rangverleihender Herrscher das Geld ist. "[44] Der Gedanke,

---

liebigen Interpretation Nietzsches. Denn vgl. Nietzsche selbst: "Dieses ewige Werden ist ein lügnerisches Puppenspiel, über welchem der Mensch sich selbst vergißt. " Unzeitgemäße Betrachtungen III, Schopenhauer als Erzieher, Werke I, a. a. O. , S. 319

41 . XII, 127
42 . Georg Simmel, Deutschlands innere Wandlung, in: Der Krieg und die geistigen Entscheidungen, Reden und Aufsätze, München und Leipzig 1917, S. 14
43 . a. a. O.
44 . XII, 241

"daß die Politik, nämlich Aufklärung, Gesellschaftsvertrag,
Republik, Fortschritt zum 'größtmöglichen Glück der größtmöglichen Anzahl' überhaupt kein Mittel ist, das Leben der
Gesellschaft zu versöhnen; daß diese Versöhnung nur in der
Sphäre der Persönlichkeit, nie in der des Individuums, nur
auf seelischem Wege also, nie auf politischem sich vollziehen kann, "[45]

ist im Ansatz der Simmelschen Vorstellung von der "persönlichen Existenz" verpflichtet. Diese ist nämlich "auf sich selbst
ruhender Besitz" des Individuums, der zum Vorschein kommt,
wenn das "alltägliche Bewußtsein", die vielfachen Verflech-
tungen in empirische Lebensverhältnisse abgestreift worden
sind. [46] Denn "du hast nur eine Existenz, in der das Individu-
ellste und das Allgemeinste sich an jedem Punkt zur Lebenseinheit durchdringen. "[47] "Die Frage des Menschen" kann "ihre
Lösung nur durch Innerlichkeit, nur in der Seele des Menschen
finden. "[48]

Ein wesentlicher Unterschied Georg Simmels und Thomas
Manns zu den übrigen Kriegsschriftstellern ist ihre Perspektive: Die Betrachtungen sind ein Bekenntnisbuch, das die
Traditionsbestände im einzelnen namhaft machen will, das Allgemeine als im Besonderen aufgehoben ansieht und beides als
persönliches Erbe auffaßt. [49] "Der Krieg ist bei Simmel aufs
Existentielle hin mediatisiert, nicht umgekehrt die Existenz
auf den Krieg. "[50]

---

45. XII, 256
46. vgl. G. Simmel, Deutschlands innere Wandlung, a. a. O. ,
    S. 10
47. a. a. O.
48. XII, 257
49. vgl. XII, 22 oder die vielen Stellen, die sich auf Goethe,
    Schopenhauer oder Nietzsche beziehen und mit Sätzen
    eingeleitet werden "ich verdanke" oder "ich bin verpflich-
    tet" vgl. XII, 80, XII, 84 u. ä oder der Rekurs auf die
    "Ich-Kultur der Goetheschen Epoche" XII, 287, "ich bin
    der bewußte Abkömmling" XII, 446 oder "meine Welt" XII, 541
50. Hermann Lübbe, a. a. O. , S. 218f

Dies geschieht im 'Lebensbegriff',[51] "der die mannigfaltig-
sten Gebiete durchdringt und gleichsam ihren Pulsschlag
einheitlicher zu rhythmisieren begonnen hat."[52] Der Krieg
sollte die 'Kraftquelle' sein, die alle erstarrten Gebilde in
"schöpferische Bewegtheit" zu versetzen hatte. Allerdings
ist diese Vorstellung bei Thomas Mann anders besetzt als
bei Simmel, der vom "Ideal eines neuen Menschen"[53] träumt,
um "auf jede Gefahr hin auf dem neuen Lebensboden neue
Wege zu suchen", lediglich "Werte des früheren Lebens aus
dem Zusammenbruch ihrer Formen in das neue hinüberzu-
retten" bereit ist.[54]

Man kann sich nur schwer vorstellen, daß Thomas Mann angesichts der Bindung an Ästhetizismus und Bürgerlichkeit
neue Lebensformen suchte. Statt dessen schwebte ihm eine
schöpferische, verinnerlichte Tradition als Sinnbezug für
sein Werk vor. Die Aneignung der Lebensphilosophie als
Grundlage des Traditionsbewußtseins und das extreme Eintreten für den Krieg hatten ihre Ursache im Vorkriegswerk,
wo prätentiös die Todesromantik auf den äußersten Punkt getrieben wurde. Lukács nennt Aschenbachs Traum im 'Tod in
Venedig' "Selbstgericht" und "Fazit von Thomas Manns Vor-
kriegsproduktion."[55]

"In dieser Nacht hatte er einen furchtbaren Traum, – wenn
man als Traum ein körperhaft-geistiges Erlebnis bezeichnen
kann, das ihm zwar im tiefsten Schlaf und in völligster Unabhängigkeit und sinnlicher Gegenwart widerfuhr, aber ohne
daß er sich außer den Geschehnissen im Raume wandelnd und
anwesend sah; sondern ihr Schauplatz war vielmehr seine
Seele selbst, und sie brachen von außen herein, seinen Wider-

51 . vgl. XII, 84
52 . Simmel, die Krisis der Kultur, in: Der Krieg a. a. O. , S. 60
53 . Simmel, Innere Wandlung, a. a. O. , S. 25
54 . Simmel, die Krisis der Kultur, a. a. O. , S. 56
55 . Georg Lukács, Thomas Mann, in: ders. Faust und Faustus,
     Vom Drama der Menschengattung zur Tragödie der modernen
     Kunst, Ausgewählte Schriften Bd. II, Reinbeck 1967, S. 222

stand - einen tiefen und geistigen Widerstand - gewalttä-
tig niederwerfend, gingen hindurch und ließen seine Existenz, ließen die Kultur seines Lebens verheert, vernichtet zurück.
Angst war der Anfang, Angst und Lust und eine entsetzte
Neugier nach dem, was kommen wollte. " [56]

Es ist dabei nicht nur auf die Haltungsmoral und ihren Zusammenbruch hinzuweisen, [57] sondern auch die Frage zu stellen, wie ein Schriftsteller weiter arbeiten kann, wenn er sein
Thema 'Zerfall und Tod' auf diese Weise erschöpft hat. Der
schon zitierte Brief von Thomas an Heinrich Mann vom 8. 11.
1913 zeigt, wie sich literarische und Lebenskrise miteinander verbinden:

"eine wachsende Sympathie mit dem Tode, mir tief einge-
boren:mein ganzes Interesse galt immer dem Verfall, und
das ist es wohl eigentlich, was mich hindert, mich für Fortschritt zu interessieren... 'Tonio Kröger' war bloß lar-
moyant, 'Königliche Hoheit' eitel, der 'Tod in Venedig' halb
gebildet und falsch. " [58]

Erst der Krieg bot die Lösung,die Todesproblematik zugunsten lebensphilosophischer Dynamik abzuschütteln. Daß gerade der Krieg einen Verdrängungsmechanismus gegen To-
desvorstellungen bietet, hat Freud zu jener Zeit behauptet. [59]

---

56 . VIII, 515f
57 . vgl. Lukács, a. a. O. , S. 223
58 . T M - HM, 104
59 .Vgl. Sigmund Freud, Zeitgemäßes über Krieg und Tod
    (1915), in: Sigmund Freud, Studienausgabe Bd. IX,
    Frankfurt 1974, S. 58ff

4. 3. Wirklichkeitsverlust

Die Verbindung von Ästhetizismus und Lebensphilosophie
ist eine Strategie, den Verlust von Wirklichkeitsbezügen
im Vorkriegswerk auszugleichen. Der Traum Aschenbachs
zeugt von einem fragwürdig gewordenen Künstlertum; denn
"aus diesem Traum erwachte der Heimgesuchte entnervt,
zerrüttet und kraftlos dem Dämon verfallen. "[60] Die Berufung auf einen "reinen Ästhetizismus", der "intensivster
Wirkung fähig" sei, [61] ist Beschwörung einer vergangenen
Kunst, der fin de siècle-Literatur:"Oscar Wilde's 'Salome'
etwa ist ein Werk von unsterblicher Prägnanz und Kraft;
die harte Künstlichkeit dieses aufrichtigen und aufrechten
Ästhetizismus hat die Wahrheit des bösen und schönen Lebens. "[62]

Allerdings war Wilde eine ästhetische Existenz. In besagter
Tragödie wird mit der Sünde nur gespielt, Leidenschaft und
Autismus in der Person der Salomé in einen paradoxen Bezug gesetzt. Das Kunstwerk ist hermetisch abgeschlossen
von jeder Wirklichkeitserfahrung. Die 'Betrachtungen' hingegen sind der Versuch, 'Wirklichkeit' in einem schöpferischen
Akt, durch innere Anteilnahme am Krieg zurückzuholen. Auch
damit wird der Krieg gleichsam ästhetisiert und seiner eigentlichen Realität beraubt. Diese Perspektive wird bei Thomas
Mann immer eingehalten:

"Nach der Aussage vertrauenswürdiger Beobachter, (kann)
von individueller Verrohung durch den Krieg, ins Große ge-
rechnet, durchaus nicht die Rede sein. Nach ihnen liegt die
Gefahr vielmehr in einer Verfeinerung des einzelnen Mannes
durch ein so langes Kriegsleben, einer Verfeinerung, geeig-
net, ihn seinem Alltag auf immer zu entfremden. "[63]

---

60. VIII, 517
61. XII, 548
62. XII, 548
63. XII, 460 (Hervorhebung von Th. Mann)

Hier liegt ein zentrales Problem der 'Betrachtungen':"Nur als ästhetisches Phänomen ist das Dasein und die Welt ewig gerechtfertigt."[64] In der Nachfolge des jungen Nietzsche ist Thomas Mann bestrebt, den Sinn der Realität künstlerisch zu deuten. Dies geschieht nicht nur explizit in der Berufung auf Oscar Wilde und Nietzsche als Väter des europäischen Ästhetizismus[65], sondern auch implizit in der Form der Wirklichkeitserfahrung. Sie verläuft bei Thomas Mann als 'Anempfindung', d. h. rezipiert wird nur "Wesensverwandtes".[66] Oft muten die 'Betrachtungen' wie ein Produkt damaliger Lektüreeinflüsse an, von Treitschkes 'Deutsche Geschichte im 19. Jahrhundert'[67] bis zu Ernst Bertrams 'Nietzsche'. War der eine verantwortlich für die vielen nationalistischen Mißtöne, die Berufung auf falsche Größe deutscher Geisteshelden und die positivistischen Auffassungen von Staat und Macht,[68] so wirkte der andere an der Legendenbildung um Nietzsche mit und belieferte darüberhinaus Thomas Mann mit 'Citanda' aus "entlegendstem Nachlaß."[69]

---

64. Nietzsche, Geburt, a. a. O. , S. 40
65. vgl. XII, 540 und noch 1947 in: Nietzsche's Philosophie im Lichte unserer Erfahrung X, 692
66. vgl. Inge und Walter Jens, Betrachtungen eines Unpolitischen. Thomas Mann und Friedrich Nietzsche in: Das Altertum und jedes neue Gute. Für Wolfgang Schadewaldt zum 15. März 1970, hrsg. Konrad Gaiser, Stuttgart u. a. 1970, S. 240
67. vgl. Klaus Schröter, "Eideshelfer" Thomas Manns 1914/1918 in: Sinn und Form, H. 6, 1967, S. 1476ff. Auf Treitschke verweist z. B. die nationale Emphase im Satz: "Und Deutschland ist heute Friedrich der Große"(XIII, 533), in der Gleichsetzung von Vergangenheit und Gegenwart, der großen Persönlichkeit mit seiner Nation.
68. Schröter, a. a. O. , S. 1476
69. vgl. Jens, a. a. O. , S. 239 zit. Bertram an Ernst Glöckner (1. III. 1918)"Gestern war Tom hier ... Er bat sich sogar einige von mir aus entlegendstem Nachlaß herausgeklaubte Stellen betreff Musik und Civilisation aus, ... um sie in seiner Arbeit noch unterzubringen. " und TM–EB 10. 6. 1916 : "Ihre thätige Teilnahme ist mir Gewähr ... Es sind ja herrliche Dinge, die Sie mir da wieder ausgezogen haben(a. a. O. , S. 35f) und 22. 6. 1917:"Vielen Dank für die vortrefflichen Citate, nein: Citanda. " (a. a. O. , S. 49)

Jedoch ist hier nicht nur die "höhere Kopistenkunst" Thomas Manns entscheidend [70]: Gerade an Ernst Bertrams Einfluß wird deutlich, wie vielfach vermittelt sein Weltbild ist.

"Alles Gewesene ist nur ein Gleichnis", so lautet der erste, die Methode festlegende Satz in Bertrams 'Nietzsche'; was vom vergangenen Leben bleibt, "ist nie das Leben, sondern seine Legende." [71] Am auffälligsten verschmelzen die Bücher des Gelehrten (Bertram) und des Dichters im Gebrauch von Nietzsches auf Schopenhauer gemünztem Symbol "Kreuz, Tod, Gruft". (Brief an Rohde, Oktober 1868). Daß es von Thomas Mann schon 1904 in einem Aufsatz über französische Einflüsse auf deutsche Literatur als Beleg für eigene nationale, "nordische" Gestimmtheit [72] benutzt wurde, war Bertram bekannt. [73] Es lassen sich also gegenseitige Abhängigkeiten, Verweise der beiden "geschwisterlichen" Bücher [74] aufeinander namhaft machen. Beeindruckend für Thomas Mann an Bertram war, wie souverän (allerdings auch beliebig) dieser den Dualismus des deutschen Wesens in Nietzsche personifizierte. So bezeichnet Bertram

> " 'Kreuz, Tod und Gruft' sowohl wie auch bereits den latenten Lebenswillen, den moralistisch starren Trotz, der im Begriff des germanischen Pessimismus zu liegen scheint; die schopenhauerische Todesromantik wie den Wahrheitsmut schlechthin; den jugendlichen Rausch schmerzlich-wissender 'Hoffnungslosigkeit' wie die besondere Art der Kunst, die daraus erwächst," [75]

als "die ganze ethische Grundhaltung des frühen Nietzsche". [76]

Thomas Manns Adaption des Symbols "für eine

7o. Jens, a.a.O., S. 240
71. Bertram, Nietzsche, a.a.O., S. 1
72. vgl. X, 837
73. vgl. TM – EB 3. IV. 1917, Hinweis Bertrams an Th. Mann, die Stelle war von Bertram archiviert worden (a.a.O., S. 46f)
74. vgl. Brief an Philipp Witkop vom 13. IX. 1918, Briefe I, 148
75. Bertram, Nietzsche, a.a.O., S. 45
76. a.a.O.

ganze Welt, _meine_ Welt, eine nordisch-moralistisch-prote-
stantische"[77] ist so eine gleichnishafte Umsetzung einer
Erlebniswelt (Nietzsche und Bertram-Lektüre) in eine Zei-
chenwelt. Rückstände realer Erfahrung werden getilgt, das
Denken bewegt sich in den Bahnen der Analogie. Die grüblerischen Selbstreflexionen der 'Betrachtungen' gebären
immer neue Symbole, die zuletzt eine Welt setzen, in der
das Verhältnis von Leben und Tod Zeichencharakter für
das Problem der Schönheit hat.[78] Thomas Mann verwendet
die Begriffe Geist, Leben, Kunst, Kultur nicht anders als
der moderne Künstler, der sein Zeichenmaterial in autonomen Gebilden zu einer ästhetischen Ordnung arrangiert.
Nicht die Berufung auf bürgerliches l'art pour l'art erweist
das Buch als 'Künstlerwerk', es ist selbst reiner Ästhetizismus.

Wenn Thomas Mann ihn als "gestenreich-hochbegabte Ohnmacht zum Leben und zur Liebe"[79] definiert, ist nur eine
Seite seiner Funktion festgelegt, die Entfremdung. Ohnmacht und Entfremdung machen den Verlust des Konkreten
bei Thomas Mann aus, sie sind der Grund für seine frei-
schwebende Begrifflichkeit. Baumgart hat dieses andere
Seite der Sprachkunst "Kombination" genannt, "als das
Schlüsselwort für den charakteristischen Zauber Mannscher
Essayistik."[80] "Vorzugsgegenstände" seien "paradoxe Zu-
sammenhänge, zwischen Krankheit und Vergeistigung, Sünde und Moralität, Tod und Schönheit."[81] Allerdings sind
nicht nur solche Denkformen und ihre wandelnde Besetzung

---

77. XII, 541 (Hervorhebung von Th. Mann)
78. vgl. auch Bertram, Nietzsche, a. a. O., S. 266 in der Be-
    rufung auf den 'Tod in Venedig'.
79. XII, 544
80. Reinhard Baumgart, Das Ironische und die Ironie in den
    Werken Thomas Manns, München 1964, S. 86, vgl. auch
    Holthusen, a. a. O., S. 40f
81. a. a. O., S. 87

mit verschiedenen Begriffen charakteristisch für die 'Betrachtungen'. Auffällig ist auch ihre Funktion.[82]

Zentral als Beleg für die eigenen Anschauungen über Kunst
und Politik stehen zwei Interpretationen. Eichendorffs 'Taugenichts' und Pfitzners 'Palestrina' sind Thomas Manns Bil-
dungserlebnisse in den 'Betrachtungen', sie sind 'Symbole'
seines Weltbildes.

Sein "improvisierter, ungemein antipolitischer Aufsatz"[83]
über den Taugenichts, vorab in der 'Neuen Rundschau' veröffentlicht und später in die 'Betrachtungen' übernommen,[84]
zeigt einige Argumentationsstrukturen bei Thomas Mann.

'Aus dem Leben eines Taugenichts' ist eine "lieblich er-
träumte Novelle", die "der politischen Tugend ... in einem
wahrhaft liederlichen Grade enträt."[85] In diesem Roman
herrschen "Gesundheit, Frische, Einfalt, Frauendienst, Humor, Drolligkeit, innige Lebenslust und eine stete Bereit-
schaft zum Liede", gerade weil er dagegen "nichts weniger
als wohlerzogen (ist), er entbehrt jedes soliden Schwerge-
wichts, jedes psychologischen Ehrgeizes, jedes sozialkritischen Willens und jeder intellektuellen Zucht. "Seine Atmosphäre ist "Traum, Musik, ..., ziehender Posthornklang,...

---

82. Deshalb sind Versuche fragwürdig, Thomas Mannsche
    Kunstanschauung in eine Kunsttheorie umzubauen, wie
    etwa bei Ernst Nündel, Die Kunsttheorie Thomas Manns,
    Bonn 1972, der auf S. 19 ausdrücklich bei den Begriffen
    'Geist Leben' darauf verzichtet, auf Gestaltungsanlässe
    einzugehen.
83. Brief vom 8.10.1916 an Paul Amann (in: Amann Briefe, 48)
84. Th. Mann, Der Taugenichts, Erstveröffentlichung in: Die
    neue Rundschau, 27. Jhg. H. 11, November 1916, S. 1470-90
    Argumentationen und Formulierungen dieses Aufsatzes sind
    an verschiedenen Stellen unverändert in die Betrachtungen
    eingegangen. Vgl. Stefan Heiner, Politische Aspekte im
    Werk Thomas Manns 1895-1918, Bielefeld 1976, S. 228f
85. XII, 375

törichte Seligkeit, so daß einem die Ohren klingen und der Kopf summt vor poetischer Verzauberung und Verwirrung."[86] Als "Exzentrizität" und "Problematik" in "den wildschönen und überspannten Reden" des Malers in die Welt des Taugenichts eindringen, wendet der sich mit "Grausen" ab, "denn die Bohème ist eine äußerst literarische und naturferne Form der Romantik".[87] Der "Romantizismus" des Taugenichts hingegen ist "ganz unentartet und unentgleist, er ist human, und sein Grundton ist melancholisch-humoristisch."[88] Eigentümlich an Thomas Manns Interpretation ist auch hier der Dualismus der Begrifflichkeit. Die Welt, in diesem Falle Eichendorffs Welt, wird gefaßt zwischen den Polen naturfern/ unliterarisch und unentartet/ melancholisch-humoristisch. Damit hat sich eine neue, künstliche Wirklichkeit konstituiert, die an die reale nur noch erinnern soll. Der Erinnerungsvorgang ist durch seine Zeichenhaftigkeit charakterisiert, durch Worte, die Einklang mit der Natur suggerieren (Gesundheit, Frische) oder schon zur Kunstwelt hinüberweisen (Humor, Melancholie). Jedoch ist auffallend, daß Thomas Mann ein Stimmungsbild malt, die Dinge impressionistisch immer an der Oberfläche zubereitet. Die Verbindung des Ästhetizismus mit der Romantik, hier nur zu deutlich beschworen, ist seine entscheidende Schwäche. Denn die Romantik kann auf die evozierende "Macht des klanggebundenen Wortes" vertrauen;[89] seine Sinnfälligkeit als Symbol für eine entschwundene Natur liegt in der Kraft der Erinnerung und in der unverbrauchten romantischen Kunstform. Ästhetizismus rekurriert nur auf deren Künst-

---

86. XII, 376
87. XII, 379
88. XII, 380
89. vgl. Wolfdietrich Rasch, Nachwort zu Joseph von Eichendorff, Werke, Hrsg. W. Rasch, München 1966, S. 1570

lichkeit. Daraus resultiert das komplizierte Lebensgefühl der Ästheten, denn

"in ihrem Verhältnis zur Wirklichkeit ist, verglichen mit früheren Epochen, ein Wandel eingetreten; sie gelangen nicht von der Natur zur Kunst, sondern von der Kunst zur Natur ... Ihre Wahrnehmungsfähigkeit ist durch die Entwicklung der modernen Zivilisation bestimmt und in dieser durch den Grad und die Richtung ihrer Bildung, die ja auch zu den Voraussetzungen für Erfahrung gehört."[90]

Schwächen künstlerischer Wirklichkeitsrezeption zeigen sich aber nicht dort, wo sich die Kunst den realen Lebensverhältnissen entzieht, sondern wo sie versucht, diese einzuholen. Die Synthese von Kunst und Leben vollzieht sich bei Thomas Mann, indem er die Romantik für nationalistische Vorstellungen reklamiert; z.B. beim 'Taugenichts':

"Auch ist sein Menschentum wenig differenziert, es hat etwas Abstraktes, es ist bestimmt eigentlich nur im nationalen Sinne, - dies allerdings sehr stark; es ist überzeugend und exemplarisch deutsch, und obgleich sein Format so bescheiden ist, möchte man ausrufen: wahrhaftig, der deutsche Mensch!"[91]

Die Konklusion gibt den Blick auf Thomas Mannsche Denkstrukturen frei: Verstehen ist Denken in Symbolen ohne Rücksicht auf Beziehungen. Der Sinn des 'Taugenichts' wird in seinem Kern, Naivisierung und Naturbezug, als immer gültig angesehen und so adaptiert - ohne sich einzugestehen, daß Naivität schon bei Eichendorff mit hoher Bewußtheit eingesetzt wurde.

"Nicht von seinen politischen Meinungen her kann Th. Mann als Repräsentant eines überwundenen Jahrhunderts eingeordnet werden, sondern von einer Denkmethode aus, die als Sinnzentrum die Fiktion eines autonomen Sub-

---

90. Ralph-Rainer Wuthenow, Muse, Maske, Meduse, Europäischer Ästhetizismus, Frankfurt 1978, S. 236f
91. XII, 381

jekts setzt. "[92]

Diese These, die auf den Sinnbegriff als zentraler Kategorie im Werk Thomas Manns hinweist, [93] läßt sich inhaltlich
ausgestalten durch die Berücksichtigung der Einflüsse des
Ästhetizismus einerseits, der Lebensphilosophie auf der anderen. Die 'Betrachtungen' sind der Versuch, die Schattenhaftigkeit der künstlerischen Existenz, die Sinnverlust der
Realität vergeblich durch den Rückgriff auf immer ferner
liegende literarische Muster ausgleichen wollte, durch die
Vorstellung des 'dynamischen Denkens' neu zu beleben. Die
Problematik, die darin begründet liegt, läßt sich am besten
in dem berühmten, nicht abgeschickten Brief Heinrichs an
Thomas Mann fassen:

> "Um Dich her sind belanglose Statisten, die 'Volk' vor-
> stellen, wie in Deinem Hohenlied von der 'K(öni)gl(ichen)
> Hoheit'. Statisten hätten Schicksal, gar Ethos?
> ... Die Unfähigkeit, ein fremdes Leben ernst zu nehmen,
> bringt schließlich Ungeheuerlichkeiten hervor,
> ,.. Die Stunde kommt, ich will es hoffen, in der Du Men-
> schen erblickst, nicht Schatten, u. dann auch mich. "[94]

Der Brief enthält die Ursachen der Problematik: Schließlich markieren sowohl der Zola-Essay, als auch die 'Betrachtungen' Wendepunkte im Werk der beiden Brüder. Die
Überwindung eines Ästhetizismus, der nur noch hohle Form
ohne Substanz war, steht im Zeichen politischer Umwälzung,
auf die sie so unterschiedlich reagierten. Die eigene Entwicklung beschreibt Heinrich Mann paradigmatisch in der
Haltung Zolas zur politischen Verführbarkeit der unpolitischen "neuen" Jugend angesichts des Dreyfus Prozesses:

---

92. Klaus Bohnen, Argumentationsverfahren und politische
Kritik bei Thomas Mann, in: Wiecker (Hrsg.), Text und Kontext, Gedenkschrift für Th. Mann 1875-1975, Kopenhagen
1975, S. 184

93. z.B. auch an den bezeichnenden Sätzen aus dem Vorwort
der Rede 'Von deutscher Republik':"Ich weiß von keiner
Sinnänderung. Ich habe vielleicht meine Gedanken geändert,
nicht meinen Sinn, XI, 809

94. Brief Hrch. Manns (1918), in: TM-HM, 117f

"Zola hatte sie schon heraufkommen sehen. Es hatte ange-
fangen mit zu viel Lilien und weißen Jungfrauen in den Ge-
dichten und zu wenig Sinn für das moderne Leben, die ar-
beitende Demokratie. Literarischer Ästhetizismus war
auch hier der Vorbote politischer Laster. "[95]

Dagegen suchte Thomas Mann Lösungswege in einer schöpferischen Innerlichkeit, die auf die Gestaltung der Kultur durch
die Sprache[96] hinauslaufen sollte. Diese Intention verband
ihn damals mit einigen Schriftstellern, die auch vom Ästhetizismus geprägt waren, etwa Hofmannsthal und Borchardt.
Nicht zuletzt durch die Lektüre ihrer Kriegsschriften bildete sich bei Thomas Mann ein Begriff vom Geist als Sinngebung für das "Leben". "Wo die Seele Geist und Notwendigkeit erkennt, da wird ihr wohl, "[97] formulierte Hugo v. Hofmannsthal. Es wurde als Aufgabe, und zwar als ehrenvolle
Aufgabe empfunden, dem Krieg aus der eigenen innerlichen
Produktion, Sinn und Zweck zu verleihen. Die geistigen Zu-
sammenhänge sollten literarisch durch das gesprochene
und geschriebene Wort hergestellt werden, [98] damit "neue

---

95. Heinrich Mann, Zola, in: Die Weißen Blätter, a. a. O.,
    S. 1360, vgl. Essays, a. a. O., S. 211. Hier spielt Hein-
    rich Mann kritisch auf seinen frühen Ästhetizismus an,
    etwa in der frühen Novelle "Das Wunderbare" (1897),
    in: Heinrich Mann, Werkauswahl in zehn Bdn, Novellen,
    Düsseldorf 1976, S. 9ff. Dieses Erzählung ist ein äs-
    thetizistischer "Blütentraum", vgl. a. a. O., S. 19.
    Zolas Lebensweg wird so immer wieder Identifikations-
    muster für Heinrich Manns eigene literarische Ent-
    wicklung.
96. vgl. André Banuls, Thomas Mann und sein Bruder Hein-
    rich, Stuttgart 1968, S. 54 "Schöpferischer Ästhetizismus"
    und Hans Wysling, Thomas Manns Verhältnis zu den Quellen
    in: Thomas Mann Studien I, a. a. O., S. 309 "Es geht um die
    Wiedergeburt der Welt aus der Sprache. "
97. Hugo v. Hofmannsthal, Die Taten und der Ruhm, in: Gesam-
    melte Werke, Reden und Aufsätze II, a. a. O., S. 403
98. vgl. a. a. O.

Autorität" zutage trete, die "sich verkörpere, nicht in amtlichen Formen, sondern in rein geistigen."[99]

Diese Gedanken sind auch bei Borchardt zu finden, dessen Kriegsreden Thomas Mann fleißig rezipiert hatte. Die Leiden des Krieges werden durch Innerlichkeit kompensiert:

> "Wer es noch immer nicht begriffen hat, daß dieser Krieg kein Krieg des Äußeren gegen das Äußere ist, ... sondern ein Krieg des Inneren gegen das Innere, der alles Äußere nur als Vorwände hereinzieht, ... der freilich muß längst verzweifelt sein."[100]

Daß Thomas Mann dieses Zitat in einem Brief an Paul Amann fast wörtlich als eigenes Argument übernahm, läßt seine Abhängigkeit von der Lektüre ahnen.[101] Der von der lebensphilosophischen Seite her beeinflußte Analogiegedanke Leben-Krieg-Kunst hat in der geistigen Sphäre ein Pendant erhalten. Die Auffassung,'Kultur müsse von innen' geistig gestaltet werden, ist eine zweite, ebenfalls aus Leseerfahrung gewonnene Implikation der 'Betrachtungen'.

Dieser Gedanke formuliert sich auf verschlungenen Wegen, hat aber immer das Ziel, dem 'Werk' die Richtung zu weisen. Es geht darum, bei aller Zweideutigkeit des Weltbildes und der Indirektheit der Erfahrungen, Sinn zu formulieren, Grundla-

---

99. Hofmannsthal, Krieg und Kultur, Reden und Aufsätze II, a. a. O. , S. 419

100. Rudolf Borchardt, Der Krieg und die deutsche Verantwortung, Berlin 1916, S. 33

101. Brief vom Ostersonntag 1916. Auf die Kritik Theodor Wolffs am Krieg im 'Berliner Tagblatt': "Sich um das Innere, das tiefste Innere zu kümmern, ist das einzig Moralische", reagiert Thomas Mann so: "Gut, aber es handelt sich ja um das Innere, das tiefste Innere und der Krieg ist ein Kampf des Inneren gegen ein Inneres vielmehr, als einer des Äußeren gegen ein Äußeres. So wenigstens sehe ich es, so erlebe ich es, so nehme ich teil daran." (Amann Briefe, 44) vgl. auch XII, 257

gen zu schaffen. Die 'Betrachtungen' sind als Gedankenex-
periment anzusehen, das abgerissene Verbindungen neu
knüpfen, den Autor aus seinen Aporien herausführen sollte.
Schon damit bilden sie den Gegensatz zum 'Zola-Essay',
der im Zeichen einer klaren Handlungsorientierung, eines
sicheren Weltbildes steht, in dem die Kunst ihren Platz hat.
Thomas Mann scheitert, weil er keine Theorie, keine Orientierung kennt, immer voluntaristisch argumentiert. Gerade
dort, wo in der Form des Apodiktums gesprochen wird, verliert seine Essayistik an Überzeugungskraft; denn das Apo-
diktum behauptet, daß Wirklichkeit sei, wo doch nur Meinung
herrscht. Wie wenig es dem Intellektuellen damals gelang,
aus den Entwicklungen mit praktischer Urteilskraft Schlüsse
zu ziehen, machen die Tagebücher Thomas Manns auf beinahe
tragikomische Weise deutlich. Die Verhältnisse nach dem verlorenen Kriege bieten wenig Möglichkeiten geistiger Identifikation, die aber immer als Halt gesucht wird. So schwanken
die Empfindungen zwischen Resignation und vager Hoffnung:
"Die Diktatur ist komplet" heißt es am 8. XI. 1918, übrigens
kurz nach Erscheinen der 'Betrachtungen'.

"Und wer darf sie ausüben... Mitregent ein schmieriger
Literaturschieber wie Herzog, der sich durch Jahre von
einer Kino-Diva aushalten ließ, ein Geldmacher und Ge-
schäftsmann im Geist, von der großstädtischen Scheißele-
ganz des Judenbengels, der nur in der Odeonbar zu Mit-
tag aß, aber Ceconi's Rechnungen für die teilweise Aus-
besserung seines Kloakengebisses nicht bezahlte. Das ist
die Revolution!"[102]

Am folgenden Tag haben die Gedanken eine andere Richtung
eingeschlagen:

---

102. Thomas Mann Tagebücher 1918-1921, a. a. O., S. 63
     Mit Wilhelm Herzog, einem Freund Heinrich Manns
     stand Thomas Mann später in freundlichem Einver-
     nehmen. vgl. die Anmerkung de Mendelssohns, Tage-
     bücher, a. a. O., S. 598f und vgl. Tagebücher 1933-1934
     Hrsg. Peter de Mendelssohn, Frankfurt 1977, S 118f
     ihr Verhältnis im Exil.

"Revolutionen kommen erst, wenn sie gar keinen Widerstand mehr finden (auch bei dieser war es so) und eben
dies Fehlen beweist, daß sie natürlich und berechtigt
sind. .. Überhaupt sehe ich den Ereignissen mit ziem-
licher Heiterkeit und einer gewissen Sympathie zu. Die
Bereinigung und Erfrischung der politischen Atmosphäre
ist schließlich gut und wohlthätig. "[103]

Daß Thomas Mann seinen Sinn nicht zu ändern brauchte,

sondern nur neue politische Orientierung suchen mußte,

zeigt sich, als er Anschluß an die Jugend gefunden hat:

"Diese jungen Leute sind nichts weniger als Rationalisten.
Es verlangt sie durchaus nach mythischen Bindungen, sie
sind national in dem Sinne (einem mir durchaus gemäßen
Sinn), daß sie den 'englischen' Deutschen, den Imperiali-
sten und Weltgeschäftsmann verabscheuen; aber sie wollen
das Volksmäßige, Echte, als die Wirklichkeit des Menschlichen, kein abstraktes Vernunft-Menschentum also, keinen Internationalismus, sondern universalistische Humanität. Garnicht übel. "[104]

Das Spiel mit Worten stellt sich hier dar als These (ge-

gen die Revolution), Antithese (für die Revolution) und zu-

letzt läuft alles auf die Versöhnung, die Synthese durch

geistige Bindung hinaus. Dies kann nicht gelingen, weil der

Ausgangspunkt, das Problem des Zerfalls der Lebensver-

hältnisse, durch die Transposition ins Höhere seine

Authentizität verliert.

Bei Thomas Mann ist Mangel und Indirektheit der Erfahrung

so zu einem Kommunikationsproblem geworden. Der Rückzug

in die Innerlichkeit bildet sich ab in einer Sprache der "Ei-

gentlichkeit". [105] Adornos Kategorie läßt sich auf manche

Sprachverhältnisse in den 'Betrachtungen' anwenden, aller-

dings nicht als Verdikt, sondern im Blick auf das Leiden des

Intellektuellen an sozialer Entwurzelung. Dies wird dort prä-

sent, wo um Zustimmung geworben, wo gleichzeitig als Beleg

für das 'kollektive Einverständnis' zitiert und interpretiert

---

103. Tagebücher 1918-1921, a. a. O., S. 65
104. a. a. O., S. 101, Eintragung vom 4. XII. 1918
105. vgl. Theodor W. Adorno, Jargon der Eigentlichkeit.
     Zur deutschen Ideologie, Frankfurt [6]1977

wird.[106] So erweitert sich in Thomas Manns Sprache Wagners Werk zu "eine(r) eruptive(n) Offenbarung deutschen Wesens,"[107] Schopenhauer sei für Wagner "ein recht deutsches Erlebnis moralisch-metaphysischer Art;"[108] "dem Gemüt des einzelnen in dieser (sc. Kriegs-)Zeit (wurde) eine tiefe und unzweifelhafte Verbundenheit von Staat und Geistesleben fühlbar,"[109] eine "Synthese von Macht und Geist" entwickele sich allein aus ihrer "Möglichkeit".[110] In der Definition des Individuums als "Persönlichkeit"[111] und "metaphysisches Wesen"[112] wird Übergang suggeriert in die Allgemeinheit des "organisch Gewachsenen",[113] des Staates als "überindividueller Gemeinschaft,"[114] für Thomas Mann ein "deutsches Gefühlsurteil."[115] - "Was Jargon sei und was nicht, darüber entscheidet, ob das Wort in dem Tonfall geschrieben ist, in dem es sich als transzendent gegenüber der eigenen Bedeutung setzt."[116] Dieses Kriterium ist bei Thomas Mann erfüllt: Er setzt auf die Wirkung des einzelnen Wortes, als ob es den Zusammenhang zwischen Individuellem und Allgemeinem schon a priori in sich trägt, "über den Bereich des Tatsächlichen, Bedingten und Anfechtbaren" hinausweist.[117] Bei Thomas Mann wird das Verfahren greifbar, wenn er seinen Begriff vom "Volk" gegen den "demokratischen" der Masse ausdrücklich mit dem Hinweis auf die "höhere" Bedeutung dieses Wortes ins Feld führt:

---

106. vgl. a.a.O., S.11
107. XII, 77
108. XII, 123
109. XII, 253
110. XII, 254f
111. XII, 255
112. XII, 282
113. XII, 307
114. XII, 252
115. XII, 308
116. Th. W. Adorno, Jargon, a.a.O., S.11
117. a.a.O., S.13

"Die individualistische Masse ist demokratisch, das Volk
aristokratisch. Jene ist international, dieses eine mythische Persönlichkeit von eigentümlichstem Gepräge. Es ist
falsch, das Überindividuelle in die Summe der Individuen,
das Nationale und Menschheitliche in die soziale Masse
zu verlegen Träger des Allgemeinen ist das metaphysische Volk."[118]

Daß Bedeutung nicht in Gedanken sondern allein vom Wort
evoziert werden soll, findet man vor allem dort, wo Tradi-
tionen und Einflüsse formuliert werden, und zwar unter Zu-
hilfenahme von Verbindungen : Der "Schopenhauer-Wag -
ner'sche Einfluß" auf die 'Buddenbrooks' machte sich geltend
als "der ethisch-pessimistische und der episch-musikali-
sche", während in 'Tonio Kröger' "das Nietzsche'sche Bil-
dungselement" als "der dithyrambisch-konservative Lebensbegriff des lyrischen Philosophen" "zum Durchbruch kam".[119]

Die zitierten Stellen kennzeichnen die Argumentationsstruktur : Die auf den ersten Blick durch ihre polemi-
sche Diktion so monolithisch erscheinenden 'Betrachtungen'
zeigen unter der Oberfläche feine Verästelungen. Das Poli-
tisch-Unpolitische ist gleichsam Aggregat für die schon vorher angelegten Künstlerprobleme, die sich zu dieser Zeit
– in der Sicht Thomas Manns – nur so ausdrücken konnten.
Inhaltliche Positionen lassen sich erst durch eine Denkform
legitim herstellen, die eine emotionale 'Schicksalssprache'
– im Gegensatz zur modernen Zivilisationssprache – beschwören und Traditionsbestände namhaft machen kann, indem sie das Auseinanderfallen von Künstlersprache und er-
zählerischer Substanz verhindern soll. So werden Begriffe
wie 'Volk' oder 'Persönlichkeit' den soziologischen Kategorien 'Masse', 'Individuum' entgegengesetzt und als überle-
gen gehandelt, insofern, als ihnen mythische Eigentlichkeit

---

118. XII, 248   (Hervorhebung v. Th. Mann)
119. vgl. XII, 91

zugewiesen wird. Den Begriffen soll ihre transzendente
Bestimmung immanent sein. Der Versuch einer Lösung
der Künstlerproblematik im nationalistischen Sprachge-
stus besitzt also eine bestimmte Stringenz. Die Kluft
zwischen ästhetizistischem Künstlertum und politischer
Realität konnte in der esoterischen und prätentiösen
Sprache des Thomas Mannschen Vorkriegswerkes nicht
überbrückt werden. Die geliehene Sprache des nationalistischen Pathos bot jene Kraft, die heterogenen gesellschaftlichen Teilbereiche synthesehaft zusammen-
zuschmelzen.

4.4. Autonomie vs. Engagement

In einem der bemerkenswertesten Aufsätze über Essayistik siedelt Max Bense den Essay auf einem Grenzgebiet "zwischen Schöpfung und Tendenz, zwischen ästhetischem und ethischem Stadium" an.[120] Die Kategorie ist auf die 'Betrachtungen' und Heinrich Manns 'Zola' anwendbar, denn 'Schöpfung' und 'Tendenz' bezeichnen die verschiedenen Intentionen der beiden großen Essays. Heinrich Mann verstand Schreiben als Teilnahme an menschlichen Dingen, zielgerichtet auf politische und soziale Prozesse. "Der Geistige, der nicht die Schöpfung, aber die Tendenz im Sinne hat, will den Existierenden erzeugen. Sein Anliegen ist ein konkretes."[121] Bei Heinrich Mann heißt das: "Der Geistige handle."[122] Da der Kunstbegriff, der hinter den 'Betrachtungen' steht, schließlich auf "Schöpfung" als "ästhetischer Hervorbringung"[123] aufbaut, verwandelt sich der scheinbar politische Konflikt in einen Widerstreit zweier Literaturformen. In diesem Licht wäre z.B. auch die Auffassung Adornos zu diskutieren, daß sich die Theorie des engagierten Kunstwerks

> "über die in der Tauschgesellschaft unabdingbar herrschende Tatsache der Entfremdung zwischen den Menschen sowohl wie zwischen dem objektiven Geist und der Gesellschaft, die er ausdrückt und richtet, umstandslos hinweg (setzt)".[124]

---

120. Max Bense, Über den Essay und seine Prosa, in: Merkur, 1. Jhg. 1947, H. 3, S. 417 (verändert wieder abgedruckt in: ders. Plakatwelt, Stuttgart 1952, S. 23ff).
121. M. Bense, in: Merkur, a.a.O., S. 423 und in: Plakatwelt, a.a.O., S. 36
122. Heinrich Mann, Zola-Essay, Die Weißen Blätter, a.a.O. S. 1359
123. vgl. Bense, in: Merkur, a.a.O., S. 415, Plakatwelt, a.a.O.S. 24
124. Th. W. Adorno, Der Artist als Statthalter, in: Noten zur Literatur = Gesammelte Schriften Bd. 11, Frankfurt 1974, S. 120

Gerade dort hält Adorno das Werk Thomas Manns für wert,
wo "ein Objektives sich realisiert, "[125] Kunst nicht Mittel,
die Erzeugung von Kunst in der Form selbst der Zweck ist.

Im Verhältnis 'Zola-Essay' und 'Betrachtungen',
hier verstanden als Auseinandersetzung zwischen den Begriffen engagierter Literatur und autonomer Kunst, gerät die letz-
tere in immer größere Schwierigkeiten, sich von der politischen
Sphäre abzugrenzen. Der schöne Schein der ästhetisierenden
Literatur ist ohne weiteres in Gefahr, einer inhumanen Gesellschaft zu verfallen, weil die realen Verhältnisse aus ihrer Verklärung eine Berechtigung ableiten können. Die 'Betrachtungen'
sind insofern ein interessantes Dokument für die Nähe von
reinem Ästhetizismus und Nationalismus. Die Kunst ist letzt-
lich ungeschützt vor einer Annexion durchs Politische, wenn
sie sich ins Unverbindliche zurückzieht. Wie gründlich Thomas Mann sich weigerte, diese Gefahr zur Kenntnis zu nehmen, zeigt sein Umkehrschluß:

> "Und immer war der Staat eine Veranstaltung, dem Gei-
> stigen, dem nationalen Ideenschatz Macht zu sichern im
> Innern, ihm Ruhe, Ausbreitung, Triumph zu sichern nach
> außen. "[126]

"Machtgeschützte Innerlichkeit" erweist sich so gegenüber
der Macht für deren Schutz dankbar.[127] In dieselbe Richtung, nur kurzschlüssiger hinsichtlich der Verbindung von
Kunst und Politik, zielt die Bemerkung, daß "im Lande
kantischer Ästhetik ... Deutschlands Sieg 'ohne Interesse' gefallen würde. "[128]

---

125. Th. W. Adorno, Zu einem Portrait Thomas Manns, in:
     Noten zur Literatur, a, a, O, . S. 341
126. XII, 289
127. IX, 419 wo von einer "resignierten machtgeschützten
     Innerlichkeit und Pessimismus bei Wagner die Rede ist. "
128. XII, 33 (Hervorhebung von Th. Mann)

Die Literatur, die sich mit dem Bruderkonflikt befaßt, bezieht sich implizit auf diese Selbstinterpretationen: Innerlichkeit und Künstlertum werden unter dem Begriff des "Unpolitischen" gleichgesetzt; in der an Wirkung interessierten Prosa Heinrich Manns sieht man die eigentliche Bedrohung, die "eine verwundete Künstlerseele"[129] bei Thomas Mann anrichtet. "Gewissenserforschung"[130] aus der "Tiefe des Schmerzes"[131] sei der Antrieb der "Betrachtungen". Das Einfühlungsvermögen in Thomas Mannsche Problematik trübt so den Blick auf die Schwierigkeiten, in denen schon vor dem Kriege schöngeistige Literatur steckte. Die Behandlung ästhetischer Fragestellungen stand bei Thomas Mann schon lange, nicht erst seit der Planung des großen Essays 'Geist und Kunst' an. Auch die Konzeption der 'Betrachtungen' ist nicht von der Lektüre des Zola-Essays beeinflußt.[132] Kaum beachtet wurde merkwürdigerweise, daß eine Wandlung der Kunstanschauungen Thomas Manns im ersten Jahrzehnt nach der Jahrhundertwende eingetreten war. Die Aporien des Ästhetizismus veranlaßten den in seine Wortkunst verstrickten Schriftsteller zu einer produktiven Neubesinnung, die in den Notizen zu 'Geist und Kunst' ihren letzten Nieder-

---

129. vgl. Kurt Sontheimer, Thomas Mann und die Deutschen, München 1961, S. 31ff
130. a. a. O. , S. 31
131. Ernst Keller, Der unpolitische Deutsche, Eine Studie zu den 'Betrachtungen eines Unpolitischen' von Thomas Mann, Bern 1965, S. 37
132. vgl. den Brief vom 3. VIII. 1915 an Paul Amann, wo der Plan "einer gewissenhaften und bekennend-persönlichen essayistischen Auseinandersetzung mit den brennenden Problemen" zur Sprache gebracht wird (Amann-Brife, 30) und den Brief vom 31. XII. 1915 an Maximilian Brantl, der eine Bitte um Ausleihe des Zola-Essays ist (Briefe I, 124). Th. Mann erhielt den Zola-Essay vor dem 15. I 1916 von Ernst Bertram (vgl. Briefe an Bertram vom 5.1.1916 mit der Bitte um Ausleihe und 15.1.1916: "vielen herzlichen Dank, ich habe gelesen" (Bertram Briefe, 28)).

schlag fand. Die Rückkehr zum Ausgangspunkt der Überlegungen ist ein besonders bemerkenswerter Aspekt der 'Betrachtungen'.

4.4.1. "Die Göttinnen"

Am Anfang stehen zwei Aufsätze über Frauenliteratur der Jahrhundertwende, eine Rezension der Novelle "Die Hochzeit der Esther Franzinius" von Toni Schwabe[133] und – bedeutender als diese – ein Porträt der Gabriele Reuter.[134] Thomas Mann führt bei diesen Anlässen eine Debatte über moderne Kunst, die sich nicht zuletzt auf Heinrich Mann bezieht.

"Das Ewig-Weibliche zieht uns hinan",[135] schließt der erstgenannte Aufsatz, ein Zitat, das zwar erzwungen klingt, jedoch die künstlerische Intention recht gut bezeichnet. Daß sie sich auf "auserlesene Kunst" richtet, läßt auf Ästhetizismus schließen. Tatsächlich wird die Sprache beschworen, aber auch das Gefühl in seiner Steigerung "ins Transzendentale".[135a] Die Spitze gegen Heinrich Manns 'sinnliche' Göttinnen[136] wird nicht nur hier fühlbar, sondern auch ausdrücklicher dort, wo "ein weibliches Kultur- und Kunstideal" verklärter Liebe gegen das "Hohnlächeln der Renaissance-Männer" in Schutz genommen wird.[137] Schon bei dieser Gelegenheit

---

133. Das Ewig-Weibliche, XIII, 383ff, zuerst in der Zeitschrift 'Freistatt', München 5. Jh. H. 12, 21. 3. 1903
134. Gabriele Reuter, XIII, 388ff, erstmals in 'Der Tag', Berlin 14. +17. 2. 1904
135. XIII, 388   135a. XIII, 387
136. Heinrich Manns Romantrilogie 'Die Göttinnen oder die drei Romane der Herzogin von Assy' (erschienen 1903 recte 1902), vgl. auch Brief an Heinrich Mann vom 23. XII. 1903: "Gewisse Spitzen in meiner kleinen Buchbesprechung in der 'Freistatt' waren sachlich bewußt gegen Dich gerichtet. ". in : TM-HM, 24
137. XIII, 387

klingt also der Widerwille gegen "jene Dionysier" an, "die 'Schönheit' mit steiler Gebärde verherrlichten", gegen den "Renaissance-Ästhetizismus gewisser Nietzscheaner",[138] auf deren Lieblingsvokabel "ruchlos" Thomas Mann noch in den 'Betrachtungen' allergisch reagierte.[139] Eher als seine auch ins Persönliche hineinreichenden Attacken gegen das "Belletristenthum"[140] des Bruders interessiert die gemeinsame Herkunft aus dem Ästhetizismus und die Kluft, die beide trennte.

"Haß" auf "seine künstlerische Persönlichkeit" bestimmte das Verhältnis von Thomas zu Heinrich Mann schon sehr früh.[141] Auffallend ist, daß die Ablehnung auf eine Argumentation mit dem "guten Geschmack" hinausläuft, der an der "langweiligen Schamlosigkeit" und "der geistlosen und unseelischen Betastungssucht" in den 'Göttinnen' Anstoß nimmt.[142] Thomas Manns Berufung auf "bürgerliches l'art pour l'art" in den 'Betrachtungen' liegt da nicht so fern – Schönheitskult war um die Jahrhundertwende in Deutschland ein in sich differenziertes Gebilde mit einer antibürgerlichen und einer bürgerlichen Komponente. Gerade in den 'Göttinnen' löst sich Gesellschaftskritik aus dem Ästhetizismus heraus. Diesen

138. XII, 541
139. vgl. XII, 538, und vgl. auch 'Lebensabriß' XI, 110. Ein Reflex darauf ist noch im Doktor Faustus zu spüren. Die Renaissancevorliebe damaliger Zeit wird in der Person des Helmut Institoris karikiert. vgl. VI, 381f
140. eine Bemerkung aus Th. Manns Notizbuch 7 (1905) Thomas Mann Archiv, zitiert nach H. Wysling, Vorwort zu TM-HM Briefe, a. a. O. , S. XXXIV. Die Passage im Notizbuch ist mit 'Anti-Heinrich' überschrieben, vgl. auch Peter de Mendelssohn, Der Zauberer, Das Leben des deutschen Schriftstellers Thomas Mann, Erster Teil 1876-1918, Frankfurt 1975, S. 650f
141. vgl. Brief an Ida Boy-Ed vom 19. VIII. 1904, in: Thomas Mann Briefe an Otto Grautoff 1894-1901 und Ida Boy-Ed 1903-1928, Hrsg. Peter de Mendelssohn, Frankfurt 1975, S. 150
142. a. a. O. (Hervorhebung Th. Mann)

Wandel mag Thomas Mann gespürt haben, denn die Abkehr
vom "Dienst des Ideals"[143] geschieht in einer bewußten sa-
tirischen Durchlöcherung der "Cultur der Oberfläche."[144]

Violante, die Herzogin von Assy,
verkörpert die Welt der Schönheit; sie sucht ihre Identität
in den Masken der Göttinnen Diana, Minerva, Venus. Ihre
Utopie ist die Einheit von Schönheit und Leben : "Über Schönheit und Stärke ein Reich der Freiheit aufzubauen : Welch
ein Traum. "[145] So ist ihr Leben und sogar noch die Erwartung des Sterbens Geste und Spiel;[146] sie spielt ihre Rollen
in unwirklichen, arrangierten Welten von anarchischer Freiheit (Diana), Kunst (Minerva) und Sinnlichkeit (Venus). In
ihrer Leidenschaft und Lust an ästhetischer Existenz personifiziert sie Nietzsches 'tragischen Mythus' :

"Für die Erklärung des tragischen Mythus ist es gerade
die erste Forderung, die ihm eigentümliche Lust in der
rein ästhetischen Sphäre zu suchen, ohne in das Gebiet
des Mitleids, der Furcht, des Sittlich-Erhabenen über-
zugreifen. "[147]

Die "volle Lust am Schein" und die "noch höhere Befriedi-
gung an der Vernichtung der sichtbaren Scheinwelt"[148] ist
die treibende Kraft der vergnügungssüchtigen Violante, denn

---

143. Heinrich Mann, Das Wunderbare, a. a. O. , S. 9
144. Heinrich Mann, Notiz über 'Henri de Régnier' (Heinrich-
     Mann-Archiv) zitiert nach Renate Werner "Cultur der Ober-
     fläche", Zur Rezeption der Artisten-Metaphysik im frühen
     Werk Heinrich und Thomas Manns, in : Bruno Hillebrand
     (Hrsg.) Nietzsche und die deutsche Literatur, Bd. II,
     Forschungsergebnisse, Tübingen 1978, S. 99
145. Heinrich Mann, Die Göttinnen oder Die drei Romane der
     Herzogin von Assy, Düsseldorf 1976, S. 89
146. vgl. a. a. O. , S. 661 "Sie war in angenehmer Erwartung ei-
     nes neuen Spieles, das Sterben hieß, einer noch nicht ge-
     tragenen Maske. "
147. F. Nietzsche, Geburt der Tragödie, in: Werke Bd. I,
     a. a. O. , S. 131
148. a. a. O. , S. 130

die sichtbare Welt, die der Vernichtung anheim fallen soll,
ist die falsche bürgerliche Lebenswirklichkeit. Die Bürger
sind, wie sich die Lyrikerin und Contessa Blà im Roman
äußerte, "alle, die häßlich empfinden und ihre häßlichen
Empfindungen obendrein lügenhaft ausdrücken."[149] Das ist
nicht die einzige Perspektive im Roman - auch die ästhetische Gegenwelt, die mondäne Bohème, von der eine Vertre-
terin hier zu Worte kam, bildet sich ab in der Imitation von
Renaissancekunst, die ihre Dekadenz übertünchen soll;
die Orgie im Zeichen der Venus ist wie ein letztes Aufbe-
gehren, an dessen Ende die Langeweile der Herzogin steht:
"Ist das alles?"[150] So stellt sich auch der Schönheitskult
Violantes,in der dritten Perspektive, als Verfall dar: Im
Bild der Oliven spiegelt sich die Vergeblichkeit ihrer Existenz wieder :

> "Sie waren Schönheit und Reichtum, die Oliven! Sie waren
> von der Wollust so schwerer Fruchtbarkeit ganz müde und
> mürb. An ihre Wurzeln, unter gestauten Wassern, bildeten
> sich Fäulnisherde. Das Insekt mit gelbem Kopf, das mit
> ihnen kämpfte, bohrte sich in ihre Früchte und häufte darin
> seine Eier."[151]

'Die Göttinnen' aus der Thomas Mannschen Sicht als "wahre
dionysische Orgie"[152] zu bezeichnen, verstellt den Zugang
zu diesem Roman.[153] Bezeichnenderweise übernehmen die
Interpreten so die Perspektive der Violante, die ja nur eine

---

149. Heinrich Mann, Die Göttinnen, a. a. O. , S. 114
150. a. a. O. , S. 641
151. a. a. O. , S. 504
152. Hans Wysling, Vorwort zu TM-HM, a. a. O. , S. XXX
153. Für Klaus Matthias läßt der "Hang zu Perversitäten ...
     manche Partien ... als unfreiwillige Beiträge zum lite-
     rarischen Kitsch erscheinen." Klaus Matthias, Heinrich
     Mann, München 1971, S. 396

der möglichen ist und vereinfachen die Struktur des Romans
auf seine trivialste Auslegung. Dagegen sind schon beim frühen Heinrich Mann Ansätze zu konstatieren, die in der fin-de-
siècle Literatur fest institutionalisierte Kluft von Geist und
Leben schöpferisch zu überbrücken. Die Kritik nach beiden
Seiten, Wirklichkeit und ästhetisierender Wirklichkeits-
darstellung, brachte Bewegung in das erstarrte Formen-
system der Literatur.

Der Vorwurf des "Belletristenthums" ist heute anders zu ge-
wichten als damals: In einer Zeit, in der zwischen der Sprache ländlicher Heimatkunst und der verfeinerten, bis in die
letzten Bereiche der Exklusivität getriebenen Formensprache des Großstadtästhetizismus ein literarisches Niemands-
land entstanden war, [154] mochte jeder Versuch, neue Wege zu
gehen, Abneigung hervorrufen. Damit ist ein Grundproblem
umrissen, das auch die Ursache des Konflikts der Brüder
Mann war - es führt zur Frage nach der Resonanz von Literatur in der Gesellschaft. "Denn ohne verständnisbereite
Hörer, Leser, Zuschauer konnte dem Künstler nicht der so
sehr ersehnte Durchbruch von der Einsamkeit ins 'Soziale'
gelingen."[155] Dies betrifft schließlich die meisten Künstler
dieser Zeit, von George, Rilke, sogar Kafka bis zu Hofmannsthal, der im 'Chandos-Brief' auf höchster Sprachstufe den
Wirklichkeitszerfall reflektiert und darin die Kluft zwischen
dem Schreibenden und seiner Umgebung feststellt; beklagt
wird der Verlust der Erfahrung über die "Menschen und ihre(.)

---

154. vgl. auch Helmut J. Mörchen, Studien zur politischen
     Essayistik und Publizistik der zwanziger Jahre. Mit be-
     sonderer Berücksichtigung von Heinrich und Thomas
     Mann, Kurt Tucholsky und Ernst Jünger, Stuttgart 1973,
     S. 6f
155. Klaus Landfried, Stefan George - Politik des Unpoliti-
     schen, Heidelberg 1975, S. 192

Handlungen":"Es gelang mir nicht mehr, sie mit dem ver-
einfachenden Blick der Gewohnheit zu erfassen. "[156] Ablesbar ist die Distanz der Schriftsteller zur Gesellschaft vor
allem am George-Kreis, mit dem ja auch Bertram locker as-
soziiert war ; weit getrieben wurde hier die Formen- bis
zur Zeichensprache, bis zu jenem Gestammel am Anfang des
Zeitgedichts im 'Siebenten Ring'[157], weit getrieben auch der
'Kulturhochmut'[158] bis zur inhaltlichen Entleerung im Ge-
heimnis - "keiner kennt es. "[159] Diese literarische Welt
der Zeichensprache ist in ihrer Wirkung auf Thomas Mann
nicht zu unterschätzen; so ist ja gerade im I. Weltkrieg das
literarische Zeichen 'Kreuz, Gruft, Tod' ein Kommunikati-
onssymbol zwischen ihm und Bertram, zwischen den 'Betrachtungen' und dem Nietzschebuch, auf dessen zusammen-
hangstiftende Kraft er bei der Niederschrift vertraute.
Landfried beschreibt die Kreisbildung um George als li-
stige Strategie, den Kampf um den Markt zu umgehen, bezeichnet "Exklusivität als taktisches Konzept"[160] und
konstatiert damit die Verfestigung des Dualismus Kultur
und Alltagswelt.

Thomas Mann hat auf die Bewegung, die zwischen diesen beiden Polen durch literarisches Engagement z. B. Heinrich Manns
entstanden war, mit dem eigenen Konservatismus reagiert.

---

156. Hugo von Hofmannsthal, Ein Brief, in: Gesammelte Werke
     in zehn Einzelbänden, Erzählungen. Erfundene Gespräche
     und Briefe. Reisen. Frankfurt 1979, S. 466
157. "Ich euch gewissen, ich euch stimme . . . " (vgl. zum
     'Zeitgedicht' oben Kap. 3. 1. Anm. 13)
158. Ein Ausdruck von Kurt Martens auf die Brüder Mann be-
     zogen, vgl. Kurt Martens, Literatur in Deutschland,
     Berlin 1910, S. 119
159. vgl. Kap. 3. 1. Anm. 13
160. K. Landfried, a. a. O.

Der zweite Aufsatz zu diesem Komplex, das wichtige, aber wenig beachtete Porträt der Gabriele Reuter, enthält schon einige Merkmale seiner schriftstellerischen Konfession. Tonio Kröger, der Wanderer zwischen den Welten Kunst und Leben,[161] sollte sein Ziel nicht erreichen, denn sein Autor nimmt in dieser Zeit eine strenge Scheidung von Literatur und Wirklichkeit vor: "Die Gottesgabe des Wortes" sollte der hohen Form vorbehalten bleiben; denn "Ironie (braucht) nur ein Stil, Wirklichkeitskritik nur ein Pathos, Moral nur ein Vertiefungsmittel zu sein", zur Schöpfung des autonomen Werks als "absolute(r) Musik."[162] Schon hier begegnet uns der Zivilisationsliterat als "ein agitatorischer Mensch", der streng zu trennen ist vom Dichter: "Der kontemplativ-künstlerische Mensch ist wesentlich kein Weltverbesserer."[163] Damit sind die Voraussetzungen der Beurteilung von Gabriele Reuters Buch 'Aus guter Familie' benannt, das ja eigentlich die moralische Verlogenheit der bürgerlichen Gesellschaft entlarven will. Thomas Mann kritisiert jedoch nur einige sprachliche Redewendungen (wie z.B. den Satz: "Das regte sie auf")[164] und lobt die "Höhe" der "geistigen" Kultur des Buches:

"Was ich bewundere, ist der dekorative Sinn im einzelnen, die kunstfertige und doch unaufdringliche Art, mit welcher die kleinen geistigen Erlebnisse, Pointen, psychologischen Aperçus an ihren Platz gestellt und zur Wirkung gebracht sind. Die Massenszenen (Gesellschaften, Frühlingsfest) sind mit Hilfe eines spielenden Humors mühelos bewältigt. Denn überall, wo viele Menschen beieinander sind, beginnt der Humor."[165]

Thomas Mann gibt damit eine genaue Erläuterung der bürgerlichen Komponente des deutschen Ästhetizismus: Kunst wird

---

161. vgl. VIII, 303 ; VIII, 305
162. XIII, 391
163. XIII, 391f
164. XIII, 397
165. XIII, 398

nicht als Gegenbild zur gesellschaftlichen Wirklichkeit genommen, wie in der Nietzsche Nachfolge bei Heinrich Mann,
sondern als Erhöhung. Die Geburt der Kunst erfolgt aus
dem Geiste des Bürgertums, sie ist in ihrer Überfeinerung
gleichsam die Apotheose bürgerlicher Tradition.

Damit entwickelt sich ihr konservatives Element: Der Künstler, der seine geistigen Wurzeln in der Lebenswirklichkeit
verliert, sehnt sich zurück nach Bindungen, nach bürgerlicher Haltung und Lebensform. In dieser Sehnsucht liegt
"der wundervolle tragisch-romantische Zauber des 'Tonio
Kröger'."[166] Dahinter entfaltet sich der Wunsch nach "Wiederherstellung" der ehemals festen Verhältnisse auf "höherer Lebensstufe".[167] Beides ist in der Künstlerexistenz
Tonio Krögers von Anfang an vereinigt; sein Verhältnis
zum Leben hat erotische Formen, die sich in der Beziehung zu seinem Antipoden Hans Hansen manifestieren:

> "So war Hans Hansen, und seit Tonio Kröger ihn kannte,
> empfand er Sehnsucht, sobald er ihn erblickte, eine nei-
> dische Sehnsucht, die oberhalb der Brust saß und brannte.
> Wer so blaue Augen hätte, dachte er, und so in Ordnung
> und glücklicher Gemeinschaft mit aller Welt lebte wie du!
> Stets bist du auf eine wohlanständige und allgemein re-
> spektierte Weise beschäftigt."[168]

'Tonio Kröger' ist auf andere Weise von Nietzsche abhängig
als die 'Göttinnen': Wenn hier die Schöpfungsidee direkt in
Handlung umgesetzt worden ist, wird dort Nietzsches Künst-
lerpsychologie thematisiert. Leiden und Künstlertum Tonio
Krögers sind schon in der Kindheit angelegt, er entwickelt
sich nicht. Thomas Mann benutzt in der Novelle Nietzsches
Wagnerkritik als Folie: Die "überreizte Sensibilität" des

---

166. Herbert Marcuse, Der deutsche Künstlerroman, Frank-
     furt 1978, S. 321
167. vgl. Winfried Hellmann, Geschichtsdenken, a. a. O. , S. 26ff
168. VIII, 276

typischen 'décadent' locken die "drei großen Stimulantia der Erschöpften, das Brutale, das Künstliche und das Unschuldige (Idiotische)." Wagner fehlt aber die "Lebenskraft" in seiner "Spätheit" und hohen Bewußtheit.[169] "Der Instinkt ist geschwächt."[170] In der Beantwortung der Frage: "Aber was ist der Künstler"[171] liegt so bei Tonio Kröger das Bedauern über verlorene Naivität, aber auch die Feststellung, daß die Kluft zwischen Künstler und Leben unübersteigbar ist:

> "Die Begabung für Stil, Form und Ausdruck setzt bereits dies kühle und wählerische Verhältnis zum Menschlichen, ja, eine gewisse menschliche Verarmung und Verödung voraus. Denn das gesunde und starke Gefühl, dabei bleibt es, hat keinen Geschmack. Es ist aus mit dem Künstler, sobald er Mensch wird und zu empfinden beginnt."[172]

Deshalb ist Wagners 'Tristan und Isolde' auch "ein so morbides und tief zweideutiges Werk".[173] Der Künstler muß zwangsläufig zum Hochstapler werden, weil er Wirkung erzielen will, Kraft und "Enthusiasmus" dort vortäuscht, wo quälende Problematik dahinter steht.[174]

Die Integration der genuin Nietzscheschen décadence-Psychologie in die Ausführungen Tonio Krögers prägt die Struktur der Novelle. Ihr Gehalt erschließt sich nicht aus der Darstellung des Leidens an der Existenz, sondern in dem, was Tonio Kröger darüber sagt. Das "Ideelle" wird nicht mehr "in zeiträumlichem Aggregatzustand erfahren,"[175] die Entwicklung von Gedanken hat

---

169. F. Nietzsche, Der Fall Wagner, in: Werke II, a. a. O., S. 912f
170. a. a. O. , S. 912
171. VIII, 298
172. VIII, 296
173. VIII, 299
174. vgl. VIII, 298f
175. Herman Meyer, Zum Problem der epischen Integration, in: ders. Zarte Empirie. Studien zur Literaturgeschichte, Stuttgart 1963, S. 16. Für Meyer ist die Integration von Ideen in die epische Struktur des Romans die eigentliche Schwierigkeit moderner Literatur.

die Erzählung verdrängt.

Daraus bilden sich bestimmte Formen der Erfahrung und des "Wirklichkeitserlebens".[176] So wird der "Typus des Künstlers"[177] von Tonio Kröger in einer bemerkenswerten Schärfe gesehen:

> "Ich habe Künstler von Frauen und Jünglingen umschwärmt und umjubelt gesehen, während ich über sie wußte ...
> Man macht, was die Herkunft, die Miterscheinungen und Bedingungen des Künstlertums betrifft, immer wieder die merkwürdigsten Erfahrungen ..."[178]

Andererseits versagt das analytische Vermögen angesichts konkreter Wirklichkeit. Dieser Komplex ist als "Erkenntnisekel" bestimmt. "Zum Sterben angewidert" über "die abscheuliche Erfindung des Seins"[179] zieht sich der Literat auf die Position der "Skepsis und Meinungsenthaltsamkeit"[180] zurück. Hellmut Haug bezeichnet die träumerische "Wirklichkeitsreinheit" als die Welt der Thomas Mannschen Helden[181], Ursache des "Erkenntnisekels" ist das Einbrechen des Plumpen und Gewöhnlichen in die Erlesenheit ihrer Traumwelt.

> "Die beiden Welten, zwischen denen Tonio Kröger heimatlos mitten inne steht, heißen in Wahrheit nicht Künstlertum und Bürgertum, sondern Traum und Leben; und wenn er als Künstler unglücklich werden muß, so darum, weil ihm die Kunst, so wie er sie übt und allein üben kann, die Unvereinbarkeit dieser Welten, anstatt sie aufzuheben, nur noch schmerzhafter zu Bewußtsein bringt."[182]

Geradezu pathologisch nimmt sich die Wirklichkeitsbeziehung in der frühen Studie 'Enttäuschung'[183] aus. Sie ist

---

176. vgl. a. a. O.
177. VIII, 298
178. VIII, 299
179. VIII, 300 vgl. auch Lebensabriß XI, 110
180. VIII, 301
181. vgl. Hellmut Haug, Erkenntnisekel, Zum frühen Werk Thomas Manns, Tübingen 1969, S. 54
182. a. a. O., S. 55
183. VIII, 62ff

als Vorläufer der später als Künstlerproblematik entwickel-
ten Darstellung gesellschaftlicher Entfremdung zu   ehen :

Jener Unbekannte, der die "Dichter" so haßt, weil sie ihm
mit "großen Wörtern"[184] die Sehnsucht nach dem Leben ein-
geimpft haben, wird so bitterlich nach beiden Seiten enttäuscht. Die Literatur und das Leben haben für ihn ihre
Wahrheit verloren :

> "Ich erwartete von den Menschen das göttlich Gute und das
> haarsträubend Teuflische; ich erwartete vom Leben das ent-
> zückend Schöne und das Gräßliche, und eine Begierde nach
> alledem erfüllte mich, eine tiefe, angstvolle Sehnsucht nach
> der weiten Wirklichkeit, nach dem Erlebnis. "[185]

Am Ende wird er enttäuscht, weil er erkannt hat,

> "daß es das Leben im ganzen und allgemeinen ist, das Le-
> ben in seinem mittelmäßigen, uninteressanten und matten
> Verlaufe, das mich enttäuscht hat, enttäuscht, enttäuscht. "[186]

Das Leiden an der Differenz von Schein und Sein wird also
akut, wenn die Wirklichkeit den Träumer aus seinen wirklichkeitsreinen Empfindungen holt.[187] Sogar schlimmer noch als
die Entfremdung ist es, wenn der Schleier zur Realität zer-
reißt.[188]

Es ist anzunehmen, daß diese Erfahrungen zu einem Teil
autobiographischen Charakter haben[189], andererseits aber
nur aufgrund gezielt eingesetzter Lektüre zu verstehen sind.
Beides ist in die Haltung mit eingegangen, die Thomas Mann
gegenüber der Realität einnimmt; auf jeden Fall verbirgt sich
hinter dem Begriff "Erkenntnisekel" Nietzsches "Don Juan der

---

184. VIII, 64, 65
185. VIII, 64
186. VIII, 67
187. vgl. Haug, a. a. O. , S. 57
188. vgl. auch den Ekel des Bajazzo am "Ganzen" VIII, 106,
      nach dem VIII, 137 seine Scheinwelt zusammengebrochen ist.
189. vgl. de Mendelssohn, Zum Bajazzo, a. a. O. , S. 248, zu
      Tonio Kröger S. 490ff, vgl. auch Lebensabriß XI, 110f

Erkenntnis", dem "die Liebe (fehlt) zu den Dingen, welche er erkennt. "[190] "Haltung" meint aber auch die geistesaristokratische schopenhauerische "des gänzlichen disappointment über das ganze Leben. "[191]

Ein wichtiger Ausgangspunkt für eine der vielen Argumentationslinien in den 'Betrachtungen' ist also im Frühwerk zu finden. Es ist der "Erkenntnisekel" und die Scheu vor der Banalität des Lebens und damit auch vor der Banalität der politischen Aktion. "Um die Wirklichkeit schlechthin, also nicht um die politische Einzelposition geht es Thomas Mann."[192] Insofern unterscheidet sich die Thematik der frühen Erzählungen nicht sehr stark von den 'Betrachtungen'. Dazu verwendet Thomas Mann schon hier zur epischen Integration seiner Lektüre die Form essayistischer Reflexion. Die Verflüssigung der Grenzen "zwischen persönlichem Erlebnis und literarischer Erfahrung", die Wysling an den 'Betrachtungen' feststellt,[193] können auch für die Erzählungen behauptet werden.

Andererseits beschränkt sich Thomas Mann ja gerade beim 'Tonio Kröger' auf wenige Handlungselemente, der Konflikt zwischen Kunst und Leben befindet sich in einer eigentümlichen Erstarrung. Die "Haltung" ist eine dekorative des 'ennui', die immer an der Oberfläche bleibt, kaum innerlich motiviert scheint. Dahinter steht offensichtlich die Ansicht von der Repräsentanz des Schriftstellertums, der schließ-

---

190. F. Nietzsche, Morgenröte 4. Buch, Aph. 327, in: Werke Bd. I, a. a. O., S. 1198

191. Arthur Schopenhauer, Parerga und Paralipomena Bd. II in: Sämtliche Werke Bd. 6, Hrsg. Arthur Hübscher, Leipzig 1939, S. 318

192. Hermann Kurzke, Auf der Suche nach der verlorenen Irrationalität: Thomas Mann und der Konservatismus, Würzburg 1980

193. Hans Wysling, Thomas Manns Verhältnis zu den Quellen, in: Thomas Mann Studien I, a. a. O., S. 319

lich in 'Königliche Hoheit' eine poetische Ausformung ver-
liehen wurde. Was als Beleg für die eigene Verschlossen-
heit brieflich von Thomas Mann gegenüber Walter Opitz angeführt wurde, mag auch der Grund für fehlende innere Mo-
tivation des Tonio Kröger sein:

> "Wenn Sie mich persönlich verschlossen fanden, so mag
> es daran liegen, daß man den Geschmack an persönlicher
> Mittheilsamkeit verliert, wenn man gewohnt ist, sich sym-
> bolisch, das heißt: in Kunstwerken zu äußern. Man führt,
> möchte ich sagen, ein symbolisches, ein repräsentatives
> Dasein, ähnlich einem Fürsten."[194]

Prägnant drückt sich hier die schriftstellerische Konfession Thomas Manns aus; die Idiosynkrasie gegen das Werk
des Bruders findet damit eine Erklärung. Die Allegorie der
'Königlichen Hoheit' spiegelt die eigene Existenz ins Höhere,
repräsentatives ist vor allem auch dekoratives Dasein. Diese "Cultur der Oberfläche" ist in den 'Göttinnen' durch Satire zersetzt; dahinter wirkt schon der Wille zum Leben.
Gerade dessen melancholische Verneinung ist ja der Gegenstand der Thomas Mannschen Literatur: Die Aporie,
Kunst und Leben zu versöhnen, wird aufgehoben, indem sie
dargestellt wird. Der Gegensatz beider Literaturformen
wird ausdrücklich in 'Königliche Hoheit' berücksichtigt -
der Roman ist eine Konstruktion gegen das "Belletristenthum" - es wirkt der Wille zum "Höheren":

> "Liebt ihr lärmende Abenteuer? Unglücksfälle? Blutige
> und turbulente Vorkommnisse? Aufläufe, bei welchen der
> Volkswitz sich entfaltet? Schreckensscenen, die der Po-
> lizeibericht meldet? Muß ein Kind unter Automobilrädern
> winseln, ein Rentner, vom Schlage gerührt, in den näch-
> sten Hausflur geschafft werden, eine verlassene Geliebte
> vom vierten Stock auf das Pflaster springen, - muß min-
> destens ein Trambahnwagen entgleisen oder eine Kuh das
> Bein brechen, damit euer Spaziergänger-Interesse wach-

---

194. Brief vom 5. XII. 1903, in: Briefe I, 40
     vgl. auch Brief vom 27. II. 1904 an Heinrich Mann, in:
     TM-HM, 27

gerüttelt werde? Geht, geht! Das ist ein roher und niedriger Geschmack. "[195]

Der später verworfene Anfang bringt entscheidende Motive des Romans. Sie sind vereinigt im Bild des "wachsam Flanirenden, "[196] der, um eine Bestimmung Benjamins zu gebrauchen, "auf dem Asphalt botanisieren geht. "[197] Subjektivität und Transposition eigener Beobachtung ins Höhere der Kunst sind so auch die Grundintention:

> "Ich habe bedeutendere Unscheinbarkeiten im Sinn, wirkliche Vorgänge von scenenartiger Zusammensetzung, intensive und fruchtbare Beobachtungen, - Episoden und Zwischenfälle, die den Geist in Bewegung setzen, den Anknüpfungspunkt zu glücklichen Gedankenreihen bilden. "[198]

Thomas Mann war kein Flaneur, hat aber die Vorliebe für die Einzelheiten und das Zusammenfügen in eine kleine phänomenale Welt mit diesem gemeinsam. Dazu verbindet ihn mit dem Flaneur die Zeit, die er hat und die eine andere ist als die im Großstadtgetriebe ablaufende. Deshalb reagiert er oben so gereizt auf die expressionistische "Überfülle des Erlebens. "[199]

Interessant ist in diesem Zusammenhang, daß dieser Anfang noch in der zweiten Niederschrift als 'Vorspiel' beibehalten, aber abgebrochen wurde;[200] es fehlt der Hinweis der A-Vari-

---

195. A-Variante der Urhandschrift zu "Königliche Hoheit", abgedruckt bei Hans Wysling, Die Fragmente zur Fürstennovelle, Zur Urhandschrift der "Königlichen Hoheit", in: Th. Mann Studien I, a. a. O. , S. 76 (Zeichen zur Textanlage und nachträgliche Tilgung wurden hier und im folgenden nicht berücksichtigt).

196. a. a. O.

197. Walter Benjamin, Das Paris des Second Empire bei Baudelaire, in: Gesammelte Schriften I. 2, a. a. O. , S. 538

198. A-Variante, a. a. O.

199. vgl. Kurt Pinthus, Die Überfülle des Erlebens, in: Berliner Illustrierte vom 28. 2. 1925, "Welch ein Trommelfeuer von bisher ungeahntem Ungeheuerlichkeiten prasselt seit einem Jahrzehnt auf unsere Nerven nieder. " zit. nach Die Lyrik des Expressionismus Hrsg. Silvio Vietta, Tübingen 1976, S. 9

200. B-Variante, vgl. a. a. O. , S. 82f

ante auf den "Griff" in die Thematik.[201] Die beiden Anfänge der
B-Variante, der eine lehr-, der andere 'märchenhaft'[202] werden
in der endgültigen Fassung ersetzt durch die Schilderung aus
der Perspektive des Flanierenden; sie paßte besser zur Repräsentanz des 'Prinzen', der sich auch bald aus der Umgebung her-
auslöst.[203] Wenn Benjamin den Vergleich zwischen E. T. A.
Hoffmanns 'Vetter im Eckfenster' und Poe's 'Mensch in der Masse' auf den "Unterschied zwischen Berlin und London"[204] bezieht, meint er die Differenz in den Stufen der Entwicklung zur
Industriegesellschaft im 19. Jahrhundert. Während der 'Vetter
im Eckfenster' eine ländlich-kleinbürgerliche Idylle beobachtet, geht Poe's 'Mensch in der Masse' anonym im Großstadtgetriebe unter. "Dem deutschen Kleinbürger sind seine Grenzen
eng gesteckt. "[205] Bei Thomas Mann zeigt sich das Verharren
auf dieser Position, während die Bedingungen seit E. T. A.
Hoffmann sich verändert haben. So bleiben der Aspekt des Repräsentativen und die Bildung einer phänomenalen Welt auf der
Subjektivität der Beobachtung ohne Verankerung im Konkreten.
Der Schriftsteller ist Fürst eines Phantasiereiches; das 'Volk'
muß er sich selbst schaffen.

4.4.2. 'Volk'

In den Jahren vor dem I. Weltkrieg befaßte sich Thomas
Mann in mehreren Essays[206] mit Problemen der modernen
Kunst. Die Notwendigkeit grundsätzlicher Überlegungen,
wie sie etwa ins Notizenkonvolut 'Geist und Kunst' .ein-
gingen, ergeben sich aus den beschriebenen Schwierigkei-

201. A-Variante, vgl. a. a. O. , S. 76
202. 1. "Schwer ist das Leben derer, die hochstehen ..."
     2. "Hollerbrunn war ein rundliches Schlößchen ..."
     vgl. a. a. O. , S. 83
203. vgl. II, 9ff
204. W. Benjamin, a. a. O. , S. 551
205. a. a. O.
206. vgl. oben Kap. 1.1. , Anm. 17

ten. In extremer Subjektivität und Abgeschiedenheit des
Schriftstellers, Literatur mit dem Anspruch einiger Ob-
jektivität zu machen, schien ein unmögliches Unterfangen
zu sein. Im Zentrum der Überlegungen stehen so Fragen
des Produzierens, aber auch der Resonanz schriftstelle-
rischer Arbeit. Literatur sei Preisgabe der eigenen Vorstellungswelt, sei Reden nur von sich selbst,[207] war die
Konklusion von 'Bilse und Ich'. "Traum" und "Beseelung"
der Wirklichkeit erzeugten die Dichtung.[208] - "Wenn ich
aus einer Sache einen Satz gemacht habe - was hat die
Sache noch mit dem Satz zu tun?"[209] Die Beantwortung
dieser Frage geschah zwei Jahre später im 'Versuch
über das Theater' mit neuen Implikationen.

Im 'Theater' wirkt ein Schönheitserlebnis, das es wesentlich von allen andern Kunstformen unterscheidet. Es löst
die Kunst aus ihrer Isolation, da es intersubjektiv voll-
ziehbare Gefühle gewährt - es ist "Rausch" und "Ent-
gleistheit der Seele."[210] Daß Theater ein Wagnererlebnis ist,[211] kommt am greifbarsten in 'Wälsungenblut' zum
Ausdruck. Siegmunds emotionale Beteiligung an der 'Wal-
küre' gerät zur Versenkung:

> "Er fühlte zwei Worte: Schöpfertum ... Leidenschaft.
> Und während die Hitze in seinen Schläfen pochte, war
> es ein sehnsüchtiger Einblick, daß das Schöpfertum aus
> der Leidenschaft kam und wieder die Gestalt der Leiden-
> schaft annahm. Er sah das weiße, erschöpfte Weib auf
> dem Schoße des flüchtigen Mannes hängen, dem es sich
> hingegeben, sah ihre Liebe und Not und fühlte, daß so

---

207. vgl. X, 22
208. vgl. X, 15
209. X, 16
210. Versuch über das Theater, X, 36
211. vgl. Hellmann, Geschichtsdenken, a. a. O., S. 11f
     und dazu X, 40

das Leben sein müsse, um schöpferisch zu sein. "[212]

Die Szene ist nicht nur delikat wegen der Namensgleich-
heit der Thomas Mannschen mit den Wagnerischen Helden;
die Vereinigung von Siegmund und Sieglinde erfolgt in der
Erzählung unter anderen Bedingungen. Der Bereich der
Erzählung wird klar abgegrenzt von der Welt des Theaters.
Siegmund beobachtet einen auf der Bühne vollzogenen Akt
scheinbar naiver, kraftvoller Leidenschaft; er erfährt im
"Leben" ein Liebeserlebnis hoher dekorativer Künstlichkeit. Der Bruch des Inzestverbots geschieht im Zeichen
der Schönheit etwa diametral entgegengesetzt zu der in
Musils 'Mann ohne Eigenschaften' entfalteten Vorstellung,
daß der Inzest ein "gewagtestes Mittel"[213] sei, unter dem
Zeichen des Mythos zum Eigentlichen, zur "Überwirklich-
keit"[214] zu gelangen. Diese Möglichkeit bleibt in 'Wälsungenblut' verstellt, denn der Mythos wird dem Theater, der
Oper Wagners vorbehalten. Es kommt so zu einer jugend-
stilhaften Vereinigung an der Oberfläche:

"Mit einer süßen Sinnlichkeit liebte jedes das andere
um seiner verwöhnten und köstlichen Gepflegtheit und
seines guten Duftes willen. Sie atmeten diesen Duft mit
einer wollüstigen und fahrlässigen Hingabe, pflegten
sich damit wie egoistische Kranke, berauschten sich wie
Hoffnungslose, verloren sich in Liebkosungen, die über-
griffen und ein hastiges Getümmel wurden und zuletzt nur
ein Schluchzen waren. "[215]

Die beiden Elemente, auf die 'Wälsungenblut' anspielt, Ursprünglichkeit und Artistik, sind für Thomas Mann schon

---

212. Wälsungenblut, VIII, 404, vgl. auch X, 36 In 'Leiden
    und Größe Richard Wagners' (1933) bringt Thomas Mann
    die "Erinnerung an eigenen jugendlichen Geistesrausch"
    Schopenhauer und Wagner in Verbindung (IX, 397)
213. Robert Musil, Der Mann ohne Eigenschaften, Hrsg. Adolf
    Frisé, Reinbek 1970, S. 1153
214. a. a. O., S. 1218, vgl. auch S. 1081ff, wo "das Unmög-
    liche" geschieht.
215. VIII, 410

dem Charakter der Kunst Wagners immanent. Dies drückt sich aus in ihrer "hohen Volksgerechtigkeit" einerseits, andererseits in ihrer Morbidität und im Reiz, durch den sie "der mondänen Bourgeoisie als Stimulans und Opiat" dient.[216] Der Gedanke läuft in eine Richtung, die auch Adorno in seinem Begriff der "Phantasmagorie" verfolgt hat:

> "Phantasmagorie konstituiert sich, indem die Moderne unterm Zwang der eigenen Fessel in ihren neuesten Produkten dem längst Gewesenen sich anähnelt. Jeder Schritt nach vorwärts ist ihr zugleich einer ins Urvergangene. Die fortschreitende bürgerliche Gesellschaft bedarf ihrer eigenen illusionären Verdeckung, um fortzubestehen. Sie wagt dem Neuen anders nicht ins Auge zu sehen, als indem sie als alt es wiedererkennt."[217]

Thomas Mann blendet allerdings den gesellschaftlichen Sachverhalt aus, um die Elemente des Vergangenen als Utopie fürs Zukünftige zu retten. Dies ist der Kern der Vorstellung vom "Volkhaften" und "Volkstümlichen",[218] deren Idee mit Wagner wenigstens partiell wiederbelebt wird.

> "Verloren, in der Tat, scheint das Theater erst, seitdem es zum Zeitvertreib der Bourgeoisie geworden, welche die antiromantische, die unvolkstümliche Demokratie recht eigentlich repräsentiert, und zu welcher Bürgertum sich verhält wie das 'wirkliche, wahre' Volk zur modernen Masse."[219]

Interessant ist, daß gerade Thomas Manns Ansicht, die "volkstümliche Grundnatur des Theaters" könne zurückgewonnen werden,[220] bei Adorno den Wagnerschen Betrug

---

216. X, 55
217. Th. W. Adorno, Versuch über Wagner, Frankfurt 1974 S. 88f ., ähnlich äußerte sich Th. Mann im Essay übrigens auch schon vorher "der kritische Artist spielt mit der Naivität des Theaters" (X, 35 Hervorhebung von Th. Mann)
218. vgl. X, 55
219. X, 55
220. X, 58

ausmacht.[221] Worum es dabei geht, zeigt sich dort, wo für die "wachsende Neigung zu ganz primitiven Formen"[222] die Namen Will Vesper und Alexander von Bernus als Beleg in Anspruch genommen werden.[223] Der Mythos vom Ursprung in Verbindung mit dem Mythos vom Volk übt schon hier eine Faszination auf Thomas Mann aus, die nationalistische Züge nicht verleugnen kann. Usurpiert wird für die Kunst die Behauptung einer einstmaligen Einheit völkischer Kultur, die durch intellektualistische Zersetzung verlorenging. Ganz analog der Vesperschen Vorstellung von einer "germanischen Urzeit"[224] wird der Ursprung des Theaters in einem Zusammenhang von Kunst und Volk gedacht. Eine Erinnerung daran ist allenfalls noch das Moment des Rauschs, das die Opern Wagners künstlich erzeugen und das Entindividualisierung und Aufgehen in die Gemeinschaft bewirken kann. Rausch allerdings, der nicht im Leben vorhält; Unfähigkeit zur Alltäglichkeit nach dem Genuß oder "Katzenjammer" heißt die Alternative.[225] Das Theater ist mehr noch als die Literatur ein ausgegrenzter Kunstbereich. Wenn Thomas Mann am Schluß des Essays an diese "sinnliche Gemeinschaft" dennoch "kultur-konservative Hoffnungen"[226] knüpft, so ist dies ein impliziter Bezug auf die "großen" kultur-konservativen Deutschen Lagarde, Langbehn, Moeller van den Bruck, dessen vielbändiges Ge-

---

221. vgl. Th. W. Adorno, Wagner, a. a. O., S. 82
222. X, 58
223. Nur in der Originalfassung auf die Rundfrage 'Die kulturellen Werte des Theaters', in: Nord und Süd 32. Jhg. H. 370, Januar 1908, S. 116ff und H. 371 Februar 1908, S. 259ff, Belegstellen S. 285 und 290, in späteren Fassungen werden diese Namen gestrichen, vgl. auch Hellmann, a. a. O. S. 17f
224. Ernst Loewy, Literatur unterm Hakenkreuz, Das Dritte Reich und seine Dichtung, Frankfurt 1969, S. 312
225. X, 36
226. X, 62

schichtswerk 'Die Deutschen' ja damals im Erscheinen begriffen war. Bei ihnen stehen schließlich auch völkische
Ideologie und "mystisches Deutschtum" im Zusammenhang
einer subjektiven Abneigung gegen aufklärerischen Ratio-
nalismus. [227] Fritz Stern nennt sie "Künstler ohne Talent
zu schöpferischem Ausdruck. "[228]

Bei Thomas Mann, dessen künstlerische Existenz Substanz
hat, ist allerdings das Verhältnis zum Nationalismus immer
ambivalent. Schon vor 1914 wird mit nationalem Gedanken-
gut, aber auch mit Möglichkeiten der Moderne im Hinblick
aufs eigene Werk experimentiert, Künstlertum nie in den
Dienst der Idee gestellt. Es bleibt die ironische Distanz zu
den Vorgängen der Wirklichkeit.

Die Ambivalenz gegenüber nationalistischen Zeitströmungen
ist daher auch eine künstlerische, die sich im Verhältnis
zum Werk Richard Wagners ausdrückt. Wo im 'Versuch über
das Theater' der Akzent auf der Hervorhebung des Echten,
Naiven und Volkhaften als konkreter Möglichkeit lag, ist
in 'Geist und Kunst' die Verlagerung auf die Adaption der
Nietzscheschen Wagnerkritik zu bemerken. Die Orientierung ist jetzt mehr an der Moderne ausgerichtet – Thomas
Mann nimmt fleißig Anteil an den aktuellen literarischen
Ereignissen.

---

227. vgl. Fritz Stern, Kulturpessimismus als politische
     Gefahr, Bern und Stuttgart 1963, S. 5ff und S. 319f
228. a. a. O. , S. 319

Unterlage all seiner Rezeptionen und Beurteilungen ist
Schillers Unterscheidung von naiver und sentimentali-
scher Dichtung, die er für seine endlosen Antithesenket-
ten ausschlachtet.[229] Er drückt damit auch sein persönliches Verhältnis zu Literatur aus. So wird "die neue Generation jenseits der Modernität"[230] in Gestalt von Wilhelm Speyers Roman 'Wie wir einst so glücklich waren'
gefeiert, weil sie mit Brüchen und Widersprüchen Schluß
macht.

> "Fühle da viel Neues, Zukünftiges, Junges, Symptoma-
> tisches, viel 'neue Generation', viel 'Heraufkommendes'.
> Gesundheit, kultivierte Leiblichkeit, vornehme Natur,
> vornehmes Wohlsein u. dergl.
> ... Ich rieche Morgenluft. Im Verhältnis zur Natur, zur
> Landschaft, zum Wandern : viel echte und unmittelbare
> Romantik; reine, unverhunzte Gefühlsintensität. "[231]

Dabei wird Speyer zitiert : "Man muß das Leben mit gesunden Händen anfassen. "[232] Für seine damalige Gefühlslage
ist bezeichnend, daß Thomas Mann angesichts solcher Literaturformen eine Gefahr vermutet, "rascher zu veralten,
als nötig wäre. "[233] Die Gründe sieht er in seiner Herkunft aus der décadence, die nicht nur wegen der Entstehung von Jugend-Wandervogel- und Regenerationsbewegungen als abgelebt galt.

> "Das Interesse, das, au fond, die Generation beherrscht,
> zu der Hauptmann, Hofmannsthal und ich gehören, ist das
> Interesse am Pathologischen. Die Zwanzigjährigen sind
> weiter. "[234]

---

229. Vgl. Geist und Kunst, Notiz Nr. 124, in: Th. Mann
     Studien I, a. a. O. , S. 218
230. a. a. O. Notiz 103, S. 207 (Hervorhebung v. Th. Mann)
231. a. a. O.
232. a. a. O. , bei Speyer, Wie wir einst so glücklich waren,
     München 1909, S. 88
233. Geist und Kunst, a. a. O.
234. a. a. O.

Daß dabei Thomas Manns "Gefühl für Natur (.) der Empfindung des Kranken für die Gesundheit (gleicht)",[235] ist eine Seite auch seiner Eigeninterpretation. Die andere ist, daß er
den heraufkommenden Regenerationsbewegungen ohne weiteres Ursprünglichkeit und Natürlichkeit zuerkennt. Dagegen steht die Moderne, die Thomas Mann auf die Bezeich-
nungen "literarisch", "intellektuell" und "interessant"[236]
festlegt. "Als die interessanteste Produktion unserer Tage"[237] empfand Thomas Mann damals das Theater Max Rein-
hardts. Die Gründe werden merkwürdigerweise mit Richard
Wagner in Verbindung gebracht.

> "Daß Modernität, daß Kleinheit, Détail-Addition, Genie-
> mangel, Intellektualität, verbunden mit Zähigkeit, Arbeit,
> Willensdauer, sich mit Glück an Aufgaben großen Styles
> wagen darf: der Fall Reinhardt beweist es. "[238]

Neben dieses Lob tritt aber auch Kritik. Sie zielt auf die
Schwächen, die auch Wagners Kunst anhaften. So wird
Übertreibung, Exzentrik und Begierde auf Wirkung bemängelt, "kurz, jene Aufdringlichkeit des Détails, die Wagner
'Deutlichkeit' nannte. "[239] Die Krise, in der sich Thomas Mann dieser Kunst gegenüber befand,[240] ist Ausdruck seiner eigenen Identitätskrise. Die "wüste Schau-
spielerei mit menschlicher Leidenschaft und mensch-

---

235. Friedrich Schiller, Über naive und sentimentalische
     Dichtung, in: Sämtliche Werke in fünf Bänden, auf Grund
     der Originaldrucke hrsg. von Gerhard Fricke und Her-
     bert G. Göpfert, Bd. 5, Erzählungen, Theoretische
     Schriften, München 1975, S. 711
236. "Interessant" war offensichtlich in dieser Zeit ein Lieb-
     lingswort Th. Manns. Im Brief vom 30. VIII. 1910 an Maxi-
     milian Harden fand er sogar "daß die Größe... vor allem
     auch interessant ist."(Hervorheb. v. Th. M.) Briefe I, 86
237. Brief an Hugo von Hofmannsthal vom 25. VII. 1909,
     Briefe I, 77
238. Geist und Kunst Nr. 102, a. a. O., S. 206 (Hervorh. Th. M.)
239. a. a. O.
240. vgl. Brief an Ernst Bertram vom 11. VIII. 1911, in:
     Bertram Briefe, 10

licher Tragik"[241] benutzt den Mythos, um zu überzeugen, das Arrangement ist trickreich, nicht sinnvoll. Bei allen Vorbehalten gegen Wagner, die schon im 'Versuch über das Theater' ins Feld geführt wurden,[242] sah die Interpretation dort doch anders aus. Das Wagnersche Werk wurde im Kern für bare Münze genommen, da es die Möglichkeiten einer neuen überindividuellen, volkstümlichen Kunst barg. Wäre Thomas Mann nicht auf die Unterscheidung zwischen Drama und Roman eingegangen, die Wagner theoretisch trifft,[243] so würde beispielsweise 'Wälsungenblut' der Lächerlichkeit verfallen. Die dekorative Vereinigung der Geschwister hängt ja gerade als Gegenbild von der Möglichkeit der mythologischen, von der Wahrheit des Theaters ab. Die Definition des Naiven und Sentimentalischen kann also nicht mit Rücksicht auf Wagner gelingen, denn dieser benutzt gespielte Naivität zum Kulissenzauber. Überspitzt ließe sich sagen: Thomas Mann sucht immer nach dem Eigentlichen bei Wagner, auch im Hinblick auf sein eigenes literarisches Schaffen; manchmal findet er es, manchmal auch wieder nicht.[244] So ist bei den 'Betrachtungen' eine Rückwendung zu Wagner zu verzeichnen, insbesondere auch zu Wagners theoretischen Schriften, die Thomas Mann in 'Geist und Kunst' so schmäht.[245] Dabei fällt auf, wie eindringlich er hervorhebt, er verdanke der Hingabe an die Wagnersche Kunst die Erfahrung "von der Symbolbildung, von der organischen Geschlossenheit der Einzel-, der Lebens-

---

241. a.a.O.
242. vgl. X, 34
243. vgl. Richard Wagner, Oper und Drama, Leipzig 1869 S. 157
244. vgl. Leiden und Größe Richard Wagners (1933), IX, 421 heißt es bei allen Vorbehalten von 'Tristan und Isolde': "Ihre Deutschheit ist tief, mächtig und unbezweifelbar."
245. Geist und Kunst Nr. 8, a.a.O., S.155

einheit des Gesamtwerks. "[246] Dies ist eine Eigeninterpretation Wagners, die dieser gerne für seine Opern in Anspruch nahm, um sie von der "mechanischen" Welt des Romans abzugrenzen. [247]

Thomas Manns Krise stand im Zusammenhang mit der zunehmenden Unsicherheit literarischer Arbeit. Auf ihn, der wie kein anderer der Fixpunkte bedurfte, mußte Wagners Mythosbegriff einen außerordentlichen Reiz ausüben. Es ging nämlich um die Möglichkeit des organischen Kunstwerks, das eines wahren Kerns im ästhetischen Schein bedarf. Dieser ist gefaßt im Begriff des Naiven. Denn die Natur, die dem menschlichen Leben als Erfahrung verschwand, wird festgehalten als Idee und Gegenstand der Dichtkunst. [248] Das Phänomen des Naiven bestimmt Thomas Mann über seine Orientierung an Wagner hinaus. In 'Geist und Kunst' kommt es zu einer stärkeren lebensphilosophischen Prägung; der Begriff des Lebens hat mit dem des Volkes den Gedanken der Einheit gemein, der eine wichtige Konstituente für das Werk Thomas Manns ist.

> "Geist und Leben stehen in einem fruchtbaren Spannungsverhältnis und beziehen sich auf das Ganze, ohne daß dieses durch den Primat des einen vor dem anderen fixiert werden könnte. Die Kunst versucht, beide Pole zu vermitteln. "[249]

Damit ist eine recht allgemeine Bestimmung gegeben, die jedoch nicht schematisch auf die Thomas Mannschen Kunstanschauungen angewendet werden kann. Manchmal steht die Kunst näher beim Geist, manchmal allein auf der Seite des Lebens (vgl. 'Gedanken im Kriege'). Der Reiz liegt aber immer darin, daß beides gegeneinander ausgespielt werden

---

246. XII, 80
247. vgl. R. Wagner, Oper und Drama, a. a. O. , S. 157
248. vgl. Schiller, a. a. O. S. 711
249. Heinz Peter Pütz, Kunst und Künstlerexistenz bei Nietzsche und Thomas Mann, Bonn 1963, S. 53

kann und zwar die hohe, bewußte 'Reflektiertheit' des Spät-
bürgers gegen das Körperliche und Natürliche im Naiven.
Was wäre Tonio Kröger ohne Hans Hansen?

Thomas Mann ist deshalb ein guter Tolstoileser, mit dem er
sonst wenig gemeinsam hat, weil der die Kunst vom Echten,
Ursprünglichen her bestimmt.[250] Die Geburt "falsificierter
Afterkunst" aus dem Geist der Professionalität[251] ist der
erste Grad der Entfremdung, denn damit hat sich die Kunst
vom Leben gelöst. Tolstoi definiert ja Vergangenheit und
Zukunft der echten Kunst aus dem Zusammenhang mit dem
erdigen, unverdorbenen Leben; daran knüpft sich auch seine Kritik an Wagners Opern, die als 'Falsifikate' mit Mitteln der "Entlehnung" und "Nachahmung" komponiert und
nur auf das "Effektvolle" und "Interessante" gerichtet sei-
en.[252] Wagner, in Thomas Manns Vorstellungswelt bislang
Platzhalter für das "Ursprüngliche", ist damit auf die Seite des reflektierten Geistes gewechselt.

Besonders beeindruckend bei Tolstoi war auch die Einführung des "achtbaren, klugen, lesekundigen ländlichen Ar-
beitsmenschen ... aus dem Volke"[253] als eines unwilli-
gen Wagner-Rezipienten, dessen bloßes Vorhandensein
die Entfernung dieser Kunst vom Leben fühlbar machte.
Für Thomas Mann, das wird an diesen Beispielen deutlich,
hatte die Lektüre von Tolstois Büchern über die moderne
Kunst einen Stellenwert, den etwa die Sittenschilderungen
des Bauernsohnes Rétif bei Schiller einnahmen:

"Mir, der so wenig Gelegenheit hat, von außen zu schöpfen und die Menschen im Leben zu studieren, hat ein sol-

---

250. vgl. Geist und Kunst Nr. 19, a. a. O. , S. 162 "Und zu
      meinen Lieblingsbüchern gehört Tolstoi über die mo-
      derne Kunst. "
251. vgl. Leo N. Tolstoi, Was ist Kunst?, Leipzig 1902,
252. a. a. O. , S. 199   S. 167
253. a. a. O. , S. 196f

ches Buch, ... einen unschätzbaren Wert. "[254]

Ohne Zweifel hat auch der den Lebensverhältnissen entfrem-
dete Schriftsteller Thomas Mann nach Gegenpolen zu seiner
eigenen Existenz gesucht. Es schien ihm schließlich unmöglich zu sein, nur zu 'psychologisieren'. So sind auch die
Gegensätze Modernität und Regenerationsbewegung zu verstehen, die der aus der décadence Kommende ausloten will.

"Sinnfällig" verwirklicht sieht er diese neuen Möglichkeiten im "kulturellen Sinn" Friedrich Huchs:

> "Er beruhte, wie mir scheint, in einer persönlichen, neu-
> en und heute fast idealgemäß wirkenden Mischung aus fein-
> ster Intellektualität und prachtvoller Körperlichkeit. "[255]

Leben tritt hier auf als "jünglingshafte Erscheinung", der
Geist ist die Nähe zum Tod; beides vereinigt sich im Rückblick auf Friedrich Huch:

> "Aber wenn er am Leben hing, wenn er gern gelebt hätte,
> ich glaube nicht, daß der Tod ihm als ein Fremder er-
> schienen ist. Er war ein Dichter, und solche pflegen mit
> dem Tode auf vertrautem Fuße zu stehen. "[256]

Bei Huch, ganz ähnlich wie bei Thomas Mann, deutet sich
ja Überwindung der décadence schon in der Darstellung
ihrer Niedergangsstimmung an. In 'Mao' ist der Knabe Thomas, vornehmer Patriziersohn und lebensunfähiger Spät-
bürger, ein frühreifes Kind ohne jede Entwicklung.[257] Wie
Hanno Buddenbrook sympathisiert er mit dem Tode; er folgt
'Mao', dem "Sinnbild einer verklungenen Welt" und stürzt
sich in einen Brunnen, weil er den Umzug seiner Familie
in ein neues Haus nicht erträgt. Daß sich hier extreme
Schwermut und Todessehnsucht aus Körperlichkeit und

---

254. Brief Schiller an Goethe vom 2.1.1798, in: Der Brief-
     wechsel zwischen Schiller und Goethe, Hrsg. Paul Stapf,
     München o. J. , S. 409
255. Bei Friedrich Huchs Bestattung (1913), X, 411
256. X, 412
257. Friedrich Huch, Mao, Berlin 1907

Jugendlichkeit Friedrich Huchs herauslösen, mag Thomas
Mann beeindruckt haben; es war für ihn ein Zugang zur Realität im abstrakten Dualismus Geist - Leben.

Dabei ist zu beobachten, wie Thomas Mann Tod und Jugendlichkeit im Porträt Friedrich Huchs gegeneinander ausspielt,
aber auch in Zusammenhang bringt. Durch den Keim des Todes im strahlenden, vitalen Siegertyp wird der Tod als letzte
Sinngebung des Lebens begreifbar. Nur so kann Adorno dem
Werk Thomas Manns konzedieren, daß abseits jeder Todesromantik "die Kraft der Natur zum Eingedenken ihrer selbst
als hinfälliger"[258] zur Darstellung gelange. Einen Hinweis
auf die Problematik gibt jener überraschende Satz in den
Tagebüchern :

"Es unterliegt für mich selbst keinem Zweifel, daß 'auch'
die 'Betrachtungen' ein Ausdruck meiner sexuellen Inver-
tiertheit sind. "[259]

Hans Mayer interpretiert die Feststellung vor allem hinsichtlich des Taugenichts-Kapitels:

"Die deutsch-unpolitische Welt aber ist in der Tat, liest
man die riesenhafte Abhandlung genau, zu verstehen als
Liebeserklärung des Verfassers an einen bestimmten
blau-blonden deutschen Männertyp, der im Werk Thomas
Manns stets wieder auftaucht... Es ist der Typ des romantischen deutschen Jünglings bei Eichendorff und der
liebenswürdigen Spitzbuben aus der neueren Zeit. "[260]

Das wäre zu ergänzen im Hinblick auf die Rezeption der
Regenerationsbewegung vor dem I. Weltkrieg: wo die déca-
dence-Themen Schwäche, Krankheit, Verfall durch die Ge-
genkomponenten Kraft, Gesundheit und Wachstum zu einer
"menschlichen Gesamtexistenz" zusammengeschmolzen wer-

---

258. Th. W. Adorno, Zu einem Porträt Thomas Manns, in:
 Noten, a. a. O. , S. 344
259. Eintragung vom 17. IX. 1919, in: Tagebücher 1918-1921,
 a. a. O. , S. 303
260. Hans Mayer, Thomas Mann, Frankfurt 1980, S. 479

den. [261] Die erotische Beziehung von Geist und Leben ist so bei Thomas Mann auch eine persönliche Erfahrung. Wenn Hans Mayer die enge Verbindung "zwischen sexueller Inversion und epischem Schöpfertum"[262] sieht, benennt er auch den Antrieb, der Thomas Mann aus der décadence-Problematik von Geist und Tod zu einer starken Lebensorientierung zog. Sie war für ihn deshalb so unglücklich, weil er die in Friedrich Huch personifizierte Tragik der Nähe von Leben und Tod, von Schöpfung und Verfall ins Große, auf den Krieg projizierte und diesen so als Kunstgebilde verkannte. Die Kriegsbegeisterung Thomas Manns bildet auch hier einen komplizierten Zusammenhang und ist nicht einfach den Begriffen 'Nationalismus' und 'Konservatismus' zuzuordnen. Faszination übt vielmehr ein eher unpolitischer Aspekt aus, allerdings im Rahmen damaliger Kriegsideologie: So wird etwa bei Ernst Jünger der 'Kampf' gerne als die "männliche Tat"[262a] aufgefaßt, sein Ausarten zur Materialschlacht an vielen Stellen bedauert. Nur im "Erlebnis" individueller Tapferkeit fühle man "das Persönliche sich auflösen" und werde "von einem Übermaß an Glück ergriffen."[262b] Die naive Lebens- (und Erlebens-)bezogenheit der Kriegseuphorie Jüngers steht so paradigmatisch für Thomas Manns Suche nach elementaren Bindungen. Die Lösung aus Überdruß und Pessimismus des fin de siècle ge-

---

261. vgl. auch Wolfdietrich Rasch, Thomas Mann und die Décadence, in: B. Bludau, E. Heftrich und Helmut Koopmann (Hrsg.), Thomas Mann 1875-1975, Vorträge in München-Zürich-Lübeck, Frankfurt 1977, S. 280

262. Mayer, a. a. O. , S. 479

262a. Ernst Jünger, In Stahlgewittern, Stuttgart 1978, S. 7

262b. a. a. O. , S. 260f

schieht durch die Ästhetisierung jener Gegenwelt, die
noch im 'Tonio Kröger' vom Künstler als attraktiv empfunden wurde, gerade weil sie allem Künstlerischen
abhold war. Die Furcht vor der Todesromantik, wie sie
im 'Tod in Venedig' gleichsam zum Ausbruch kam (vgl.
oben), hat ihr Ziel gefunden im Anschluß an die Jugend-
bewegungen, für die nicht nur Ernst Jünger als repräsentativ gelten kann, sondern auch die expressionistische Generation. Tod als Tat anstelle von Tod als Zerfall lautet die Formel dieses Verdrängungs- und Ver-
schiebungsmechanismus. Später im Palestrina-Erlebnis
·wird man sehen, daß die 'Betrachtungen' an dieser Stelle
ihren Kulminationspunkt erreichen, die Auseinandersetzung mit dem Phänomen des Todes von den Schlachtfeldern wieder in den Bezirk der Kunst zurückkehrt.

4.4.3. Autonomie

Zum Taugenichts-Kapitel in den 'Betrachtungen' veröffent-
lichte Kurt Hiller in den 'Weißen Blättern' eine Entgegnung
aus dem Geiste des Aktivismus, die die Grundintention dieser Bewegung wiedergibt:

> "Das undimensionale Sein sogenant geistiger Werte in
> der Totheit von Kunstwerken und Büchern, in der Frucht-
> losigkeit bloßer Gesinnungen genügt uns nicht; die erha-
> benen Postulate der asiatischen, hellenischen, der deut-
> schen Propheten, Philosophen, Verzückten und Kritiker
> müssen endlich einmal wörtlich genommen, müssen end-
> lich aus jener Ebene von 'Bildung', auf die das Gesetz
> der Trägheit sie seit Jahrhunderten projiziert hat, zu-
> rückgeworfen werden in die Dynamik der wirklichen Welt,

in die räumliche Menschenheimat. "[263]

An anderer Stelle faßt Hiller das politische Konzept zusammen:

> "Der Aktivismus will keine Kratie des Demos, also der Masse und Mittelmäßigkeit, sondern eine Kratie des Geistes, also der Besten. "[264]

Man kann es Thomas Mann nicht verdenken, daß er auf dieses Programm allergisch reagierte. Der "Geistige", eine Modebezeichnung für den Künstler in dieser Zeit, ist ein Abkömmling der Geistesaristokraten der Jahrhundertwende – und Thomas Mann, der Geistesaristokrat von ehemals, befindet sich nun im Grunde auf der anderen Seite, der Seite der bürgerlichen Reaktion. Es ist ein Zeichen der Zeit, daß die Kritiker staatlicher Macht dieselben Sprachfloskeln und Irrationalismen benutzen wie die emphatischen Feierer des Krieges.

Bei Hiller selbst wird dies nur allzu deutlich: Er, der Thomas Mann gerne logische Widersprüche vorhält, nimmt für sich in Anspruch, besser zu denken. [265] Benjamin, der Hillers Selbstverständnis des "Repräsentanten eines gewissen charakterologischen Typus" aufnimmt, bezeichnet die Aktivisten als Privatexistenzen "zwischen den Klassen". "Kein Wunder, daß die Wirkung dieses Kollektivs nie eine revolutionäre sein konnte. "[266] Damit ist eine soziologische und politische Bestimmung gegeben, die auch für Thomas Mann zutrifft: So impotent Kurt Hiller sowie

---

263. Kurt Hiller, Vom Aktivismus, in: Die Weißen Blätter, (vgl. Kap. 4. 2. , Anm. 22) a. a. O. , S. 89, Der dort abgedruckte Aufsatz ist ein Teil der kleinen Schrift 'Taugenichts, Tätiger Geist, Thomas Mann', Berlin 1917. Ein weiterer Teil ist wieder abgedruckt in: Schröter (Hrsg.), Thomas Mann im Urteil seiner Zeit, a. a. O. , S. 72ff
264. Hiller, Taugenichts, in: Schröter, a. a. O. , S. 72
265. vgl. Hiller, Vom Aktivismus, a. a. O. , S. 91
266. Walter Benjamin, Der Autor als Produzent, in: Gesammelte Schriften Bd. II. 2, Aufsätze, Essays, Vorträge, a. a. O. (1927) S. 690

seine Aktivisten und Expressionisten zur Revolution waren, so unfähig waren die ins nationalistische Lager versprengten Intellektuellen und Ästheten, die Wirklichkeit des Krieges zu begreifen. Es ist aber nicht gesagt, daß Denken und Publikation ohne Folgen blieben. Letztendlich bereitete die Krise der Sprache, der Gebrauch hochtönender, sinnentleerter Begriffe, die Entstehung des Jargons weltanschaulicher Philosophie dem Nationalsozialismus die Wege: Denn in einem Kampf der Phrasen lassen sich Lüge und Wahrheit nicht mehr unterscheiden, Ideologie und Wirklichkeit nicht mehr aufeinander beziehen; das Kampfinstrument der Propaganda erzielt erst vor diesem Hintergrund seine Wirkung.

Dieses Problem des Expressionismus wurde früh erkannt, angesichts seiner Renaissance nach dem II. Weltkrieg jedoch wieder vergessen. Musil hat es präzis zusammengefaßt:

> "Diese Zeit hat mit dem Expressionismus, um ein andres Beispiel von ihr zu geben, eine Urerkenntnis der Kunst veräußerlicht und verflacht, weil die nicht denken konnten, welche den Geist in die Dichtung einführen wollten. Sie konnten es nicht, weil sie in Luftworten denken, denen der Inhalt, die Kontrolle der Empirie fehlen; der Naturalismus gab Wirklichkeit ohne Geist, der Expressionismus Geist ohne Wirklichkeit: beides Ungeist."[267]

Der Angriff gilt nicht nur der einen Bewegung, sondern dem Phänomen unscharfen Denkens überhaupt, das mit Erkenntnis nichts mehr zu tun hat.[268] Die Krise des Denkens ist eine Krise der Erkenntnis. Musils Aufsatz richtet sich übrigens gegen Spenglers 'Untergang des Abendlandes',

---

267. Robert Musil, Geist und Erfahrung, Anmerkungen für Leser, welche dem Untergang des Abendlandes entronnen sind, in: ders. Gesammelte Werke, Hrsg. Adolf Frisé Bd. 8, Reinbek 1978, S. 1058f
268. vgl. a.a.O., S. 1049

dem genau dieser Mangel an Exaktheit vorgeworfen wird.

Thomas Manns Spengler-Rezeption verlief anders.

Er spürt Verwandtschaft seiner 'Betrachtungen' zu Spenglers Werk,[269] hat "das wachsende Gefühl, hier einen großen
Fund gethan zu haben"[270] und drückt zuletzt, nach abge-
schlossener Lektüre, seine "Sympathie mit dem rein Ge-
sinnungsmäßigen" aus.[271] Fasziniert war Thomas Mann vor
allem von zwei Aspekten. Die von ihm tief empfundene Kluft
zwischen Kultur und Zivilisation wird von Spengler innerhalb einer großräumig formulierenden Geschichtsphiloso-
phie als Grundproblem des Menschlichen bestätigt.[272] Die
Methode, die dieses Riesenwerk überhaupt ermöglicht, ist
die Analogie.[273] Dieser zweite Aspekt ist für Thomas Mann
noch wichtiger, denn es zeigen sich Auswege auch für seine
eigene Krise. "Allein die Notwendigkeit für das Leben entscheidet über den Rang einer Lehre" schreibt Spengler apodiktisch:

> "Deshalb sehe ich den Prüfstein für den Wert eines Den-
> kers in seinem Blick für die großen Tatsachen seiner Zeit.
> Erst hier entscheidet es sich, ob jemand nur ein geschickter
> Schmied von Systemen und Prinzipien ist, ob er sich nur mit
> Gewandtheit und Belesenheit in Definition und Analysen be-
> wegt - oder ob es die Seele der Zeit selbst ist, die aus sei-
> nen Werken und Intuitionen redet."[274]

Wenn sich Thomas Mann später gegen Spengler gewandt hat,[275]

---

269. Tagebucheintragung vom 25. 6. 1919, in: Tagebücher 1918-
     1921, a. a. O., S. 274
270. vom 26. 6. 1919, a. a. O.
271. vom 23. 12. 1919, a. a. O., S. 348, die Bemerkung bezieht
     sich auf Spenglers "Preußentum und Sozialismus", wird
     aber in Beziehung zum 'Untergang' gesetzt.
272. vgl. Oswald Spengler, Der Untergang des Abendlandes,
     Umrisse einer Morphologie der Weltgeschichte, München
     1923, S. 44f
273. vgl. a. a. O., S. 4
274. a. a. O., S. 58
275. vgl. Thomas Mann, Über die Lehre Spenglers, X, 178

so findet dies seine Begründung im Zynismus,mit dem der
Untergang des Abendlandes als zwangsläufig beschrieben
wird : Die Erstarrung der einstmals lebendigen Kultur zur
toten Zivilisation, die Verödung der steinwüstenhaften
Großstadtagglomerate, die Degeneration des Volkes zur
Masse und des Geistes- zum reinen "Tatsachenmenschen",
all dies ist nicht düstere Vorahnung, sondern wird gewollt
und bejaht. "Technik statt Lyrik", "Marine statt Malerei",
"Politik statt Erkenntniskritik" heißen bei Spengler die
Forderungen der Zukunft. [276]

Die hier konstatierte Zeitwende und die hektischen Reaktio-
nen aktivistischer und expressionistischer Bewegungen auf
diese Umwälzungen ergeben für Thomas Mann zusammen
das 'Neue'. Er selbst hat dies nicht begrifflich gefaßt, nur
als Gefahr in doppelter Hinsicht erahnt; bedrohlich schien
der Verlust von Erfahrung in der technifizierten Lebenswelt für sein Werk,aber auch der Angriff ihm fremder Anschauungen auf seine geistigen Grundlagen. So erwies sich
ein Weiterschreiben wie bisher als unmöglich :

> "dank nämlich den geistigen Zeitumständen, der Bewegtheit
> alles Ruhenden, der Erschütterung aller kulturellen Grund-
> lagen, kraft eines künstlerisch heillosen Gedankentumultes,
> der nackten Unmöglichkeit, auf Grund eines Seins etwas zu
> machen, der Auflösung und Problematisierung dieses Seins
> selbst durch die Zeit und ihre Krisis, der Notwendigkeit,
> dies in Frage gestellte, in Not gebrachte und nicht mehr
> als Kulturgrund fest, selbstverständlich und unbewußt ru- [277]
> hende Sein zu begreifen, klarzustellen und zu verteidigen. "

Was Thomas Mann nämlich an Spengler beeindruckte, war
dessen intuitive und souveräne Art, Wirklichkeit zu durchdringen und seine im Grunde völlig ungeschichtliche Ge-

---

276. vgl. Spengler, a. a. O. , S. 57
277. XII, 12

schichtsphilosophie, die von der "Gleichzeitigkeit" von Kul-
tur-und Zivilisationsetappen in der jahrtausendealten Entwicklung der Menschheit ausging. Mit anderen Worten : Bei
Spengler zeigte sich die Möglichkeit,aus der Subjektivität
einen geistigen Kosmos zu schaffen, vielleicht für Thomas
Mann ein Trost in diesen bewegten Zeiten. Die Rezeption
des 'Unterganges' verlief, vergleicht man die Tagebücher
mit den zugehörigen Briefen, in Form der Lektüre eines
Kunstwerks. "Das Buch der Epoche" bot "die großen Ge-
sichtspunkte", seine Kenntnis verlieh "Überlegenheit über
den Gang der Dinge. "[278] Der Katzenjammer und die Abneigung gegen Spengler stellten sich ein, als Thomas Mann bewußt wurde, daß dieses Buch Folgen haben konnte. Im Zusammenhang mit seinem politischen Gesinnungswandel in
der Rede "Von deutscher Republik" bekräftigt er gegenüber Ida Boy-Ed auch die Treue zu Nietzsche : "Wenn ich
auch freilich seinen klugen Affen, Herrn Spengler, billig
gebe. "[279] Seine eigene Rolle beschreibt Thomas Mann als
eine desjenigen, der sich "im Namen deutscher Humanität
der Revolution entgegen (-warf) ...

> Ich werfe mich heute aus demselben Triebe der reaktio-
> nären Welle entgegen ... dort, wo sie faszistisch-ex-
> pressionistisch brandet. "[280]

Dies ist genau die Argumentationsstruktur der 'Betrachtungen', die sich also auch nach dem Kriege wenig geändert hat. Die Dynamik der Wirklichkeit wird als Gefahr
für das Ideal und die Kunst erkannt. Spenglers "Tatsachenmenschen großen Stils" mögen als Romanfiguren noch angehen, in ihrer Tatsächlichkeit waren sie die Vorläufer

---

278. Brief an Ida Boy-Ed vom 13. IX. 1919, in: Briefe an Otto
     Grautoff und Ida Boy-Ed, a. a. O. , S. 206
279. Brief an Ida Boy-Ed vom 25. XII. 1922, in: Briefe I, 202
280. a. a. O.

des "Raub-und Profitmenschen ..., der den Faschismus finanziert."[281] Auf der anderen Seite sieht Thomas Mann im Expressionismus schon früh die Elemente nationalsozialistischer Schwärmerei und des faschistischen Irrationalismus. Daß auch seine 'Betrachtungen' eifrig in der deutsch-nationalen Ecke gelesen wurden, seine Kriegsliteratur "einen Einfluß auf die 'Konservative Revolution' aus(-übt), der dem weniger anderer vergleichbar ist,"[282] hat er nicht sehen können oder wollen. Warum? Die Konzeption der 'Betrachtungen' war ja darauf gerichtet, dem Kunstwerk seine Wirklichkeit und Wahrhaftigkeit wiederzugeben, nicht umgekehrt bestimmte politische Verhältnisse zu fordern. Dahinter steht - natürlich - der Glaube an das organische Werk, das im Einklang steht mit der Welt, in der es sich entwickelt. Der Intention Hillers, das in den Büchern brachliegende Bildungsgut zu realem politischen Kapital zu machen, stellt sich Thomas Mann entgegen, weil ihm in einer solchen Vermischung des Ideals mit dem Realen das Werk als Gegen- und Abbild des Wirklichen nicht mehr möglich erscheint. So entwickelt er seine Kunstauffassung im Gegensatz zum "sozialkritischen Expressionismus". Er definiert diesen als

"jene Kunstrichtung, welche, in heftigem Gegensatz zu der Passivität, der demütig aufnehmenden und wiedergebenden Art des Impressionismus, die Nachbildung der Wirklichkeit aufs tiefste verachtet, jede Verpflichtung an die Wirklichkeit entschlossen kündigt und an ihre Stelle den souveränen, explosiven, rücksichtslos schöpferischen Erlaß des Geistes setzt "[283]

und formuliert damit auch gleich eine Seite seines eigenen

---

281. Im Rückblick auf Spengler in Nietzsches Philosophie im Lichte unserer Erfahrung (1947), X, 703
282. Armin Mohler, Die Konservative Revolution in Deutschland 1918-1932, Ein Handbuch, Darmstadt 1972, S. 68
283. XII, 564

Kunstbegriffs. Die andere Seite sieht so aus:

"Auch war Kunst nie ein bloßes Erdulden, passive Kunst
ist nicht denkbar, stets war sie aktiv, war sie Wille zum
Geist, zur Schönheit, stets war ihr Wesen Stil, Form und
Auswahl, Verstärkung, Erhöhung, Entstofflichung, und jedes Lebenswerk eines Künstlers, ob klein oder groß, war
ein Kosmos, ruhend in sich, geprägt mit dem Stempel seines Schöpfers."[284]

An diesem Bild des subjektiven Schöpfers hat Thomas Mann

lange festgehalten; angesichts des tragischen deutschen Ge-

schichtsverlaufs hat es ihn noch lange beschäftigt. Mit Ab-

schluß der 'Betrachtungen' entsteht erst ein Bewußtsein für

die Bedingtheit der Kunst in der politischen Realität. Kultur

war für ihn vorher nur Bildungsgut, das er als Lektüreein-

fluß für sein Werk ausschlachtete. "Das Zitieren wurde als

Kunst empfunden,"[285] heißt es dazu in der Einleitung der

'Betrachtungen'. Wenn auf diese Weise Rezeption als An-

empfindung verläuft, spiegelt man sich selbst intakte, gei-

stige Tradition vor, wo die Verhältnisse längst sich weiter

entwickelt haben.

Subjektivität und Schöpfung in bezug auf Spengler sind die

wesentlichen Aspekte der ersten Lektüre. Sie waren es

auch bei manch anderen, die für bestimmte Auffassungen in

den 'Betrachtungen' Pate standen. Carlyle, Treitschke,

Lagarde, den Thomas Mann zu den großen Deutschen rech-

net, und im Grunde auch Schopenhauer, sie alle hatten ge-

meinsam, daß sie aus individualistischer Sicht große Zu-

sammenhänge durchdringen wollten. Wenn der Weg zur Wirk-

lichkeit bei Thomas Mann über Literatur und Philosophie ver-

läuft, so ist das Bemühen tendenziell aufs organische Werk

gerichtet: Die Integration philosophischer Versatzstücke in

Handlungsablauf und Darstellung macht die Erzählung erst

---

284. a. a. O.
285. XII, 11

sinnfällig. Die 'Buddenbrooks' weisen dieses Verfahren auf:

"Wie Dantes 'Göttliche Komödie' die Dichtung eines Universums ist, welches seine theologische Gestalt von Thomas von Aquino erhielt, oder wie Lukrez in 'De rerum natura' der Lehre der Epikur gemäß von der Natur der Dinge dichtet, so erzählt Thomas Mann die Geschichte von Menschen, ansässig in einer von Schopenhauer gedeuteten Welt."[286]

Damit ist zwar die Intention des Autors nachvollzogen, "Ideenanatomie" zu betreiben, "die den Leser Weltgeschehen fühlen läßt,"[287] wenig jedoch gesagt über die andere Seite des Werks, die Authentizität, seine Verankerung im Wirklichen. Der Realismus der 'Buddenbrooks' wird gern einerseits in der Tatsächlichkeit der Überlieferung Mannscher Familientraditionen gesehen; andererseits wird die Allgemeingültigkeit der Darstellung dieser scheinbar für das 19. Jahrhundert typischen bürgerlichen Familie hervorgehoben. Ihr Verfall ist aber ein fortschreitender Verlust ihrer Vitalität, das Schicksal ist bestimmt als décadence-Phänomen. Kaum konnte auch das dualistische Menschenbild aus gesellschaftlicher Wirklichkeit entnommen worden sein, eher schon aus persönlicher Empfindung: "Gesundheit und Krankheit, das ist der Unterschied,"[288] so äußert sich Thomas Buddenbrook in seiner letzten Lebenseinstellung. Diese Philosophie prägt nicht allein den Inhalt des Romans, Geschichte als Verfall einer Familie in sozusagen biologischer Auflösung darzustellen, sie bestimmt auch die Erzählhaltung. 'Gesundheit' steht für feste Lebensverhältnisse, die ein Handeln nach vorgegebenen Traditionsmustern erlauben. 'Krankheit', das ist Verklärung und Todessehnsucht. So verändert sich die Erzählperspektive in den 'Buddenbrooks' unmerklich von der naturalisti-

---

286. Erich Heller, Der ironische Deutsche, Frankfurt 1959, S. 9
287. a. a. O. , S. 15 (Hervorhebungen von Heller)
288. Thomas Mann, Die Buddenbrooks, I, 672

schen Schilderung der Vorgänge um die ersten zu einer
zunehmend psychologisierenden Analyse des inneren Erlebens der letzten Helden. Schicksal wird so doppelt erfahren; es ist die Auflösung einer bürgerlichen Familie
und die Auflösung literarischer Einheit in der psychologischen Zergliederung. Mensch und Literatur sind auf das
Subjektive zurückgeworfen. Die psychische Isolierung
drückt sich erst recht aus, im Drang sie zu durchbrechen.
Schopenhauer-Lektüre und Wagner-Musik sind die Versuche, die Vereinzelung in Traum und Rausch aufzuheben.
So erinnern die 'Buddenbrooks' nur noch an die Möglichkeit des organischen Werks, an die Einheit der Erfahrung, indem sie einem entwurzelten Bürgertum seinen
Ursprung aus ungebrochenem Handelsgeist gegenüber-
setzen. Das "Vertreten praktischer Interessen" stellt
sich nicht mehr als ein "naives, natürliches und halb
unbewußtes" dar, sondern als "eine bewußte und künstliche Anstrengung".[289] Der Verlust objektiver Anhaltspunkte, die die ältere Generation noch in ihrem Konservatismus (Johann B.) oder ihrer Religiosität (Jean B.)
hatte, wird zum Schluß surrogiert durch gefühlsmäßige
Überindividualität. Schopenhauers 'Welt als Wille und
Vorstellung' wirkt auf Thomas Buddenbrook wie ein
Opiat:

> "Er fühlte sein ganzes Wesen auf ungeheuerliche Art
> geweitet und von einer schweren, dunklen Trunken-
> heit erfüllt; seinen Sinn umnebelt und vollständig be-
> rauscht von irgend etwas unsäglich Neuem, Lockendem
> und Verheißungsvollem, das an erste, hoffende Liebes-
> sehnsucht gemahnte."[290]

So halten sich die Buddenbrooks keinesfalls in einer von
Schopenhauer regierten Welt auf. Das Einbrechen philo-

---

289. I, 627

290. I, 655

sophischer Reflexion in den Erzählablauf ist Mittel und
gleichsam seine Selbstdeutung. Schopenhauer ist für Thomas Buddenbrook wie die Musik Wagners für Hanno eine
höhere Wahrheit, die als philosophischer Sinn in den Text
integriert wird. Die Ersatzreligion Schopenhauer erfährt
aber bei Thomas Buddenbrook eine Umdeutung nach den Anschauungen Nietzsches, obwohl er explizit an den Schopenhaueraufsatz über den Tod denkt, eigentlich Nietzsche
nicht kennt. Die Erlösung im Tod ist nicht "Befreiung von
der Einseitigkeit einer Individualität, welche nicht den
innersten Kern unseres Wesens ausmacht,"[291] eine Entgrenzung im Erlöschen, sondern ein optimistisches "ich
werde leben,"[292] das an den Nietzscheschen Wiederkehrgedanken erinnern soll.[293]

> "Wo ich sein werde, wenn ich tot bin? Aber es ist so
> leuchtend klar, so überwältigend einfach! In allen denen
> werde ich sein, die je und je Ich gesagt haben, sagen
> und sagen werden: besonders aber in denen, die es voller,
> kräftiger, fröhlicher sagen. "[294]

Auch der kleine Hanno, der letzte Buddenbrook, steht im
Zeichen überindividueller Macht. Er, der mit scharfer Beobachtung hinter den Schein repräsentativen Gebarens
blickt,[295] gibt sich nach seinem Wagnererlebnis der Musik
als "einer außerordentlich ernsten, wichtigen und tiefsinnigen Sache"[296] hin. Sie verschafft ihm "ein Glück ohneglei-

---

291. Arthur Schopenhauer, Die Welt als Wille und Vorstellung II, in:Sämtliche Werke Bd. 3, a. a. O. , (1938), S. 583
292. I, 659
293. vgl. Nietzsche, Also sprach Zarathustra, in: Werke Bd. II a. a. O. , S. 466. "Siehe, wir wissen was du lehrst: daß alle Dinge ewig wiederkehren und wir selber mit, und daß wir ewige Male dagewesen sind, und alle Dinge mit uns. " vgl. auch Thomas Mann, Schopenhauer, wo die Nietzsche Integration in die Buddenbrooks als "der naive Mißbrauch einer Philosophie" bezeichnet wird. IX, 561
294. I, 657 (Hervorhebung von Th. Mann)
295. vgl. I, 627
296. I, 500

chen, eine Genugtuung von überschwenglicher Süßigkeit" :
Sie ist "der Friede, die Seligkeit, das Himmelreich".
Wagners Musik kommt die Bedeutung orphischer Klänge
aus der Unterwelt zu, denn das gefährdete Künstlertum
zieht Hanno in den Tod.

Entscheidend bei den 'Buddenbrooks' war für Thomas Mann,
daß hier das Künstlerproblem und das große fin de siècle-
Problem des Überdrusses am Leben sich aus dem Natura-
lismus entwickelte.[297] In der Generationenfolge entfremden sich die Mitglieder immer mehr der Außenwelt, wodurch
sich die Erzählperspektive zunehmend nach innen richtet.
Diese Dialektik des Innen und Außen ist es, die das Werk
als rundes erscheinen läßt; doch der Romancier scheidet
sich auch in der Form der Darstellung mitsamt seinen
Helden ab von der Lebenswirklichkeit und philosophiert.

Die 'Betrachtungen' sind der auch in
literarischer Hinsicht anachronistische Versuch, der Werkkategorie, wie Thomas Mann sie in den 'Buddenbrooks' verstanden hat, zu neuem Recht zu verhelfen. Bezeichnenderweise ist sein Kunstbegriff dann auch zweigeteilt und zwie-
spältig zwischen Wirklichkeitsapperzeption und subjekti-
vem Schöpfertum aus Denkinhalten[298] - zwei Bereiche,
die ja auch in den 'Buddenbrooks' auseinanderfallen. Deutlich wurde Thomas Mann die Aporie der Werkkategorie
angesichts der gesellschaftlichen Verhältnisse erst nach
der humoristisch-parodistischen Phase des 'Zauberberg'
und der Josephs-Tetralogie im 'Doktor Faustus'. Hier
kommt der Teufel in Gestalt Adornos zu Wort und mahnt:

---

297. So sind die Buddenbrooks ja zuerst als naturalisti-
scher Roman rezipiert worden, von Samuel Lublinski,
Die Bilanz der Moderne, Berlin 1904, S. 207, sogar
als einziger.
298. vgl. Anm. 283 und 284

"Zulässig ist allein noch der nicht fiktive, der nicht ver-
spielte, der unverstellte und unverklärte Ausdruck des
Leides in seinem realen Augenblick. Seine Ohnmacht und
Not sind so angewachsen, daß kein scheinhaftes Spiel
damit mehr erlaubt ist ... Der Anspruch, das Allgemeine
als im Besonderen harmonisch enthalten zu denken, de-
mentiert sich selbst. Es ist geschehen um die vorweg und
verpflichtend geltenden Konventionen, die die Freiheit
des Spiels gewährleisteten."[299]

Deshalb ist der Teufel "gegen die Werke im großen ganzen."[300] So erscheint Thomas Manns Leben als eine Aus-

einandersetzung um die Möglichkeit von künstlerischer Ar-

beit gegen die historische Bewegung im Rückgriff auf die

Tradition. In den 'Betrachtungen' wird ein letztes Mal im

Ironiebegriff eine auf traditioneller Ästhetik beruhende

Kunstauffassung des 'Scheins' gegen eine der Tendenz be-

hauptet. Diese Anschauung dementierte sich letztendlich

im 'Zauberberg' (humoristisch) selbst.

---

299. VI, 321f
300 VI, 320

4.5. Konservative Ironie

Im 'Doktor Faustus' wird - wohl unter dem Einfluß Adornos,
aber auch unter dem Eindruck der politischen Folgen der
Kunst - ästhetische Reflexion auf weitaus höherem Niveau
angestellt, als es in den 'Betrachtungen' der Fall war.
"Kunst wird Kritik"[301] und gewinnt so ihre Authentizität,
die sie im Schönen eingebüßt hatte, zurück. Sie verliert dabei ihren Charakter als Schöpfung. Der Gedanke des autonomen Kunstwerks ist der Kern der 'Betrachtungen'. Die
eigentliche Gefahr sah Thomas Mann im I. Weltkrieg nicht
allein in der politischen Umwälzung, sondern in der für ihn
neuen Auffassung, daß Kunst angesichts einer in Bewegung
geratenen Wirklichkeit nicht verharren dürfe. Daraus ergab
sich zwangsläufig seine Definition der Kunst als einer 'konservativen Macht'. Denn "sie bewahrt seelische Möglichkeiten, die ohne sie - vielleicht - aussterben würden. "[302]
Kunst also ist ein ausgegrenzter gesellschaftlicher Bereich,
der die überlieferten Kulturwerte konserviert. Die Kritik
Heinrich Manns weist die Trennung von Kunst und Politik
als Utopie aus, indem sie die politischen Folgen der unpolitischen Haltung Thomas Manns aufzeigt :

> "Intellektuelle sind weder Liebhaber noch Handwerker des
> Geistes. Man wird es nicht, indem man gewisse Berufe inne
> hat. Man wird es noch weniger durch das lüsterne Betasten
> geistiger Erscheinungsformen,- und am wenigsten sind jene
> Tiefschwätzer gemeint, die gedankliche Stützen liefern für
> den Ungeist, die sich einbilden, sie hätten Erkenntnisse,
> und jenseits aller Erkenntnisse könnten sie die Ruhmredner
> der ruchlosen Gewalt sein. "[303]

Implizit ist damit der Vorwurf ausgesprochen, daß eine kon-
zeptionslose Kunst, die sich nur ihrer schönen Form anver-
traut, nicht davor geschützt ist, ihre politische Unschuld

---

301. vgl. VI, 319f
302. XII, 397
303. Heinrich Mann, Zola, a.a.O., S.1356

zu verlieren. Sie ist vielmehr beteiligt an einer allgemei-
nen Bewußtseinsbildung und steht in einem ideologischen
Zusammenhang. Bei Thomas Mann wird angesichts des
Krieges die Bindung seiner literarischen Arbeit an
machtstaatliche Gedanken evident, Darauf spielt schließ-
lich Heinrich Manns Polemik an. In 'Friedrich und die
Große Koalition' wird der Rechtsbruch zugunsten schierer
Gewalt nonchalant literarisch überspielt :

> "Da gab Friedrich Befehl, die sächsische Grenze zu über-
> schreiten. Die sächsische Grenze?! Aber Sachsen war
> ja neutral! Sachsen spielte ja gar nicht mit !! – Das war
> ganz einerlei, – Friedrich fiel am 29. August mit sechzig-
> tausend Schnurrbärten in Sachsen ein. "[304]

Der diskrete Hinweis auf die Aktualität dieser militäri-
schen Operationen,[305] der auch den Völkerrechtsbruch
durch den deutschen Einmarsch ins neutrale Belgien im
I. Weltkrieg als Ausflug kauziger Schnurrbärte verharm-
lost , zeigt den expliziten Ideologiecharakter dieser Kriegsproduktion. Der politische Aspekt wurde also schon aus Anlaß des Krieges hervorgetrieben und zwar nicht nur in der
Funktion der "machtgeschützten Innerlichkeit" (vgl. oben).
Tatsächlich sind die 'Betrachtungen' und der Zola-Essay
insofern gemeinsam zu sehen, als beide entscheidende Versuche zur Überwindung des Vorkriegsnihilismus im Werk
der Brüder waren. Ein Künstler, der sich nur noch an
seiner eigenen Haltung des 'disappointment' über das Ganze
ergötzt, die Haltung selbst als Repräsentativität seines Daseins thematisiert, muß am Ende dieser Entwicklung in einen
Abgrund schauen, wenn er inne wird, daß sich sein literarisches Schaffen inhaltlich entleert hat. Dies war das Grauen
im Traum Aschenbachs (vgl. oben), daß nichts ist, wenn
die Haltung verlorengeht. Thomas Mann hat die Versuche

---

304. X, 116
305. vgl. X, 117

Heinrich Manns, sich vom Ästhetizismus zu lösen, prägnant
und gleichzeitig verengend auf den Begriff der "Tugend
als Überwinderin des Ästhetizismus und des bürgerlichen
Zweifels"[306] gebracht. In seinem überaus genauen Buch
über Thomas Mann bezeichnet T. J. Reed diesen Gedanken
als "keyidea in Thomas's attack on his brother"[307] und
zeichnet dabei eine wichtige Argumentationslinie gegen
den 'Zivilisationsliteraten' nach. Thomas Mann glaubte
nämlich, daß

> "Heinrich was trying a Nietzschean intellectual tactic –
> the transcending of a painful experience or a disturbing
> insight – at a debased level; that he was a Nietzschean
> nihilist looking for a pretext to escape from his nihilism;
> that the whole structure of his political argument was a
> cheap evasion of deeper truths he was really aware of.
> For to a true artist politics could only be a surrogate for
> the values which would be needed to transcend nihilism
> effectively. Where the true artist holds to his 'aestheticism',
> that grasp of many-sided life and abstention from judgement
> which is Thomas Mann's stated ideal, Heinrich has escaped
> into facile morality. "[308]

Insofern ist Inge Diersen nicht zuzustimmen, die die Stand-
punkte Thomas Manns als "außerordentlich verworren und
auch in sich selbst widerspruchsvoll"[309] bezeichnet. Die
"für seine Klassensituation" typische "schwankende Haltung zwischen Reaktion und Fortschritt unserer Epoche"[310]
läßt sich bei Thomas Mann nicht daran festmachen, daß ,
wie Inge Diersen behauptet, die 'Betrachtungen' "im Gegensatz zu der Grundtendenz seines Schaffens"[311] stehen. In

---

306. XII, 389
307. T. J. Reed, The uses of tradition, a. a. O. , S. 205
308. a. a. O. , S. 206
309. Inge Diersen, Untersuchungen zu Thomas Mann,
    Berlin (Ost) 1959, S. 128
310. a. a. O.
311. a. a. O. , S. 127

der Konsequenz bedeutet dies, daß Literatur ein Instrument
des Fortschritts ist,wenn sie sich im "schönen Schein" ob-
jektiviert, die Rettung des autonomen Kunstwerks durch
die Ästhetik verfällt hingegen dem Verdikt, weil sie die
Kunst als "konservative Macht" auch den fortschrittlichen
Kräften entziehen will.

Widersprüchlich sind die 'Betrachtungen' aber insofern,
als in ihnen eine Entwicklung abzulesen ist, die von den
nationalistischen Positionen des Anfangs wegführt. Es sind
die schrecklichen Leiden des Krieges, die furchtbaren Ver-
luste an Menschenleben im Monate dauernden Stellungs-
kampf vor Verdun 1916, die Thomas Mann wohl aus seinen
wirklichkeitsreinen, nationalistischen Träumen rissen. -
Obwohl hierzu von ihm selbst kein deutliches Wort zu hö-
ren ist, läßt doch schon im Spätsommer 1916 seine Motiva-
tion zur Tagespolitik merklich nach. Er schreibt an seinen
geistigen Weggefährten dieser Jahre, Ernst Bertram, der
seinerseits im Felde ganz andere Probleme mit der Kriegswirklichkeit hat, und berichtet von seinen subjektiven Befürchtungen,die 'Betrachtungen' betreffend :

> "Über den Ästheten und den Politiker, über den Jakobiner,
> über Politik und Kunst, über Ironie, über Tugend, über
> Menschlichkeit und Freiheit, über politischen Ästhetizis-
> mus, über Demokratie, über Konservatismus als Opposition
> - habe ich eine Menge ausgezeichneter, mir innig am Herzen
> liegender Dinge zu sagen. Aber wird es mir jemand danken?
> Die Litteraten werden schimpfen, und das Publikum wird
> sich langweilen. Ich schreibe ein dickes Buch für ein paar
> Freunde, wie Sie."[312]

Dies, nachdem er den an den Greueln des Krieges leidenden
Bertram herzhaft aufgemuntert hat. Dazu ist übrigens zu bemerken, daß Thomas Mann, jedenfalls den schriftlichen Zeug-
nissen nach zu schließen, in seiner damaligen Umgebung mit

---

312. Brief vom 28. VIII. 1916, Bertram Briefe, 40

den weitaus extremsten nationalistischen Äußerungen auf-
wartete. Bertrams Gefühle im Krieg waren eine Mischung
aus Angst und Ekel, wobei auch Mitleid mit Frankreich eine
Rolle spielte, da er am deutschen Sieg anfangs keinen
Zweifel trug. [313] Auch Paul Amann, Thomas Manns anderer
Brieffreund, hat es an Warnungen nicht fehlen lassen. [314]
So ist es bezeichnend, daß bei Thomas Mann auch hier
wieder ein Bildungserlebnis den Wendepunkt markiert,
da er anders als seine Freunde Amann und Bertram von
der Kriegswirklichkeit abgeschnitten war. Pfitzners oben
schon erwähnte Legendenoper 'Palestrina', auf die Thomas
Mann sogleich das Signum 'Kreuz, Gruft, Tod' anwandte,
neu-romantisch und morbid auch in einer anderen Art, als
er dachte, brachte die Befreiung von der Kriegsemphase.
Anläßlich der Uraufführung teilt er Paul Amann mit:

"Es ist ein Stück sterbender Romantik, etwas Letztes aus
der Wagner-Schopenhauer'schen Sphäre, etwas absolut
Bezauberndes für mich in seiner metaphysischen Stimmung ... Sein Erscheinen in diesem Augenblick war für
mich nicht mehr und nicht weniger als ein großes Glück,
es macht mich positiv, es erlöst mich von der Polemik,
und meinem Gefühl ist ein großer Gegenstand damit ge-
boten, an den es sich schließen kann, und von dem aus
gesehen das W i d e r w ä r t i g e in wesenlosem Scheine
liegt... Aber ich rede wohl Unverständliches. "[315]

---

313. Brief an Glöckner, 22. Januar 1915, "Aus Angstträumen:
Diese Summe aus unfruchtbarem H a ß , die aus all diesen
Greueln sich aufspeichert! ...Frankreich ... Armes altes
unglückliches Volk. " zit. nach Hajo Jappe, Ernst Bertram.
Gelehrter, Lehrer, Dichter, Bonn 1969, S. 73f
314. Amanns Briefe sind verloren; vgl. aber Paul Amanns Kritik an den 'Betrachtungen': Politik und Moral in Thomas
Manns Betrachtungen eines Unpolitischen, in: Münchner Blätter für Dichtung und Graphik 1. Jhg. 1919, S. 25-32 + 42-48
teilweise abgedruckt in: Schröter, Th. Mann im Urteil seiner
Zeit, a. a. O. , S. 77f, vgl. auch die Einleitung von Herbert
Wegener zu den Th. Manns Amann Briefen, a. a. O. , S. 12
315. Brief vom 30. VI. 1917, Amann Briefe, 56, fast wörtlich
XII, 407. Zu 'Kreuz, Gruft, Tod' siehe auch in diesem Zusammenhang Brief an Bruno Walter vom 24. VI. 1917 (Briefe I, 137)

Verständlich ist dabei jedenfalls nicht nur die eingeflochtene Goethewendung, sondern auch die Überwindung des Hasses gegen den Bruder.

Befreiung ist allerdings auch ein Rückzug. Denn das asketisch strenge Ideal der Musik Pfitzners ist nicht Kontrapunkt zur begeisterten Steigerung in die Lebensphilosophie, sondern ihre Aufhebung. Es ist ein Rückzug in die Innerlichkeit der Musik. Ausgerechnet zu Pfitzner, der in der Nachfolge Wagners die Oper als das Gesamtkunstwerk auffaßte, ihr aber in jeder Hinsicht dessen Kraft und Lebensfülle nahm, flüchtet sich Thomas Mann. Spätzeitlichkeit und Morbidität Pfitzners zeigen sich noch im Vergleich zu Wagner. Wo jener durch die Oper "die gemeinsame Dichtungskraft des Volkes"[316] im Mythos zu erfassen sucht, findet dieser in ihr das "Tiefste, die Seele, die Innerlichkeit der Musik."[317] Mit seiner 'Palestrina'-Rezeption ist auch die Auseinandersetzung Thomas Manns mit dem Zivilisationsliteraten in ein neues Stadium getreten. Die Werte zur Überwindung des Nihilismus verdichten sich im Werk, hier in der Legende. Dem optimistischen "Tatwillen des Geistes",[318] den Heinrich Mann als den Kern der Literatur Zolas – und damit seiner eigenen – ansieht, wird eine pessimistische Ethik im Geiste Schopenhauers entgegengestellt, die Thomas Mann in Palestrina integriert sieht. Diese tritt in ein eigentümliches Verhältnis zur reinen Kunst, denn der Ästhet

"wird sich zur Welt des Willens, der Realität, der Schuld und des harten Geschäftes mit natürlicher Vorliebe humoristisch verhalten, er wird sie als Künstler pittoresk und komisch sehen, im grellen Kontrast zur stillen Würde des intellektuellen Lebens."[319]

---

316. R. Wagner, Oper und Drama, a. a. O. , S. 140
317. Hans Pfitzner, Gesammelte Schriften Bd. I, Augsburg 1926, S. 79
318. vgl. Heinrich Mann, Zola, a. a. O. , S. 1329
319. XII, 412

Damit ist der Geist in letzter aristokratischer Erhöhung
bei der Kultur angelangt: Palestrina ist so das Gegenbild
zu Nietzsche, dessen 'Geburt der Tragödie' für die 'Gedanken im Kriege' Pate stand, wo die Kultur ja mit ganz
anderen Implikationen versehen wurde (vgl. oben). Gleichzeitig nimmt Thomas Mann auch wieder eine Abgrenzung
gegen Heinrich vor, dessen Begriff der 'geistigen Liebe'[320]
er die ironische Distanz zum Geschehen entgegenstellt, die
angeblich bei Pfitzner in Szene gesetzt wird. Die Szene im
'Palestrina,' die Pessimismus und Humor atmet, "deren Zu-
sammengehörigkeit (sc. Thomas Mann) nie stärker und
sympathischer empfunden"[321] hat, ist eigentlich ein gro-
tesker Gegensatz von Homo- und Polyphonie.
Herausgehoben wird die überragende Gestalt des Palestrina in der Einstimmigkeit, die die Vereinzelung und Einzig-
artigkeit dieses Musikers unterstreichen soll. Beobachten
konnte Thomas Mann ihn in dieser Szene bei Gelegenheit
eines genialen Einfalls, der die Messe aus der Weltlich-
keit überhöht. Gerade wegen des inneren Konflikts, Tod
seiner Frau und Berufung durch das Tridentiner Konzil,
gelingt ihm das beinahe Unmögliche, er schafft die neue
Messe aus dem Geiste der Tradition. Gegen diese Einsamkeit, die den Griff zu den höchsten Dingen erlaubt, wird
der polyphone Tumult des Konzils gesetzt, das über Pa-
lestrinas gerade entstandenes Kunstwerk verhandelt –
eine "liebevoll studierte Satire auf die Politik, und zwar
auf ihre unmittelbar dramatische Form, das Parlament".[322]

Thomas Mann bemerkt allerdings nur nebenbei,
daß sich Pfitzner, dessen Lieblingsgeda.nke von der genialen Inspiration die ganze Handlung trägt, mit der Ge-

320. Heinrich Mann, Zola, a.a.O., S.1329
321. XII, 412
322. XII, 412

stalt des Palestrina selbst ein <u>Denkmal</u> setzt. Musik als
Begnadung wird gegen die neue Theorie der Musik ja nicht
ohne aktuelle Absicht ausgespielt.[323] So ist die melancholische Haltung des "ironischenKonservatismus"[324] eine des
Rezipienten, der herausliest, daß der "künstlichen Theorie"
die Zukunft gehört, wo der Meister doch am Althergebrach-
ten festhält. Die Intention Pfitzners drückt sich doch wohl
eher in der letzten Szene aus:

> "Den Schlußstein zum Gebäue
> Zu fügen sei bereit;
> Das ist der Sinn der Zeit. "[325]

Es zeigt sich in diesem Bild des Baumeisters, dessen Rolle
Pfitzner nur zu gerne spielte, wie sich die neue Kultur aus
altertümelnden Phrasen zu erheben anschickte.

"Sympathie mit dem Tode," dargestellt an dem in seiner
Einsamkeit an der Orgel phantasierenden Palestrina und
von Pfitzner bezogen auf diese Szene ins abendliche Gespräch gebracht,[326] war die Frucht von Thomas Manns
Opernerlebnis. Er fühlte sich durch diesen Terminus,
auch hier wieder ein Zeichen, mit einem Schlage in seine
Vorkriegswelt des 'Tod in Venedig' und des 'Zauberberg'
zurückversetzt. Mit der romantisierenden Chiffre verbindet
sich aber nicht nur das eigene Werk; sie weist zurück in
die Welt der Romantik. Durch die Evokation des Todes "als

---

323. So hatte Pfitzner ja auch seinen 'Zivilisationskompo-
     nisten' in Busoni, dessen 'Entwurf einer neuen Ästhetik
     der Tonkunst' er in seiner Streitschrift "Futuristenge-
     fahr" heftig befehdete (vgl. Pfitzner, Gesammelte
     Schriften Bd.I, a.a.O., S.185ff). Es zeigt sich daran,
     daß das ästhetische Problem hier Theorie dort Schöpfer-
     tum zusammen mit dem Politischen allgemein als brennend
     aktuell empfunden wurde.
324. vgl. XII, 418
325. XII, 420
326. vgl. XII, 423

das romantisierende Prinzip unseres Lebens"[327] wird

ein Kontrast geschaffen zu der Alltäglichkeit des "Todes-

falles" auf den Schlachtfeldern. Die paradoxe Begeiste-

rung für den Tod am Wendepunkt der 'Betrachtungen' ist

bei Thomas Mann nach dem Scheitern seiner Kriegsapolo-

getik erklärlich; es öffnet sich erneut ein Ausweg zur

Flucht in eine träumerische Wirklichkeitsreinheit. [328]

Von hier ist sein letzter Versuch einer Formulierung sei-

ner Kunst zu erklären.

Das "apokalyptische Ausmaß"[329] des Palestrina-Erleb-

nisses wird greifbar in der Inszenierung der Götter-

dämmerung am Schluß des "theatralischen Exkurses. "

"Palestrina ist der Grabgesang der romantischen Oper,"[330]

damit verbunden ist ein Verbrennen der "nationalen Idee"

durch den Krieg. [331] Das Schlußbild ergibt so erst recht

den pathetischen Ausgang aller Hoffnungen; denn das

"Wunder" der "Wiedergeburt des deutschen Mythos" im

Kriege verraucht im Theaterdonner.

Das letzte Kapitel, die Lösung der 'Betrachtungen', ist

allerdings nicht vom Pathos, sondern von der Ironie ge-

tragen. In der Gegenüberstellung von Ironie und Radika-

lismus wird ein letztes Mal der eigene Werkbegriff von

Thomas Mann gegen den Bruder ausgespielt. Dies ist je-

doch keine "in sich geschlossene Kunsttheorie" in der

---

327. Novalis, Fragmente und Studien 1799–1800 Nr. 30
     (auch HKA Bd. 3 Abt. XII) aus Novalis Werke, Hrsg.
     Komm. Gerhard Schulz, München 1969, S. 523
328. Im Gegensatz dazu Gerhard Jacob, Thomas Mann und Fried-
     rich Nietzsche, Leipzig 1926, der auf Seite 33 behauptet
     Pfitzner habe Thomas Mann "über Wagner hinausgeführt"
     zu einer sittlich-ethischen Haltung (Th. Manns "Herois-
     mus der Schwäche" vgl. S. 34). Bei Jacob zeigt sich noch
     die überragende Rolle, die dem Epigonen Pfitzner nach
     dem I. Weltkrieg zugemessen wurde.
329. Hellmann, Geschichtsdenken, a. a. O. , S. 128
330. XII, 426
331. vgl. XII, 426

die "Ironie als Mitte zwischen Geist und Leben" das Zentrum bildet, wie Hermann Kurzke meint[332] - eher eine
ultima ratio des verlorenen Krieges. Beispielsweise unterscheidet sich der Begriff der Ironie bei Thomas Mann in
der Definition kaum mehr von Heinrich Manns "geistiger
Liebe" zum Leben, in der die Wahrheit begründet liege.[333]
So möchte Thomas Mann gerne diese Tatsache verdecken,
indem er apodiktisch und kurzschlüssig ausruft: "Radika-
lismus ist Nihilismus. Der Ironiker ist konservativ. "[334]
Dennoch hat er hier für sich selbst eine Bestimmung getroffen, die seine "Haltung" recht gut kennzeichnet. Konservatismus ist romantische Rückwärtsgewandtheit, und
zwar in zwei Hinsichten: einmal richtet sie sich nach der
Tradition aus, zweitens ist sie ein "reflexiv-reflektieren-
des" Insichkehren des Subjekts.[335] "Ironie" hat bei Thomas Mann verschiedene Ausformungen. Sie ist zunächst
"Selbstverneinung des Geistes zugunsten des Lebens"[336]
- die abschließende Vorrede, die sich "über das Ganze"[337]
stellt, nimmt die Anfänge der Tonio-Kröger-Problematik
auf - im Schlußkapitel füllt sie dann den Raum zwischen
Geist und Leben aus.

Die Verschiebung der Ironie zum Geiste hin ist auffällig.
Wertet man diesen Vorgang als Ergebnis des langen Er-
kundungsprozesses, kommt man zu einem anderen Schluß
als Baumgart, der die Entwicklung von der Dekadenz zur
"Neuen Humanität" so faßt:

"Gegen das eigene Ich zurückgewandt und gegen die Welt
gekehrt, in diesem doppelt kritischen Bezug, "Zweifel"

---

332. Hermann Kurzke, Auf der Suche nach der verlorenen
     Irrationalität, a. a. O. , S. 124
333. vgl. oben und Heinrich Mann, Zola, a. a. O. , S. 1329
334. XII, 568
335. vgl. XII, 414
336. XII, 25
337. Brief an Bertram 6. II. 1918, Bertram Briefe, 58

und "Liebe", also "Sympathie" nach beiden Seiten äußernd
... wird sich das Mittlertum durch Ironie von nun an in
allen Werken durchsetzen. Es will, wenn auch nur "experi-
mentierend", Versöhnung zwischen Ich und Welt, die dem
Dekadent auseinandergefallen waren."[338]

Humanität kann inhaltlich nicht bestimmt werden durch den
Hinweis, daß ab jetzt der Geist das Leben will und umgekehrt. Das Ende der 'Betrachtungen' zeigt einen tief verun-
sicherten Dichter, der einen letzten Versuch macht, Objektbeziehungen herzustellen. Schließlich hatte sich das Individuum im Palestrina-Akt über die "pittoreske" und "komische" Realität erhoben. Ironie ist ein Organon der Erkenntnis geworden, das den Mangel an methodischem Denken
ersetzen soll. Denn sie ist ein Mittel, dem Subjekt zur All-
macht über die Dingwelt zu verhelfen.

Insofern ist die Ironie Thomas Manns durchaus romantisch.
Wenn Rudolf Haym "die Lehre von der Ironie aus Fichte erklärt, "[339] so ist dies eine Interpretation, die noch für die
Adaption bei Thomas Mann zutrifft. Der extreme Subjekti-
vismus Fichtes , der Bewußtsein und Dingwelt als Einheit
setzt, spielt auch in Thomas Manns Wirklichkeitsaneignung
eine Rolle - allerdings vermittelt durch Schopenhauer. Die
Welt als Vorstellung ist eine "komische", gesehen durch die
Brille der Ironie. So ähnelt auch der Thomas Mannsche dem
Schlegelschen Ironiebegriff insofern, als beide aus der idealistischen Philosophie bezogen werden. Schlegel, unter dem
Einfluß Fichtes, sieht das Weltgeschehen überhaupt als Allegorie an.[340] Ähnlich Thomas Mann, der den Krieg seiner

---

338. Reinhard Baumgart, Das Ironische und die Ironie, a.a.O.S. 131
339. Rudolf Haym, Die Romantische Schule, Darmstadt 1977
     (unveränderter photomechanischer Nachdruck der ersten
     Auflage, Berlin 1870), S. 259
340. Bekanntlich hielt er auch die "Französische Revolution
     für eine vortreffliche Allegorie auf das System des trans-
     zendentalen Idealismus." Friedrich Schlegel, Über die Un-
     verständlichkeit, in:ders. Schriften zur Literatur, Hrsg.
     Wolfdietrich Rasch, München 1972, S. 335, vgl. auch Haym,
     a.a.O., S. 691

Wirklichkeit beraubt und unter dem Aspekt seiner damals
von Nietzsche beeinflußten Kunstanschauungen sieht.

"Ironie" ist aber durchaus kein fester Begriff: Sie kann Leben und Geist umfassen, sie kann sich von beiden auch "unter Vorbehalt" zurückziehen. In beiden Fällen ist sie ein
Mittel, die Souveränität des Autors zu sichern. Insofern
trifft die Beobachtung Käte Hamburgers zu, die Thomas
Manns Anschauungen von denen Schlegels abgrenzt:

> "Friedrich Schlegel findet diese Ironie nun freilich nicht
> begründet in dem Dualismus von Leben und Geist, sondern
> vielmehr in einer möglichen Spaltung des Ich und Ichsa-
> gens."[341]

"Lachende Überhebung über sich selbst"[342] ist zwar auch
eine Trennung von Wesen und Schein, setzt aber eine andere Form der Souveränität voraus als Thomas Manns
distanziert-werbendes Verhältnis zur Wirklichkeit. So
manifestiert sich bei ihm nicht wie bei Schlegel gespaltenes Bewußtsein in der Literatur, denn er vermag sauber
zu trennen zwischen den Dualismen und diese auch wieder
zu vermitteln. Käte Hamburger bezeichnet dies als "durch-
sichtigste Klarheit des Aufbaus, der Rede und des Gedankens."[343]

Im 'Zauberberg', wo der in den 'Betrachtungen' nach Selbstentgrenzung strebende Autor als Person des Erzählers wieder in Erscheinung tritt, wird das alles in der 'Musik der
Vorbehalte' deutlicher.[344] Ironie ist hier "Schweben des Künst-

---

341. Käte Hamburger, Thomas Mann und die Romantik,
Berlin 1932, S. 27
342. Schlegel nach K. Hamburger, a. a. O., Überhebung,
die bis zum "Schein von Selbstvernichtung" gehen kann,
vgl. Schlegel Athenäums-Fragmente, in: Schriften, a. a. O.,
S. 59
343. K. Hamburger, a. a. O., S. 27f
344. Lukács, Thomas Mann, a. a. O., S. 286

lers über seinem Stoffe,"[345] freies Spiel und Verschiebung der Intention vom Inhalt auf die Form.

Das Ende des Bewußtseinsprozesses, der Thomas Mann zur deutschen Republik führte, ist mit der Niederschrift der 'Betrachtungen' also nicht abgeschlossen. Diese Feststellung wird nicht nur gestützt anhand des Rückzugs Thomas Manns in die Ironie, sondern auch durch die Tagebücher. Die neue Jugend, zu der er sich zunächst hingezogen fühlte, war jene, die nach "mythischen Bindungen" verlangte. – Es war die konservative Revolution, für die die 'Betrachtungen' des Unpolitischen als eine der Quellen so wichtig waren. Für seine Wendung zur 'Republik' als Vermittlung der früher für ihn konträren Begriffe Geist und Politik, ist der Effekt der Akklimatisierung in den neuen Verhältnissen nicht zu unterschätzen.[346] Er spürte, daß es hier "kluge zurückhaltende Repräsentation"[347] gab, mit der er sich

---

345. Georg Brandes, Die romantische Schule in Deutschland, Berlin 1909, S. 77. Lektüre Th. Manns zur Zeit der Niederschrift des 'Zauberbergs'. vgl. Tagebucheintragung vom 5. VII. 1920, Tagebücher 1918-1921, a. a. O., S. 450 und zum Einfluß Brandes auf Th. Mann vgl. Hans-Joachim Sandberg, Thomas Mann und Georg Brandes, in: Thomas Mann 1875-1975, a. a. O., S. 285ff

346. Im Gegensatz zur Auffassung Lothar Pikuliks, Die Politisierung des Ästheten im Ersten Weltkrieg, in: Thomas Mann 1875-1975, a. a. O., S. 61ff Pikulik zieht auf Seite 70f jenen die Vergangenheit verklärenden Schluß, der die Thomas-Mann-Forschung allenthalben noch prägt, Thomas Mann habe das Unheil des Dritten Reiches schon früh (früher als andere?) kommen sehen. Dies sei das Ergebnis des Bewußtseinsprozesses, der mit den 'Betrachtungen' begonnen habe. Noch weiter geht Erich Heller, der bereits in der Bemerkung Thomas Manns, die "Negativität des Freiheitsbegriffs" sei grenzenlos (XII, 515), die Ablehnung des totalitären Staates erblicken will. vgl. Erich Heller, a. a. O., S. 143

347. zu Friedrich Eberts Tod, XII, 636. Eine Würdigung des Schicksals eines Mannes, über den er sagen konnte "Meine Sympathie ist grenzenlos."

identifizieren konnte. Nach Kriegsende war die Bewegung
des Geistigen zur Politik noch nicht sehr weit fortge-
schritten.

Es geht allerdings hier nicht darum, ein Urteil zu sprechen
hinsichtlich der Mangelhaftigkeit von Thomas Manns politischen Orientierungen, die zu finden ihm damals wie vielen
anderen schwer genug gefallen sein muß.[348] Ins Zentrum
des Problems trifft Thomas Mann, wenn er die Aussichts-
losigkeit politischen Engagements herausstellt: "Ein Glück
nur, daß dieser Ruf: 'Der Geistige handle!' eine sehr literarische Parole bleibt, eine Modelehre und Sensation der
Zeitschriften".[349] Kurt Sontheimer übernimmt diese Sicht
und verweist den Bruderkonflikt ins sowieso politisch
Folgenlose :

> "Thomas erschrak vor solcher Wirklichkeit, wiewohl sie
> nur Literatur war, und sein Angriff dagegen blieb ebenso
> ein Stück Literatur. Das heißt aber, der weltanschauliche
> Bruderkampf ging gar nicht so sehr um politische Wirk-
> lichkeiten als um politische Utopien. Es war eine rein
> geistige Auseinandersetzung, die von einer Kenntnis der
> Wirklichkeit ziemlich unberührt blieb. Es war literari-
> sche Politik."[350]

Damit ist ein wichtiger Aspekt außer acht gelassen. Gerade
seine Handlungsintention schützte Heinrich Mann vor den politischen Verwirrungen seines Bruders. Dabei soll nicht
mit W.Benjamin behauptet werden, daß "die richtige politische Tendenz eines Werkes seine literarische Qualität

---

348. So legt z.B. H.J.Maitre die 'Betrachtungen' einseitig
auf ihre reaktionären politischen Aussagen fest, ohne seine
Kritik genauer zu begründen. Eine Kritik an dieser Außen-
seite der 'Betrachtungen' ergibt sich allerdings von selbst,
vgl. Hans Joachim Maitre, Thomas Mann, Aspekte der Kulturkritik in seiner Essayistik, Bonn 1970, S.39ff, besonders
S.43f auch die ungenaue Kritik an Ernst Bertram.
349. XII, 580
350. Kurt Sontheimer, Thomas Mann und die Deutschen,
a.a.O., S.44

einschließt". [351] Der hohe künstlerische Rang sogar der 'Betrachtungen' kann nicht bestritten werden; der gegen die Zeit resistente Kern dieses Werkes liegt nicht im Politischen, sondern in seiner Form und dem Verlauf seiner grüblerischen Selbstbefragung. Andererseits führt aber engagierte Kunst nicht in jene Aporie falscher Innerlichkeit, die sich bei Thomas Mann aus der l'art pour l'art-Maxime entwickelte. So war Heinrich Mann (anders auch als der elitäre Hiller) durchaus an einer Breitenwirkung von Literatur orientiert. In dieser Blickrichtung sah er, daß Deutschland, im Gegensatz zu den Nachbarländern, an einem Bürgertum trug, dem jeder Drang nach politischer Verantwortlichkeit fehlte:

> "Der Bürger dachte in Machtgesetzen. Der Arbeiter begann, es zu lernen. Er war am längsten Mensch geblieben; seine Führer waren noch Demokraten mit freier Stirn, als fast alle anderen sich geduckt und entwürdigt hatten. "[352]

Nach dem Kriege war Heinrich Mann somit einer der wenigen Intellektuellen, die bei klarem Verstande die Gefahren für die junge Demokratie erkannten. [353] Die geistige Situation der Zeit ist ansonsten geprägt von der eigentümlichen Dialektik des expressionistischen 'homme revolté' auf der radikalen Seite und seines reaktionären Pendants, des konservativen Revolutionärs. Beide Richtungen sind typisch für den Verlust des Wirklichkeitsbewußtseins nicht nur des Bürgertums der Weimarer Zeit. Prägnant beschreibt einer der Beteiligten, Ernst Toller, 1920 in seinen'Briefen aus dem Gefängnis' die Gründe für das Scheitern der expressionistischen Revolution :

---

351. W. Benjamin, Der Autor als Produzent, a. a. O., S. 685
352. Heinrich Mann, Kaiserreich und Republik, (Mai 1919) in: Politische Essays, a. a. O., S. 27
353. vgl. auch den Essay Tragische Jugend 1922, a. a. O., S. 58ff

"Seit Monaten arbeite ich wieder intensiv an 'Realem', beschäftige mich mit nationalökonomischen, politischen, soziologischen Werken. Weil ich immer deutlicher e kenne, daß Politik mehr verlangt als 'Gesinnung', 'seelische Grundstimmung', 'Ethos', und gründliche sachliche Kenntnisse notwendig sind, um die Gesetze des politischen Handelns beherrschen zu können."[354]

Den konservativen Revolutionär und sein ästhetisches Kulturprogramm betreffend, zeigt der Zola-Essay schon früh die Verwicklungen des Ästheten ins politische Geschäft auf.[355] Nicht nur gegen Vermarktung ist das autonome Kunstwerk so wenig gefeit, sondern auch gegen seine Verwertbarkeit im machtstaatlichen Interesse. Der Begriff 'Kulturgut' macht schließlich deutlich, daß es um Besitzverhältnisse geht, wenn vom autonomen Werk die Rede ist.

So scheinen die politischen Folgen des Unpolitischen und die große Einflußlosigkeit des Engagierten in diesem Lichte weniger paradox zu sein. Die 'Betrachtungen' stehen am Anfang einer Bewegung, die sich als kulturkritischer Gegenpol zur demokratischen Politik bildete. Noch lange danach, etwa bei der Kriegsgeneration, sollte die Ästhetisierung des Krieges ihre politische Resonanz haben. Sie ist ablesbar an der Kunst Ernst Jüngers und deren artifizieller Kriegserhöhung, auch vorher schon in den Kriegsreden Borchardts zu bemerken. Jünger, der die Verbindung von Krieg und Politik ja auch nie anerkannte, war repräsentativ für die anti-bürgerlichen Züge der Konservativen Revolution. Die Kritik am Bürger war bei ihm eine radikalisierte Lebensphilosophie, die durchaus noch ihren Vor-

---

354. Ernst Toller, Briefe aus dem Gefängnis, Amsterdam 1935, S. 36
355. vgl. oben und Hrch. Mann, Zola, a. a. O. , S. 1360, vgl. auch zum Scheitern Jost Hermand, Expressionismus als Revolution, in: ders. Von Mainz nach Weimar 1793-1919, Studien zur deutschen Literatur, Stuttgart 1969, S. 298ff

läufern aus der Vorkriegszeit ähnelte (Simmel). Gegen die
gesicherte Sekurität in der bürgerlichen Welt setzte er das
'innere Erlebnis des Krieges',[356] die Entgrenzung durch
die Elementargewalt.

> "Jüngers Welt war eine seltsame, verzweifelte, durch
> und durch paradoxe Welt. Im tiefsten Grunde war sein
> Problem die Frage, ob das Barbarische und Dämonische
> Etappen zu unserer Verjüngung oder zu unserer Selbst-
> zerstörung seien."[357]

Die Haltlosigkeit der Intellektuellen zeigt sich um so mehr
in der Gewaltsamkeit ihrer Suche nach elementaren Bindungen. Ernst Jünger als extremstes Beispiel macht jedenfalls deutlich, daß Thomas Manns geistige Wurzeln im Bürgertum keine Kleinigkeit waren : Immerhin hatte er stabile
Bindungen, die ihm auch politische Neuorientierungen er-
laubten. Der Jüngerschen Alternative Neuanfang oder
Untergang setzte er seinen bürgerlichen Hang zum Ausgleich entgegen.

Der Sinn für bürgerliche Tradition änderte sich bei Thomas
Mann auch nach dem Kriege wenig. Wenn er sich damals der
Republik zuwandte, so hatte dies zweifellos seine Ursache
in der anti-bürgerlichen Komponente der Konservativen Revolution, die eher auf Zerstörung als auf Erhaltung gerichtet war, den paradoxen Rückgriff auf das Archaische
als das eigentlich Neue ausgab. Dabei schwebte Thomas
Mann durchaus ein ähnlicher Synthesegedanke vor, der
auch in Moeller van den Brucks 'Drittem Reich' seine allerdings primitive Ausgestaltung fand. 'Konservative Revolution' war eine Wortschöpfung Thomas Manns, die noch
in die Zeit der 'Betrachtungen' weist. Es war die Idee des
Konservatismus mit Geist, der revolutionärer sei "als

356. vgl. Ernst Jünger, Der Kampf als inneres Erlebnis,
     Berlin 1922. Das Buch gemahnt an übersteigerten Ex-
     pressionismus etwa Gottfried Benns wenn schon zu An-
     fang von der "Unbändigkeit" der "entfesselten Triebe"
     die Rede ist. "Das Blut... schäumt auf zur Explosion,"
     a. a. O. , S. 7
357. Klemens von Klemperer, Konservative Bewegungen,
     München und Wien o. J. , S. 197

irgendwelche positivistisch-liberalistische Aufklärung. "[358]

Was Thomas Mann dann an der Bewegung der Konservativen Revolution störte, war ihre inhaltliche wie ästhetische Sinn-entleerung, ihr Charakter als Nur-noch-Bewegung; insofern war sie dem Expressionismus ähnlich. Moeller van den Brucks Definition, konservativ sei "Dinge zu schaffen, die zu erhalten sich lohnt"[359], war für Thomas Mann nicht nachzuvollziehen, da sie seinem Selbstverständnis widersprach. Er sah sich eher als derjenige, der die gerade noch bestehenden Werte der Tradition zu retten bestrebt war, deren Verlust bei dem nicht aufzuhaltenden Fortschritt drohte. So faßte er auch die 'Betrachtungen' als Ausdruck einer "aussichtslosen Verteidigung"[360] auf.

Der Synthesegedanke Thomas Manns nach dem Kriege war zunächst mitnichten auf die Vermittlung von Geist und Politik in einer neuen Humanitätsidee gerichtet.[361] Verbinden sollte sich vielmehr das Ästhetische mit der Politik zu einem staatlichen Gesamtkunstwerk gegen den "humanistischen Liberalismus". In der ersten Fassung des Vortrags "Goethe und Tolstoi" 1921 drückte sich die Hoffnung der Geburt dieses Staatskunstwerks aus dem Geiste der Tradition so aus:

"Deutschland als Kultur, als Meisterwerk, als Verwirklichung seiner Musik; Deutschland, einer klugen und reichen Fuge gleich, deren Stimmen in kunstvoller Freiheit einander und dem erhabenen Ganzen dienen; ein vielfacher Volksorganismus, gegliedert und einheitlich, voll Ehrfurcht und Gemeinsamkeit, Echtheit und Gegenwart, Treue und Kühnheit, bewahrend und schöpferisch, arbeitsam, würdevoll, glücklich, das Vorbild der Völker - ein Traum, der wert ist, geträumt, der wert ist, geglaubt zu werden. "[362]

---

358. Thomas Mann, Russische Anthologie, X, 598
359. Arthur Moeller van den Bruck, Das Dritte Reich, Hrsg. und Bearb. Hans Schwarz, Hamburg ³1931, S. 264
360. XII, 67
361. Im Unterschied zur Auffassung Pikuliks, Die Politisierung, a. a. O., S. 71
362. Thomas Mann, Goethe und Tolstoi, Vortrag zum ersten Mal gehalten September 1921 anläßlich der Nordischen Woche zu Lübeck, in: Die Deutsche Rundschau 48. Jhg. H. 6, März 1922, S. 246

Dies scheint zumindest inhaltlich Ähnlichkeiten aufzuweisen
mit Moellers "deutschem Nationalismus", der ein mystisches
"Endreich" aus der "unendlichen" deutschen Kultur er-
strebte. "Es gibt nur Ein Reich, wie es nur Eine Kirche
gibt. "[363]

Entscheidender sind jedoch die Unterschiede Thomas Manns
zur Bewegung der Konservativen Revolution . Es gelingt
ihm nach dem Kriege immer besser, auch konkrete Vermitt-
lungen von Politik und Tradition sich vorzustellen, Kultur
auch im bestehenden Staat als aufgehoben zu denken. [364]
Während Moellers Buch, dessen Bestimmungen des Konservativen noch angehen mögen, in ihrem Zukunftsentwurf
des 'Dritten Reiches' in mystischem Gefasel enden, kann der
auf Tradition bezogene Thomas Mann in seiner Rede auf die
Republik auch den Sinn des Politischen ausloten. Das bedeutet hier wiederum die Erzeugung eines ästhetischen Ge-
genbildes zur Wirklichkeit:

"fast nur um zu beweisen, daß Demokratie, daß Republik
Niveau haben, sogar das Niveau der deutschen Romantik
haben kann, bin ich auf dieses Podium getreten. "[365]

Die Argumentation dieser Rede hat noch viele Anklänge an
Thomas Manns Experiment mit der Konservativen Revolution . In ihrer Eindringlichkeit mutet sie an vielen Stellen
an, als sollte Moeller van den Bruck zum Politischen be-
kehrt werden. Deshalb zieht Thomas Mann Novalis-Worte
heran, die die Möglichkeit der Überwindung von "Mystik
und Skepsis" in religiöser Humanität belegen. [366] Im Bild
der Vereinigung von Leib und Seele wird dieses "Dritte

---

363. Moeller, a. a. O. , S. 320, vgl. auch 317ff
364. vgl. Brief vom 8. VII. 1922 an E. Bertram, Bertram
     Briefe, 112
365. Thomas Mann, Von deutscher Republik, XI, 836
366. XI, 845

Reich" angedeutet.[367]

"Das organisch Gewachsene"[368] wurde in den 'Betrachtungen'
als Einheit von Kultur und Volk in Verbindung ge..ehen zur
"organischen Geschlossenheit" und "Lebenseinheit des Gesamtwerks".[369] Dies scheint erst in der Republik verwirklicht zu werden. Zitiert wird dazu Novalis:

> "Das Individuum lebt im Ganzen und das Ganze im Indivi-
> duum. Durch Poesie entsteht die höchste Sympathie und
> Koaktivität, die innigste Gemeinschaft des Endlichen
> und Unendlichen."[370]

Diese "Rauschphilosophie des Sozialismus" läßt den Staat
"als Poesie, Philosophie und Begeisterung"[371] erscheinen.

Der Zusammenhang ist deshalb relevant, weil sich gleichzeitig eine ebenfalls romantische Denkfigur zur Bewältigung einer zerfallenden Ordnung der Wirklichkeit ausbildete: die
Ironie als rettende Aufhebung der Tradition. Diese Denkfigur ist tief in der Erfahrung des Krieges und des Verlusts
einer intakten Überlieferung verankert. Hofmannsthal versteht Novalis' Bemerkung, nach einem unglücklichen Krieg
müßten Komödien geschrieben werden[372], erst nach dem Scheitern aller Kriegshoffnungen auf eine Weise, die auch für die
Entwicklung Thomas Manns und dessen Romantikadaption
signifikant ist. Dieses Scheitern wurde ja auch als persönliches empfunden, der Versuch mißlang, eine erneuerte Ordnung durch Rekonstruktion der Tradition herzustellen. So
werden auch bei Hofmannsthal ideelle Werte wie reale Insti-
tutionen einer erschütterten Gesellschaftsordnung in reine
Zeichen transformiert, deren Relationen austauschbar geworden sind. Nachdem der Krieg

> "alles in ein Verhältnis zu allem, das scheinbar Große zum
> scheinbar Kleinen, das scheinbar Bedingende zu einem Neuen

---

367. XI, 847 vgl. dazu Moeller, a. a. O., S. 320ff
368. XII, 307
369. XII, 80
370. XI, 837f
371. XI, 838
372. Hugo von Hofmannsthal, Die Ironie der Dinge, in:
     Gesammelte Werke, Reden und Aufsätze II a. a. O. S. 138

über ihm, von dem es wieder bedingt wird, das Heroische zum
Mechanischen, das Pathetische zum Finanziellen und so fort
ohne Ende" [373]

gesetzt hat, ist man schließlich "an das bittere Ende einer Sache angelangt. " [374] Der Ironiker "gewinnt einen klaren Geist

und kommt hinter die Dinge, beinahe wie ein Gestorbener. " [375]

Ironische Auffassung der Wirklichkeit ist eine Erfahrung ih-

rer Arrangements, denn die Realität hat, nicht zuletzt durch

die Erschütterung des Krieges, ihre Substanz verloren und

sich aufgelöst in "einen Wust von eigensinnigen Realitäten", sie

scheint nur noch auf in den "tausendfachen in der Wirklichkeit

begründeten Details". [376]

"Ironie der Dinge" heißt also die Erfahrungskonstellation,

unter der bei Hofmannsthal die späten Gesellschaftskomö-

dien, bei Thomas Mann der intellektuelle Roman 'Der Zau-

berberg' entstanden.

373. a.a.O. S.139
374. a.a.O. S.140
375. a.a.O.
376. a.a.O.

5. Der Zauberberg

5.1. Diorama

Das Diorama ist ein plastisches Schaubild: Gegenstände
werden vor einem Rundhorizont aufgestellt und gehen teilweise in diesen über. Erzeugt wird dadurch die Illusion
einer Raumeinheit ohne Rahmen. Dolf Sternberger beschreibt den Eindruck einer Besucherin des (Dioramen-)
'Salle de Miracle' so:

> "dort bewirkte die Zauberkunst Daguerres eine Ent-
> rückung in das Sehnsuchtsland der Schweiz, die so
> vollkommen war, daß zum Beispiel eine empfindsame
> Engländerin sich hier schon am Ziele ihrer großstadt-
> flüchtigen Trostreise, nämlich im Tal von Chamonix,
> glaubte, jedenfalls sich selbst als wahrhaft verzaubert
> bekannte. "[1]

In der Parallele zur Technik des Dioramas lassen sich
einige Strukturen der Romantechnik im 'Zauberberg' beschreiben. Die illusionistische Entrückung in einen hermetischen Bereich, die Einheit des Raumes und der Zeit,
das eingefangene und konservierte Bild der Natur oder
des historischen Augenblicks sind die Faszination erzeu-
genden Elemente, die die Menschen im 19. Jahrhundert in
die 'Zaubersäle' lockten.

Hans Castorp, jener Reisende, der auf drei Wochen nach
Davos kommen wollte, um seinen Vetter Joachim zu be-
suchen, den Aufenthalt aber als Kranker auf volle sieben
Jahre verlängern mußte, hat Erfahrung mit der Zeit. Nach-
dem er einmal lange genug "dort oben" im Schweizer
Lungensanatorium 'Berghof' zugebracht hat, faßt er die
Welt des Zauberbergs in einem sinnfälligen Vergleich:

---

1. Dolf Sternberger, Panorama oder Ansichten vom 19.
   Jahrhundert, Frankfurt 1974, S.15

" 'Hermetik' ist gut gesagt, Herr Naphta. 'Hermetisch'-
das Wort hat mir immer gefallen. Es ist ein richtiges
Zauberwort mit unbestimmt weitläufigen Assoziationen.
Entschuldigen Sie, aber ich muß immer dabei an unsere
Weckgläser denken, ... hermetisch verschlossene Glä-
ser mit Früchten und Fleisch und allem möglichen darin.
... es ist bloß Bewahrung, daher der Name Konserve.
Aber das Zauberhafte daran ist, daß das Eingeweckte
der Zeit entzogen war ; es war hermetisch von ihr abge-
sperrt, die Zeit ging daran vorüber, es hatte keine Zeit,
sondern stand außerhalb ihrer auf seinem Bort. "[2]

Sein Gesprächspartner Naphta hatte eigentlich einen an-

deren Vergleich zu bieten, der schon - neben dem Begriff

der Zeit - ein zweites Element jener Sanatoriumswelt be-

schwört:

"Ein Symbol alchimistischer Transmutation ... war vor
allem die Gruft ... die Stätte der Verwesung. Sie ist
der Inbegriff aller Hermetik, nichts anderes als das Gefäß ... worin der Stoff seiner letzten Wandlung und
Läuterung entgegengezwängt wird. "[3]

Symbole also sind die vor dem Hintergrund des 'Zauber-

bergs' ausgestellten Gegenstände; Tod und Zeitlichkeit,

zwei der wichtigsten, aber auch Geist und Leben, Eros

und Krankheit, die Grundmächte des menschlichen Da-

seins, gelangen zur Darstellung. Die Kontrahenten, der

Jesuit Naphta, der hier eine schöne Darstellung der End-

lichkeit irdischen Lebens geben konnte, und sein Wider-

part im Geiste, der aufklärerische (Zivilisations-) Literat

Settembrini, zeichnen jeweils von ihrem Standpunkt die

großen Traditionslinien der Neuzeit nach. Das ist das Fas-

zinierende des Romans: daß man betrachten kann, was es

eigentlich gar nicht mehr gibt; der leibhaftige Freimaurer

mit dem leibhaftigen Jesuiten im Disput, der jugendliche

Rentier, der Mittel und Wege hat, sein Leben in einem Sa-

---

2. Zauberberg III, 706
3. III, 706

natorium dahinzutrödeln, der Luxus dieses Hauses selbst
mit seinen krankheitssüchtigen Bewohnern, dies alles gehört, Thomas Mann hat darauf hingewiesen, einer tiefsten
Vergangenheit der kapitalistischen Vorkriegsgesellschaft
an.[4] Die Welt des Hans Castorp, eine für ihn hochwichtige
der geistigen Belehrungen, der anatomischen, astronomischen
und naturwissenschaftlichen "Forschungen", die Welt also
der humanistischen Bildung ist schon längst untergegangen,
als die Zeit schnellebiger wurde, Wissenschaft sich in Spe-
zialbereiche in einer arbeitsteiligen Gesellschaft aufspal-
tete; sie wird nur hier, auf dem Zauberberg, konserviert.
Es ist aber nicht nur der Inhalt des Romans eng ans 19.
Jahrhundert geknüpft, sondern auch dieser selbst.

Es war eine Lieblingsidee des 19. Jahrhunderts,
Natur künstlich zu konservieren. Das Diorama, das den Zuschauer für den Augenblick in eine andere Umgebung und in
eine andere Zeit brachte, ist nur ein Ausdruck für die Versuche, Räume zu schaffen, wo menschliche Naturentfrem-
dung scheinbar nicht geschehen ist. Die bildende Kunst
etwa, die auf die Distanz von Betrachter und Betrachtetem
angewiesen ist, macht selbst schon Entfremdung manifest,
weil sie ihren Charakter als "Gemachtes" nicht verleugnet.
Die ästhetische Wahrnehmung eines Kunstwerks ist wesentlich an die Urteilskraft gebunden, die illusionistische verlangt Versenkung. Ein Merkmal der Kultur des Kapitalismus
ist, daß neben der Kunst ein zweiter institutionalisierter
Bereich entstanden war, der den Bürgern Raum für ihre
Glücksvorstellungen bot.
Diese künstlichen Paradiese sind im Zusammenhang mit der
modernen Großstadt zu sehen, wo menschliche Beziehungen

---

4. III,9 und vgl. Thomas Mann, Einführung in den Zauberberg XI,606

auf Funktionalisierungen eingeschränkt sind, wo der Mensch
nicht mehr sich selbst erkennt. Der Bewohner ist geprägt
von diesem Kontext., er hat gelernt, neue Formen von Wirklichkeitserfahrungen auszubilden, zweckrational zu denken,
zielgerichtet zu handeln.[5] So ist er auch in der Lage, Bereiche für sein Mensch-sein zu schaffen, in denen aufgehoben wird, was für ihn Wert hat, ohne von Nutzen zu sein.
Dies sind die Fluchtorte aus der realen Zeit. Im künstlichen Paradies gibt es kein Veralten, denn das dort Aufbe-
wahrte wird gehegt und gepflegt. Was damals der botanische
Garten, das Gewächshaus oder das künstliche Gärtchen
hinter dem Stadthaus bedeutete, kann man ermessen an der
Liebe und der Zeit, die der sonst so gehetzte Großstadt-
mensch auf diese Dinge verwandte. Sie haben paradigmati-
sche Bedeutung für die Gefühlswelt der damaligen Zeit:

"Wer heute einen Garten anlegt, hat eine feinfühligere
Zeit darin auszudrücken ... Er hat eine so merkwürdige,
innerlich schwingende, geheimnisvolle Zeit auszudrücken,
als nur je eine war, eine unendlich beziehungsvolle Zeit,
eine Zeit, beladen mit Vergangenheit und bebend vom Gefühl der Zukunft, ... Irgendwie wird er mit der Anlage
dieses Gartens seine stumme Biographie schreiben, so wie
er sie mit der Zusammenstellung der Möbel in seinem Zimmer schreibt. Der Ausgleich zwischen dem Bürgerlichen
und dem Künstlerischen ... der Ausgleich zwischen dem
Netten und dem Pittoresken, der Ausgleich zwischen dem
Persönlichen und der allgemeinen Tradition, dies alles
wird unseren neuen Gärten ihre nie zu verwischenden
Physiognomien geben. Sie werden da sein und werden ganz
etwas Bestimmtes sein, eine jener Chiffren, die eine Zeit
zurückläßt für die Zeiten, die nach ihr kommen."[6]

Damit läßt sich eine Ortsbestimmung des 'Zauberbergs' ge-

---

5. vgl. auch die m.E. heute noch großartige Beschreibung
   des Großstadtmenschen bei Spengler, Untergang, a.a.O.,
   S. 677f
6. Hugo von Hofmannsthal, Gärten, in: Reden und Aufsätze I,
   a.a.O., S. 580f

ben : Er liegt nicht weit weg, sondern vor der Haustür. Die symbolisierten Ideen werden betreut wie exotische Pflanzen.

-Und wer würde bestreiten, daß all jenen Hauptpersonen, die Hans Castorp auf dem Zauberberg kennenlernt, das Exotische anhaftet? Neben den beiden vorgestellten Kontrahenten des Geistes finden sich noch der lebensvolle Kaffeepflanzer Peeperkorn, auch ein Privatier, der "das Seine ins Trockene gebracht"[7] hat und die geheimnisvolle kirgisenäugige Chauchat aus dem fernen Rußland auf dem Zauberberg. Ein Roman des späten 19. Jahrhunderts scheint dies zu sein, dessen Verhältnisse er getreu widerspiegeln will, vor allem aber dessen geistiges Selbstverständnis. Warum er mit einem Vierteljahrhundert Zeitverzögerung entstand, soll später ein Blick auf zeitgleiche Literaturströmungen der zwanziger Jahre klären.

---

7. III, 765

5. 2. Parodie

Hans Castorp steht unter dem Einfluß der vier beherrschen-
den Personen des Romans. Sein Bildungsweg vollzieht sich
im Zeichen ihrer Gedanken und Handlungen. Es sind die
Wesensgegensätze des Lebens, die sich hier selbst darstellen und zwischen denen Castorp sich befindet. Greifbar
wird dies an Settembrini und Naphta, die das Duell des Geistes mit der Seele ausfechten. Klages "Zwiespältigkeit der
Person"[8] verteilt sich hier auf zwei Antipoden, deren Ge-
gensätzlichkeit – wie bei Klages – nicht zu vermitteln ist.[9]
Allerdings ist für Thomas Mann der Begriff des Geistes nicht
mehr einseitig negativ besetzt, etwa als zerstörendes Prinzip.[10]

   Damit soll gezeigt werden, in welchen Atmo-
sphären sich Castorp bewegt. Von welchen Seiten die Einflüsse
der beiden "Erzieher" kommen, wird in der folgenden Szene
deutlicher: Settembrini unterstreicht gesprächsweise die Bedeutung des Gottes Thot-Trismegistos als"Anreger aller geistigen Bestrebungen". Nicht um die Wechselwirkung von Literatur und Alchimie, die eigentliche Funktion dieses Gottes,
geht es ihm dabei, sondern einseitig um "das Hochgeschenk
des literarischen Wortes". Selbstverständlich greift sich
Naphta die andere Seite der "Affen-, Mond- und Seelengott-
heit", die "unter dem Namen Hermes vor allem ein Todes-
und Totengott" gewesen sei: "der Seelenzwinger und Seelen-
führer."[11] Der Dialog gelangt nicht über die bloße Gegenüberstellung hinaus, bei Castorp verschwimmt er zum Vexier-

---

8. vgl. Ludwig Klages, Der Geist als Widersacher der Seele,
   Band I, München und Bonn 1954, 3. Abschnitt, wo die "Person als Lebensträger" (S. 66ff) scharf geschieden wird
   von der "Person als Geistträger" (S. 61ff)
9. vgl. a. a. O. , S. 74
10. wie bei Klages, a. a. O. , S. 69
11. alle Zitate III, 723

bild :

"Was, was? In Hansens Gedanken- und Vorstellungswerk-
statt ging es drunter und drüber. Da war der blaubeman-
telte Tod als humanistischer Rhetor; und wenn man den
pädagogischen Literaturgott und Menschenfreund näher ins
Auge faßte, so hockte da statt seiner eine Affenfratze mit
dem Zeichen der Nacht und der Zauberei an der Stirn ...
Er wehrte und winkte ab mit der Hand und legte sie dann
über die Augen. Aber in das Dunkel, worein er sich vor
der Verwirrung gerettet, klang Settembrini's Stimme, die
fortfuhr, die Literatur zu preisen. "[12]

Bei dieser "Weltentzweiung"[13] entsteht bei Castorp "Konfusion".[14] Im Gegensatz zu seinem Vetter Joachim, der als
Militär auf ein gesichertes und einfaches Weltbild vertrauen
muß und dazu "gar keine Meinung" hat, sondern nur "seinen
Dienst" tun will, möchte Hans Castorp "klug daraus"[15] werden.
Diese Intention weist den 'Zauberberg' noch nicht als Bildungsroman im traditionellen Sinne aus. Die Entwicklung Castorps ist lange Zeit schwer einzuschätzen, insbesondere der
Einfluß seiner "Forschungen"[16] auf seine Persönlichkeit. Hermann J. Weigand sieht den Bildungsgang im "development of
genius"[17] und spielt damit nicht nur auf das in Naphta und
Settembrini verkörperte Erziehungsmoment an, sondern vor
allem auf die innere Entwicklung Castorps durch die Krankheit.

"Genius, present in the germ as an element of his native
endowment, is awakened and nurtured by a series of highly
abnormal factors. "[18]

So bringt Hans Castorp gegen Ende des Romans doch noch

---

12. III, 723f
13. vgl. III, 524 und III, 536
14. III, 536, vgl. auch III, 644 "die Konfusion, die übrigens
    immer dieselbe war. "
15. III, 536
16. vgl. III, 383f wo Castorp sich mit biologischen Studien
    befaßt (Substanz des Lebens).
17. Hermann J. Weigand, The magic mountain, Chapel Hill 1964
    S. 5
18. a.a.O.

Klarheit in die Konfusion. Er philosophiert mit der kirgisen-
äugigen Clawdia Chauchat:

> "Die Krankheit gibt dir Freiheit. Sie macht dich – halt,
> jetzt fällt mir ein Wort ein, das ich noch nie gebraucht
> habe! Sie macht dich genial!"[19]

Souverän macht er sich nun die Diskussion zu eigen, die ihm

vorher so viel Kopfzerbrechen bereitete und fügt sie in einem

Sprachspiel zusammen:

> "Mit einem Worte, du weißt wohl nicht, daß es etwas wie
> die alchimistisch-hermetische Pädagogik gibt, Transsub-
> stantiation, und zwar zum Höheren, Steigerung also, wenn
> du mich recht verstehen willst. Aber natürlich, ein Stoff,
> der dazu taugen soll, durch äußere Einwirkungen zum Höhe-
> ren hinaufgetrieben und -gezwängt zu werden, der muß es
> wohl im voraus ein bißchen in sich haben ...
> Zum Leben gibt es zwei Wege: Der eine ist der gewöhnliche,
> direkte und brave. Der andere ist schlimm, er führt über
> den Tod, und das ist der geniale Weg!"[20]

Zwar zeigt sich daran nicht unbedingt "transformation of

this simple young man into a genius in the realm of ex-

perience;"[21] es ist aber ein bemerkenswerter Verlust an

Naivität zu konstatieren. Castorp bezieht sich nämlich auf

die "magische Pädagogik" des irrationalen Naphta, der den

hochkatholischen Begriff der Transsubstantiation auf das

Kernprinzip der Alchimie, den Stein der Weisen, anwendet.

"Läuterung" sei dies, "Stoffverwandlung und Stoffveredelung",

eben "Transsubstantiation, und zwar zum Höheren, Steigerung

also ... durch äußere Einwirkungen".[22] In seiner jovial-philo-

sophischen Abhandlung gibt Castorp also nicht nur zum Besten,

was er, der Ingenieur, von seinen beiden humanistischen "Er-

ziehern" bis jetzt gelernt hat. Er wertet das bisher Gehörte

um und komponiert sich zusammen mit seinen Reflexionen

über Krankheit und Genialität seine eigene Auffassung über

---

19. III, 825f
20. III, 827
21. Weigand, a.a.O.
22. III, 705

den Sinn seiner Existenz auf dem Zauberberg. Damit sind
die von Bildungsgut überfrachteten Auseinandersetzungen
der beiden Duellanten relativiert. Die Bedeutung der Worte
erscheint verschoben. Es bleibt darüber hinaus unklar, ob
der Schüler sich die Ausführungen seiner Lehrer floskel-
haft zu eigen macht, um vor der Chauchat zu brillieren,
oder ob sie Ausdruck einer inneren Verarbeitung sind. Ein-
geflochten wird implizit das Bildungserlebnis Nietzsche,
dessen Vorstellungen von der Krankheit "als eines Mittels
und Angelhakens der Erkenntnis"[23] und als "Stimulans des
Lebens"[24] in die scheinbar auf dem Wege der Erfahrung
gewonnene Theorie Castorps integriert sind.

Es sind hier also schon inhaltliche Momente gemeinsam
mit der ästhetischen Struktur des Romans gefaßt. Er gibt
sich ja eigentlich als Bildungsroman aus, der die Einwirkungen auf den Helden sehr präzise beschreibt. Die Harmonie von Ich und Welt, die Wilhelm Meister in seiner
Persönlichkeitsentwicklung anstrebt, muß bei Castorp not-
wendigerweise eine andere sein. Dies hängt zusammen mit
der unterschiedlichen Beziehungsstruktur, die Goethe und
Thomas Mann ihren Romanen unterlegen. Hans Castorp
wandelt auf künstlicheren Pfaden: Die Beziehungsstruktur
des 'Zauberbergs' ist selbst ein Kunstwerk, es ist die mu-
sikalische Komposition. Über das Mittel des Leitmotivs
bei Thomas Mann brauchte eigentlich kein Wort verloren
zu werden. Angesichts seiner Eigeninterpretation, daß der
Roman "ein Themengewebe" sei, "worin die Ideen die
Rolle musikalischer Motive spielen,"[25] ist die Literatur
zu diesem Komplex schier uferlos geworden. Weniger
wurde jedoch die <u>Bedeutung</u> der Leitmotive hervorgeho-

---

23. F. Nietzsche, Menschliches, Allzumenschliches, Vor-
    rede (Aph. 4) in: Werke I, a. a. O. , S. 440f
24. F. Nietzsche, Der Fall Wagner, in: Werke II, a. a. O. ,
    S. 913
25. XI, 611

ben, die dem Roman die Struktur in sich als Beziehungs-
geflecht geben und ihre Verbindung mit den Mitteln des
Zitats, das jeweils über das im Roman Gesagte hinausweist. Unterschiedlich ist schon die Anwendung der leitmotivischen Mittel bezüglich der Personen und der Ideen.
Gerade die Nebenpersonen gewinnen ihre Prägnanz durch
die immer erneuerte Beschreibung bestimmter Merkmale.
Sie treten in stereotypen Grundmustern auf. Um nur vier
der weiteren Insassen des Sanatoriums zu nennen, die"ge-
wöhnliche" Stöhr, die fortlaufend die Oberlippe über die Vor-
derzähne zieht, die "elfenbeinfarbige" Levi, die "leberfleckige"
Iltis oder die "blühende" hochbusige Marusja. Die Ärzte kontrastieren zu Settembrini und Naphta auf der naturwissenschaftlichen Seite. Behrens setzt den Kontrapunkt zur
extremen Metaphysik des Todes, indem er sich einfach und
pragmatisch als dessen "alten Angestellten" bezeichnet. [26]
Edhin Krokowsky, für die Psyche der Patienten verantwortlich, "zergliedert die Seele", [27] weil erst aus ihrer
Krankheit die körperliche resultiere - auch dies ein, wenn
auch pseudowissenschaftlicher Gegenpol zur oben bezeich-
neten Definition der Seele als metaphysisches Prinzip.

  Die leitmotivisch eingesetzten Ideen
erfahren so einen Bedeutungswandel durch ihre verschiedenen "Träger". Ein solcher Vorgang war etwa bei Castorps
Aufnahme des Wortes "Transsubstantiation" zu bemerken:
Von Naphta gebraucht, um die Wesensverwandlung vom Irdischen zum Himmlischen als Läuterung zu beschreiben, wird
der Begriff zurückgebogen als Weg zum leben, nachdem man
Einblick genommen hat in die Verhältnisse des Todes.
Der Gedanke der Läuterung ist eine Vorstellung von der

---

26. III, 741
27. vgl. III, 183

Umkehr geworden. Es herrscht also Schwebezustand zwischen
den einzelnen Wortbedeutungen, die Leitmotive verklingen
und werden jeweils in neuer Funktion, sozusagen zu einer
neuen Grundmelodie,hervorgerufen. Wenn Adorno bezüglich
Wagner die Leitmotive als "Bildchen" verspottet, die schon
das Publikum "krud auf die Person bezogen (hat), die sie
charakterisieren,"[28] kann gerade an dieser Kritik der Wert,
den diese Technik bei Thomas Mann im Unterschied zu Wagner hat, behauptet werden. So werden die Randpersonen zwar
in einer geschmeidigen Illustrationstechnik gezeichnet, die
an Kinomusik erinnert, durchaus auch, um die jeweils gemeinten anzumelden.[29] Der Gebrauch des Leitmotivs wird aber
von außen nach innen bis zu den "Helden" immer komplexer.
In der Musik des beginnenden 20. Jahrhunderts

" (hat) allegorische Starre ( ) das Motiv gleich einer Krankheit befallen. Die Geste gefriert als Bild des Ausdrucks.
Eben das aber gebietet dem bloßen Gleiten Einhalt und ent-
bindet konstruktive Widerstände. Nur in einem artikulierten
harmonischen Zusammenhang vermag das Motiv einzustehen,
vermag die Technik der fortspinnenden Sequenz selber jenen
allegorischen Sinn hervorzubringen, den die Leitmotivik er-
heischt. "[30]

Dieses Gleiten wird im 'Zauberberg' im ständigen Bedeutungswandel der Ideen erreicht. Der Begriff der Krankheit beispielsweise wird als biologisches, philosophisches, religiöses
und zuletzt als pädagogisches Phänomen ins Spiel gebracht.
Bei Castorp mit seinen "Forschungen" und den "Belehrungen",
die er von Seiten der Erzieher erfährt, laufen die Fäden zusammen. Dabei bleibt, wie oben bemerkt, immer in der Schwe-
be, wie er die zu ihm gelangenden Versatzstücke humanistischer Bildung denn nun wirklich verwertet. Baumgart hat

---

28. Th. W. Adorno, Versuch über Wagner, a. a. O. , S. 42
29. vgl. a. a. O.
30. a. a. O.

dazu treffend bemerkt :

> "Hans Castorps Sprechen ist der teilweise komisch hilf-
> lose, aber auch bewußt ironisierende Versuch, seiner
> nie fertigen und festen Meinung einen vorläufigen und un-
> verbindlichen Ausdruck zu geben. "[31]

Es wäre dies im Ergebnis ein unverbindliches Dahinglei-

ten gewesen, wenn nicht die Leitmotive auf einer zweiten

Strukturebene mit "echter" Bildung kontrastieren würden.

Eine solche Funktion erfüllt das Zitat, das Beziehungen

herstellt zu einer Welt außerhalb der Erzählten. Mani-

fest wird das Verfahren in Thomas Manns Eigeninter-

pretation zu Schuberts "Lindenbaum", der explizit im

Roman zitiert, ja schließlich seine Bedeutung erhält :

> "Wir wollen es so stellen: Ein geistiger, das heißt ein
> bedeutender Gegenstand ist eben dadurch 'bedeutend',
> daß er über sich hinausweist, daß er Ausdruck und Ex-
> ponent eines Geistig-Allgemeineren ist, einer ganzen
> Gefühls- und Gesinnungswelt, welche in ihm ihr mehr
> oder weniger vollkommenes Sinnbild gefunden hat, -
> wonach sich denn der Grad seiner Bedeutung bemißt. "[32]

Auch der "Lindenbaum" wird so zum Paradigma, das ein-

deutig Bezüge nach außen, diesmal in eine romantische

Welt herstellen soll. Die nun schon bekannte Chiffre

"Sympathie mit dem Tode"[33] wird, sozusagen als Selbst-

zitat, das höhere Bedeutung evozierende Wort. Einzig in

diesen Metaphern verbinden sich die Leitmotive zur Ein-

heit. So im Falle des 'Lindenbaums': Er wird überraschen-

derweise interpretiert als "Lebensfrucht, vom Tode ge-

zeugt und todesträchtig, "[34] denn "Selbstüberwindung,

das mochte wohl das Wesen der Überwindung dieser Lie-

be sein, dieses Seelenzaubers mit finsteren Konsequenzen."[35]

---

31. Baumgart, Ironie, a.a.O., S.142
32. III, 904
33. III, 906
34. III, 906
35. III, 907

Zitiert wird dazu aus dem Lied: "So manches liebe Wort" und "Entfernt von jenem Ort. "[36] Im "Heimwehlied" vereinigen sich so die Leitmotive "Krankheit, Liebe, Tod", denn hinter seinem "Gemütlich-Gesundesten" prangt für den Eingeweihten schon "Zersetzung und Fäulnis. "[37] Das Sehnsuchtsmotiv nimmt daneben Castorps Wehmut über die inzwischen erfolgte Abreise seiner Freundin Chauchat, also noch ein Handlungselement, auf. Die Synthese auf der (syntagmatischen) Ebene des Romans ist immer dann möglich, wenn sie (paradigmatisch) als Symbol gefaßt werden kann. In diesem Falle wird auf die Romantik, insbesondere Novalis angespielt. Seine Novaliskenntnis verdankt Thomas Mann übrigens Georg Brandes, dessen Buch über die Romantische Schule er hinsichtlich des 'Zauberberg' eifrig rezipierte. [38] Besonders muß ihm folgendes Novaliszitat von Brandes aufgefallen sein:

"Fängt nicht überall das Beste mit Krankheit an?
Halbe Krankheit ist Uebel. Ganze Krankheit ist Lust,
und zwar höhere. "[39]

Dies hat Thomas Mann wohl veranlaßt, den originalen Novalis zu lesen, dessen Gedanken über Krankheit, Liebe, Tod ihm für den 'Zauberberg' hochwichtig erschienen. [40] Auffallend die Doppeldeutigkeit, die er Novalis' Krankheitsphilosophie beimaß: In den Fragmenten sieht er "große geistige Kostbarkeiten" aber auch die "Sinnlichkeit als Reversseite. "[41] Die von Brandes zitierten Sätze

36. III, 903f
37. III, 906
38. vgl. Tagebücher 1918-1921. Eintragung vom 5. VII. 1920
    a. a. O. , S. 450
39. Brandes, Die Romantische Schule, a. a. O. , S. ...0
40. vgl. Tagebucheintragung vom 8. V. 1921 "Las gestern
    Novalis Tagebücher und Fragmente", a. a. O. , S. 515
41. a. a. O.

stehen im 'Allgemeinen Brouillon'. Der Kontext der Stelle
ist auch für den Steigerungsgedanken im 'Zauberberg interessant:

> "Könnte Krankheit nicht ein Mittel höherer Synthesis
> sein – je fürchterlicher d(er) Schmerz desto höher die
> darin verborgene Lust. (H a r m o n i e.) Jede Krank-
> heit ist vielleicht notwendiger Anfang der innigern Ver-
> bindung zweier Wesen – der notw(endige) Anfang der
> Liebe. Enthusiasmus für Krankheiten und Schmerzen.
> Tod – eine nähere Verbindung liebender Wesen."[42]

Es ist also für das leitmotivische System ein Bezugssystem
festzustellen, das durch das Mittel des Zitats jeweils ding-
fest gemacht wird. Das Motiv vermag demnach für seinen
Zusammenhang einzutreten. Die Zitate sind wichtig für die
Struktur des Romans und nicht, wie Erika Wirtz glauben
machen will, ein Ausdruck jovialen Vertrauens, das der
Autor dem Leser entgegenbringt, um ihm pädagogisch zu
schmeicheln. Bildungshuberisch und somit sinnlos wäre
es, wenn die Kenntnis der Zitate dem Leser nur "manches
Fleisskärtchen" einbrächte.[43] Dennoch scheint mir diese
Beobachtung beim 'Zauberberg' auf eine beinahe fatale
Weise zuzutreffen. Die Bezüge durch versteckte und offene
Zitate sind so mannigfaltig, daß der Roman fast ein Bildungsroman in doppeltem Sinne wird, Bildung auch beim Leser
voraussetzt. Allerdings liegt der Reiz darin, daß die Be-
zugspunkte auf der Ebene des Romans immer unsicher werden, d. h. das aus gesichertem Kontext herausgerissene
Zitat verliert hier seine ursprüngliche Sachhaltigkeit.
Diese schwebende Ungewißheit ist das parodistische Element. Der 'Zauberberg' ist also kein Bildungsroman, son-

---

42. Novalis, Aus dem 'Allgemeinen Brouillon' 1798–1799,
    Nr. 99 (HKA Bd. 3 Abt. IX. Nr. 653)
    in: Werke, a. a. O. , S. 481
43. vgl. Erika A. Wirtz, Zitat und Leitmotiv bei Thomas
    Mann, In: German Life and Letters, vol. VII, 1953, S. 136

dern seine Parodie. Die Krisis des Romans soll scheinbar durch den Versuch gelöst werden, die vorgegebenen
Muster des organischen Kunstwerks humoristisch zu übernehmen. Ironie, in den 'Betrachtungen' nur allgemein als
Vermittlerin zwischen Leben und Geist bestimmt, wird hier
zur konkreten Kunstform. Die Daseinssicherheit, die sich
im Wilhelm Meister ausdrückte, ist für den modernen Roman
verloren. Er kann sich nur noch melancholisch oder iro-
nisch zurückerinnern an das, was einst gewesen war. Diese
Erinnerung ist im 'Zauberberg' eine parodistische des Als-
ob. Lukàcs hat, eigentlich in diesem Sinne, die Ironie als
die "negative Mystik der gottlosen Zeiten" bezeichnet. Es
gibt nur noch eine Gewißheit der Ungewißheit :

> "In diesem Nicht-wissen-Wollen und Nicht-wissen-Können
> das Letzte, die wahre Substanz, den gegenwärtigen, nicht-
> seienden Gott in Wahrheit getroffen, erblickt und ergriffen
> zu haben. Deshalb ist die Ironie die Objektivität des
> Romans. "[44]

Gerade beim 'Zauberberg' wird dies wichtig. Der ironische
Schwebezustand der Wörter und Bedeutungen, die Vorläufig-
keit der Castorpschen Statements und die sich selbst aufhe-
bende Diskussion von Naphta und Settembrini ist überhaupt
nur durch die Annahme eines Subsystems zu verstehen, in
dem als feste Wahrheit gilt, was im Roman in Bewegung geraten ist. Dazu ist zu bemerken, daß die Funktion des Zitats
eine ähnliche ist, wie das Sprechen in Chiffren oder Bedeutung evozierenden Wörtern in den 'Betrachtungen'. Der Unterschied ist nur die wachsende Unsicherheit, die verlorene
Naivität beim Gebrauch der Zitate.

Diese entscheidende Stärke des Romans ist gleichzeitig seine Schwäche. Das Eingeständnis des Verlusts von Bildung,

---

44. Georg Lukàcs, Die Theorie des Romans. Ein geschichts-
philosophischer Versuch über die Formen der großen
Epik, Darmstadt und Neuwied 1971, S. 79

indem man sie nur noch parodistisch anführt, ist selbst eine
Art Überbildung. Der Roman wird im Grunde nur denen zu-
gänglich, die seine Doppelbödigkeit durchschauen und die
Diskussionen von Naphta und Settembrini als das nehmen,
was sie sind, nämlich Bewegungen an der Oberfläche. Die
'Belehrungen' der beiden Erzieher haben oft lexikonhaften
Zuschnitt und lassen meist den stringenten Gedankengang
vermissen. Gern möchte man Ulrich Sonnemann zustimmen,
der sich an den "disputierenden Unmöglichkeiten und Schatten-
produkten einer ins Philosophische verirrten Erzählerphan-
tasie"[45] ereifert, wenn er sie nicht so ernst nähme und er-
kennen würde, daß genau dies beabsichtigt ist. So mutet im
Grunde auch die Feststellung Scharfschwerdts etwas merkwürdig an, die "durch Settembrini als Gesprächspartner
repräsentierte Welt (sei) so umfassend, so perspektiven-
reich aufgebaut worden, daß ihre einigermaßen vollständige
systematische Darstellung oder auch nur Beschreibung eine
eigene Untersuchung erfordern würde. "[46] Diese Bildungswelt von Vergil bis Carducci nachzuformen, die Settembrini
so gern beschwört, wäre zweifelsohne eine Sisyphusarbeit,
die zur eigentlich unterlegten Struktur des Romans recht
schwer in Beziehung gesetzt werden könnte. Geht man manchen versteckten Zitaten Settembrinis nach, so gerät man
leichter in Thomas Manns Welt von Goethe bis Nietzsche.

Die Gefahren einer Interpretation an der
Oberfläche des Romans zeigen sich überall, wo Naphta und
Settembrini als ernsthafte Möglichkeiten in Betracht gezogen
werden. So ist jenes berühmte Zitat Settembrinis, der Tag

---

45. Ulrich Sonnemann, Thomas Mann oder Maß und Anspruch,
in: Frankfurter Hefte 3. Jhg. H. 7 1948, S. 631
46. Jürgen Scharfschwerdt, Thomas Mann und der deutsche
Bildungsroman, Stuttgart 1967, S. 122

des Zusammenbruchs der Monarchien und Religionen werde kommen, "wenn nicht auf Taubenfüßen, so auf Adlersschwingen und anbrechen als die Morgenröte der allgemeinen Völkerverbrüderung"[47], recht merkwürdig, nämlich an der Oberfläche ausgelegt worden. Das versteckte Zitat verweist eigentlich auf Nietzsche, der im Zarathustra behauptet, "Gedanken, die mit Taubenfüßen kommen, lenken die Welt."[48] Es ist dies zwar keine besonders wichtige Anspielung, sie geht aber so weit, daß sie dem kleinen Naphta einen Triumph sichert, als Hans Castorp die Worte seines Mentors zu dessen Verdruß ahnungslos wiedergibt. Naphta kann nun ausgerechnet auf Nietzsche genüßlich mit der Bibel antworten: "Sie nehmen die Flügel wie Adler."[49] Vielleicht das Bibelzitat, vielleicht auch freie Assoziation haben Johanna Graefe veranlaßt, die Angelegenheit der 'Taubenfüße' weitergehend zu interpretieren.

> "Settembrini selbst weiß sehr wohl, daß er dem 'scharfen' Naphta gegenüber harmlos ist, daß Naphta ihn in puncto Einblick und Erkenntnis in die Tasche steckt.
> ... Er glaubt im Innersten nicht an die 'Taubenfüße', und 'Taube' kann man in Gedanken an das erste Pfingsten interpretieren als 'Geist' oder als 'Zunge', das heißt als Wort, oder von Noah her, als 'Friedensboten'."[50]

Es zeigt sich an diesem Beispiel, daß der 'Zauberberg' sehr präzise auf seine Substrukturen untersucht werden muß und daß nicht wie hier vage Vermutungen über höhere Bedeutungen ausgesprochen werden können.

Ein für das interpretative Verfahren sehr interessanter Sach-

---

47. III, 221
48. Nietzsche, Also sprach Zarathustra, in: Werke II, a. a. O., S. 401, vgl. auch Erika A. Wirtz, Zitat, a. a. O., S. 134
49. III, 530
50. Johanna Graefe, Über den Zauberberg (Von Thomas Mann), Berlin 1947, S. 73

verhalt beim 'Zauberberg' ist seine Verbindung zur Thomas Mannschen Essayistik. Die Form des Selbstzitats ist hier schon angeklungen, etwa beim Signum "Sympathie mit dem Tode". Beim 'Lindenbaum' wird das Symbol auch auf eine andere Weise sinnfällig. Zur gleichen Zeit, in der das Kapitel über Hans Castorps Grammophonbegeisterung ausgearbeitet wurde, verwendete Thomas Mann seine Interpretation des Liedes im 'Vorspruch zu einer musikalischen Nietzsche-Feier'. Dies wäre nicht allzu auffällig, weil er gerne geglückte Wendungen mehrfach gebrauchte, wenn nicht entscheidende Unterschiede aufträten. Der Kontext des Romantischen wurde ja in den Ausführungen zum 'Lindenbaum' verschwiegen, obwohl die Novalisspuren noch deutlich zu bemerken waren. Im Essay wird er explizit, und zwar in der Überwindung des Romantischen bei Nietzsche - das Lied wird jedoch nicht namentlich angeführt, es heißt nur 'Heimwehlied'.

> "Denn das Romantische ist das Lied des Heimwehs nach dem Vergangenen, das Zauberlied des Todes, und das Phänomen Richard Wagner, das Nietzsche so unendlich geliebt hat und das sein regierender Geist überwinden mußte, war kein anderes als das paradoxe und ewig interessante Phänomen welterobernder Todestrunkenheit."[51]

Wenn nun beide Male die Umkehr ins Leben aus der Erfahrung des Todes hervorgehoben wird:

> "Ja, Selbstüberwindung, das mag wohl auch heute noch das Wesen der Überwindung dieser Liebe sein, - dieses Seelenzaubers mit finsteren Konsequenzen "[52]

so erscheint nur noch einmal Nietzsche als Paradigma:

> "Selbstüberwindung aber sieht fast immer aus wie Selbstverrat und wie Verrat überhaupt. Auch Nietzsche's große, stellvertretende Selbstüberwindung, der sogenannte Abfall von Wagner, sah so aus. "[53]

---

51. X, 182
52. X, 183 und III, 907
53. X, 183

Die Selbstzitate zeigen einmal, wie die Essayistik dem Roman zuarbeitet, daß essayistische Bewältigung dem Roman vorgeschaltet ist. Zum zweiten ist aber die Vielfältigkeit der Richtungen, in die Thomas Manns Zitatkunst weist, bemerkenswert. Erst indem sie in den richtigen Kontext gerückt ist – Nietzsches Romantikkritik – wird die Stelle sinnfällig, sonst bleibt sie nur Anspielung.

Auf diese Weise sind viele Bezüge herzustellen. Auffällig, daß auch hier schon Nietzsches Schicksal untergelegt wird. In Bertrams Manier wird die Überwindung der Romantik als große Genesung und Rückkehr ins Leben aufgefaßt. [54] Nietzsches "Trunkenheit der Genesung" [55], die der philosophische Weg zum Leben ist, steht für Castorps ganze Entwicklung gegen die beiden Erzieher Pate. Damit wird Nietzsche ein unausgesprochenes Element der Lebenserfahrung, der Skepsis und Vorbehalte Castorps. Allerdings wird auch diese Wirkung auf ihn parodiert, weil über seinen Gesundheitszustand wenig Klarheit herrscht. Sein 'placet experiri' scheint ein Spiel des Gesunden mit der Krankheit zu sein, sozusagen als Organon der Erkenntnis einer Welt, die dem Gesunden sonst immer verschlossen bleibt. Das Spiel hat eine ähnliche Stimulansfunktion, wie die von Nietzsche erwartete Wirkung der krankhaften Wagnermusik auf die Gesunden. [56]

Die Nietzschesche Krank- und Gesundbeterei auf dem Wege der Erfahrung zu vollziehen, ist jedoch nicht die einzige Rolle Castorps. Sie weist ihn lediglich als Suchenden auf dem Wege zum Leben aus. Präziser beschreibt Thomas Mann

---

54. vgl. Bertram, Nietzsche, a. a. O., S. 141
55. Nietzsche, Die Fröhliche Wissenschaft, in: Werke II, a. a. O., S. 9, vgl. auch S. 12f
56. Nietzsche, Der Fall Wagner, in: Werke II, a. a. O., S. 913

selbst Hans Castorp als einen "Quester-Hero", insbesondere einen "Gral-Quester". [57] Der Gebrauch der Chiffre
"Transsubstantiation" und die Suche nach dem Leben als
einer neuen Form der Humanität steht in diesem Zusammenhang. Das Märchenmotiv hat mehrere Implikationen. Zunächst
wird ja auch Thomas Manns Parzival als "ein einfacher junger
Mensch" eingeführt, der sich auf Reisen begibt. Sein weiterer Entwicklungsgang bringt auch ihn mit einer zwar in
sich abgeschlossenen, aber geistig weiteren Welt in Verbindung. Hier zeigen sich jedoch die entscheidenden Unterschiede. Der Held erweist sich im Umgang mit der Welt
weniger naiv als sein Vorbild, weil auch sein Autor ein be-
wußterer ist. Das Märchenmotiv wird auf dem 'Zauberberg'
selbst romantisch weitergesponnen. In Hans Castorps Charak-
teristik ist wesentlich Novalis 'ironisches Kind mit all seinen
Vorbehalten gegen die Erwachsenenwelt' eingegangen:

"Das echte Märchen muß zugleich prophetische Darstellung
– idealische Darstell(ung) – abs(olut) notwendige Darst(el-
lung) sein. Der echte Märchendichter ist ein Seher der Zukunft.
Bekenntnisse eines wahrhaften, synth(etischen) Kindes –
eines idealischen Kindes. (Ein Kind ist weit klüger und
weiser, als ein Erwachsener – d(as) Kind muß durchaus
ironisches Kind sein.) – Die Spiele d(es) K(indes) –
Nachahmung der Erwachsenen. (Mit der Zeit muß d(ie)
Gesch(ichte) Märchen werden – sie wird wieder, wie sie
anfing.)" [58]

"Märchen" bedeutet hier "vollendete Schöpfung" [59] und Gegenbild zur Welt der Wahrheit. Daß sich das Märchen voll-
ständig von der nur erzählten Geschichte gelöst hat, spiegelt
sich wieder im ironischen Kind und seiner Beziehung zum

---

57. XI, 615
58. Novalis, Aus dem 'Allgemeinen Broulllon Nr. 31' (HKA
    Nr. 234), in: Werke, a. a. O. S. 455f
59. vgl. a. a. O. , S. 455

Erwachsenen. So ist der 'Zauberberg' ein sehr bewußtes Gegenbild zur Welt des Parzival, was sich am gar nicht so naiven Castorp zeigt. Settembrini nennt ihn mehrere Male hellsichtig einen "Schalk". [60]

Der Thomas Mannschen Adaption des Quester-Motivs in diesem Sinne ist einige Aufmerksamkeit zuzuwenden, weil sie Teile der Unterstrukturen des Romans freilegt, vor allem auch seine Zeitbezüge.

---

60. vgl. z.B. III, 548 "Man kennt Sie als Schalk, Ingenieur. "

5. 3. Die Unterstruktur

Es sind also mehrere Bezugssysteme, an die die Leitmotive
des Romans Krankheit, Liebe, Leben, Tod zitathaft ange-
koppelt sind. Genannt wurden Nietzsche, die Romantik,
der Bildungsroman und der Quester-Hero auf Gralssuche.
Die Widersacher in Geist und Seele, Settembrini und Naphta,
nehmen schließlich für sich Bildungswelten in Anspruch,
die zu weiteren Bezügen führen. Die dem 'Zauberberg' un-
tergelegte Folie des Faust kann ziemlich leicht anhand des
Walpurgisnacht-Kapitels dingfest gemacht werden. Settembrini erzeugt selbst mit seinen Faust-Zitaten die Walpur-
gisatmosphäre am Fastnachtsabend. [61] Tatsächlich verbindet sich das Motiv des Gralsuchers mit dem des Erkenntnis-
suchers. Es ist das Bild des Berufenen und Auserwählten,
in das Parzival und Faust auf zweierlei Art einfließt. Die
Berufung eignet sich Castorp mit der Krankheit an :

> "Und was ich in mir hatte, das war, ich weiß es genau,
> daß ich von langer Hand her mit der Krankheit und dem
> Tode auf vertrautem Fuße stand. "[62]

Die Krankheit, wohlgemerkt, war das erkenntnissteigernde
Mittel.

Wenn Thomas Mann im 'Zauberberg' "das innere Bild einer
Epoche, der europäischen Vorkriegszeit, zu entwerfen versucht, "[63] so bezieht sich seine Intention auf die Geistes-
und Kulturwelt dieser Gesellschaft. Die Zauberbergwelt
symbolisiert eine an sich schon symbolisierte Welt des
bürgerlichen Bewußtseins. Gunter Reiss spricht diesbe-
züglich von einer "allegorischen Syntax"[64] und nimmt damit
eine Interpretation Erich Hellers auf, der schon in den

---

61. vgl. auch Eckhart Heftrich, Zauberbergmusik, a. a. O. ,
    Hier wird die Parallelität von Faust und Zauberberg
    in vielen Einzelbeobachtungen nachgewiesen.
62. III, 827
63. XI, 611
64. Gunter Reiss, Allegorisierung, a. a. O. , S. 206f

'Buddenbrooks' eine "Syntax von Ideen beobachtete:[65]

> "Mit 'allegorischer Syntax' umschreiben wir also jene
> Intellektualität des Erzählens, die das erzählte Material
> in Relation zu einem 'allegorisierenden' Organisations-
> prinzip setzt, durch welche Relation die Differenz
> zwischen Bezeichnetem und Bezeichnendem in neuer
> Sinnstiftung vermittelt und aufgehoben wird."[66]

Mit anderen Worten: Literatur arrangiert ihre eigene
Wirklichkeit, was aufscheint ist die "Ironie der Dinge",
in der sich die Differenz zwischen bürgerlicher Gesellschaft und dem von ihr beanspruchten Bildungsgut ausdrückt. Gerade deshalb werden im 'Zauberberg' die
abendländischen Bildungswelten zitathaft beschworen.
So, wie im Kriege "Der Held vom Schanzarbeiter ironi-
siert"[66a] wurde, so ergeht es klassischem Bildungsgut im
Sinne des 'Faust' durch die Wirklichkeit der bürgerlichen Nachkriegsgesellschaft.

Dabei ist festzuhalten, daß Thomas Manns Kunst
ihren Abbildcharakter verwischt. Die dem 'Zauberberg'
unterlegten Folien 'Faust' und Dantes 'Divina Comedia'[67]
täuschen seine Zugehörigkeit zu einer bestimmten Litera-
turgattung vor, die ihm eigentlich nicht zukommt. Die
Täuschung geschieht durch eine Entrückung des 'Zauberbergs' in eine andere Zeit. Die Reflexion Castorps auf
seine erlebte Zeit und seine zunehmende Unsicherheit gegenüber dem realen Zeitablauf, so daß er schließlich sogar
sein Alter vergißt, fördern auch beim Leser das Gefühl
der Entrückung. Dazu kommt die magische Siebenzahl der
Kapitel, die wohl der Neunzahl der Danteschen Jenseits-
reiche nachempfunden ist. Die merkwürdigste Gemeinsamkeit des 'Zauberbergs' mit der 'Comedia' ist seine Charak-

---

65. Erich Heller, Der ironische Deutsche, a.a.O., S. 46
66. Reiss, a.a.O., S. 207
66a. Hugo von Hofmannsthal, Die Ironie der Dinge, a.a.O., S. 138
67. wie Lea Ritter-Santini überzeugend gezeigt hat, vgl.
    dies. Das Licht im Rücken, in: Thomas Mann 1875-1975,
    a.a.O., S. 349ff

terisierung als Totenreich. So kommt der von Anfang an gar nicht unsensible Castorp zuallererst mit dem Phänomen des Sterbens auf dem Zauberberg in Berührung, das hier, um die meist todkranken Gäste nicht zu erschrecken, "hinter den Kulissen"[68] vor sich geht. Es ist zunächst die Erinnerung an die "Todesfigur"[69] des Großvaters, die ihn die Atmosphäre des Sanatoriums spüren läßt. Der Geheimnischarakter des Sterbens auf dem Berg, die Vorstellung der Leichen, die auf dem Schlitten von der Schatzalp nachts diskret zu Tal befördert werden, ein Vorgang, den er auch träumerisch verarbeitet, bewirkt eine erste Verzauberung. Der Tod ist der Beginn von Hans Castorps 'Forschungen'.[70]

Hans Castorp wird insofern zum humoristischen Pendant Aschenbachs, als er mit dem Tode nur spielt. Die von Thomas Mann schon in den 'Betrachtungen' intendierte "Faszination der Verwesung"[71] macht verschiedene Wandlungen durch, der Tod ist ein Phänomen mit vielen Seiten. Greifbar werden die Gemeinsamkeiten und Unterschiede von 'Tod in Venedig' und 'Zauberberg' in ihren aktuellen Bezügen. Es ist zu fragen, inwiefern der Nachkriegsroman das humoristische Gegenstück zur Vorkriegserzählung ist.

Venedig steht wie die Davoser Sanatoriumswelt für einen abgeschlossenen hermetischen Bezirk. Aschenbachs Reise geht in die Irre, denn er wollte ja gar nicht nach Venedig. Die Umstände leiten ihn dorthin, verkörpert durch allegorisierte Charonsgestalten, die an seinem Wege stehen. An ihnen enträtselt er jeweils seine Bestimmung. Die vom fremdländischen Reisenden dumpf geweckte Reiselust erfüllt sich durch den eigenmächtigen Gondoliere nach der Irrfahrt in einem letzten Ziel; es geht nunmehr auf direktem Wege zum Lido. Die

---

68. III, 77
69. III, 44
70. vgl. III, 77ff
71. XII, 424

Atmosphäre der Stadt macht Aschenbach krank, schon zum zweitenmal. Aber diesmal beim Versuch überstürzter Abreise atmet er "diesen leis fauligen Geruch von Meer und Sumpf, den zu fliehen ihn so sehr gedrängt hatte ... in tiefen, zärtlich schmerzlichen Zügen. "[72] Die Krankheit Aschenbachs ist ein mit starken décadence-Zügen behafteter Schönheitswahnsinn, der ihn beim Anblick des schönen Knaben Tadzio befällt. Der Ästhet, der "aus seiner Sprechweise jedes gemeine Wort (verbannte)", dessen Kunst in zunehmendem Alter sich ins "Geschliffen-Herkömmliche, Erhaltende, Formelle"[73] wandelte, erlebt in der cholerakranken Stadt "das Glück eines späten tiefen Rausches".[74] Die Idee der Bewußtseinssteigerung im Verfall ist im 'Tod in Venedig' erstmals mit mythologisierenden Elementen unterlegt. Es ist die wandelbare Hermesgestalt, die hier in Tadzio als Hermes-Psychopompos seinen Weg in die Unterwelt begleitet. Später im 'Zauberberg' lernt man Hermes nicht nur als Thot Trismegistos kennen, sein Einfluß waltet noch in jedem Sprachspiel über die "hermetische Atmosphäre. "[75]

Bemerkenswert beim 'Tod in Venedig' ist die Anwendung parodistischer Mittel, die wie im 'Zauberberg' zwei Strukturen erzeugen. Der durch die Identifikation Aschenbachs mit Sokrates intendierte Mythos der Schönheit[76] kontrastiert

---

72. VIII, 483
73. VIII, 456
74. VIII, 503
75. Zur Hermesgestalt bei Thomas Mann vgl. Helmut Koopmann, Die Entwicklung des 'intellektualen' Romans bei Thomas Mann. Untersuchungen zur Struktur von 'Buddenbrooks', 'Königliche Hoheit' und der 'Zauberberg', Bonn [2]1971, S. 155ff
76. vgl. auch Platon, Symposion 211 c . Für den Thomas Mannschen Dualismus und seine Vorstellung von der Ironie als erotischer Mittlerin zwischen Geist und Leben ist auch interessant die Platonische Vorstellung vom Eros "als großer Dämon zwischen dem Sterblichen und Unsterblichen."
vgl. Symposion (Nr. 23) 202 d - 204 d

mit der Idee der Steigerung durch die Krankheit. Am Ende,
in Aschenbachs Gebet an die Schönheit, verbindet sich
beides :

> "Denn die Schönheit, Phaidros, merke das wohl, nur die
> Schönheit ist göttlich und sichtbar zugleich, und so ist
> sie denn also des Sinnlichen Weg, ist, kleiner Phaidros,
> der Weg des Künstlers zum Geiste.
> ...
> Aber Form und Unbefangenheit, Phaidros, führen zum
> Rausch und zur Begierde, führen den Edlen vielleicht
> zu grauenhaftem Gefühlsfrevel, den seine eigene schöne
> Strenge als infam verwirft, führen zum Abgrund, zum
> Abgrund auch sie. "[77]

Die parodistischen Elemente des 'Tod in Venedig' bestehen
nun nicht nur darin, daß die Platon-Zitate sich von ihrer
eigentlichen Bedeutung lösen und in Richtung des Steige-
rungsgedankens uminterpretiert werden. Es ist hier darüberhinaus der seinerzeit immerhin aktuelle Gedanke der
Flucht aus einer lähmend empfundenen Alltäglichkeit in
eine höhere, nur durch Bewußtseinserweiterung erreich-
bare Welt gestaltet und mit einem Urbild in Verbindung
gebracht. Über der Suche nach Thomas Mannschen Tradi-
tionsbezügen, auf die etwa die Zitate verweisen, wird sehr
leicht die Aktualität dieser Thematik vergessen.
Übrigens verwendete Thomas Mann zur epischen Integration seines Sokrates die Übersetzungen des "Physiogno-
mikers" Kassner von Platons Symposion. [78] Zieht man in
Betracht, daß sowohl das Thema wie das benutzte Mate-
rial aktuelle Anklänge hatte, so erscheint Thomas Manns
'ars combinatoria'[79] in einem anderen Licht. Die 'Platon-
renaissance' seit der Jahrhundertwende war gleichzeitig

---

77. VIII, 521f
78. und Phädrus, vgl. T. J. Reed, The uses of tradition,
    a. a. O. , S. 158
79. vgl. Hans Wysling, Schwierigkeiten mit Thomas Mann,
    in: Thomas Mann 1875-1975, a. a. O. , S. 593. Die 'ars
    combinatoria' entsteht durch das Einströmen aller Th.
    Mann "aus der Tradition bekannten Meinungen" in seine
    Kunst.

eine Umwertung der Platonischen Philosophie. Die Idee
des Guten wird nicht nur ethische Verpflichtung zum Höheren für jedermann, sondern das Ziel der Berufenen.
Eigentümlich ist die Verbindung einer platonischen Pädagogik, wie sie etwa von Natorp vertreten wurde, mit
typischen Elementen der deutschen Mythologie. [80] Beides
führt zur Idee der Steigerung, die ja gerade in Thomas
Manns pädagogischem Roman das Hauptmotiv ist. Der 'Zauberberg' steht so in einem Zusammenhang mit der Gralsli-
teratur der Jahrhundertwende, von der nicht wenige Handlungselemente übernommen wurden. Die Versatzstücke
humanistischer Bildung, die also schon im 'Tod in Venedig'
eingesetzt worden sind, um die Bewußtseinssteigerung
Aschenbachs glaubhaft zu machen, finden nun im großen
Roman in angereicherter Form ihre Anwendung. Parzivals
Suche nach dem Gral verwandelt sich in der Neuzeit zum
Streben des homo technicus nach dem verlorenen Bildungs-
schatz. Dies ist nicht nur im Sinne des Erwerbs von Wissen gedacht, eher auf die erkenntnis- oder gefühlsmäßige
Durchdringung der Wirklichkeit gerichtet.

Hans Castorp, der mit Krankheit und Tod schon von langer
Hand auf vertrautem Fuße stand, erscheint als ideales Objekt der Verzauberung durch die Sanatoriumswelt aber
auch der Parodierung jener "Erwähltheitspsychose", die
seit der Jahrhundertwende grassierte. [81] Die Suchernatu-
ren in der Literatur der spätwilhelminischen Epoche gewinnen im Urbild des Parzival einen idealen Ausdruck:

"In dieser Figur scheinen alle Tendenzen der Zeit zu-

---

80. vgl. auch die Vorstellung vom "deutschen Werden", die
    ja eigentlich eine pädagogische ist. Hier fließen Natorps
    Platongedanken mit dem 'deutschen Mythos' zusammen.
    vgl. oben Kap. 4. 2. Anm. 40
81. Jost Hermand, Gralsmotive um die Jahrhundertwende,
    in: ders. Von Mainz nach Weimar, a.a.O., S. 277

sammenzulaufen : sie ist undogmatisch, synkretistisch-
verschwommen, literarisch dehnbar, mit der Patina des
Alten und Ehrwürdigen behaftet, weltlich-religiös, Erb-
teil der deutschen Kulturtradition und ließ sich daher
gut als ein religiöses Substrat verwenden, ohne daß man
der Gefahr erlag, sich auf eine bestimmte Richtung fest-
zulegen. "[82]

Der Parzival wurde so das Muster der vulgär-idealistischen
Bewegung, die auf die Wiederherstellung der deutschen Kul-
tur- und Bildungswerte drängte. Es ist der Zeichencharakter
dieser Gestalt, den man als Signum deutschen Kulturwillens
nahm. So mutet etwa die Identifikation des Parzivals mit dem
Dürerschen Ritter zwischen Tod und Teufel recht merkwürdig an, [83] wenn man bedenkt, wie emphatisch gerade dieses Bild sowohl von Bertram wie von Thomas Mann gewür-
digt wurde. [84]

Die Castorpschen Steigerungsvorstellungen vollziehen sich
in dieser neo-idealistischen Manier. Er gelangt von der Frage des Lebens in seinen 'Forschungen' bis zum Läuterungs-
gedanken aufgrund "hermetischer Pädagogik". "Leben sei
"sinnlich bis zur Lust und zum Ekel ... die unzüchtige Form
des Seins, ... eine wollüstig-verstohlene Unsauberkeit von
Nährsaugung und Ausscheidung. "[85] Ganz im Sinne von Schopenhauers 'Metaphysik der Geschlechtsliebe'[86] bezeichnet
der hellsichtige Castorp die menschliche Schönheit als "Inbegriff der Sinnlichkeit und der Begierde. " Im Gegensatz
zur Schönheit der Bildwerke, die den Geist "auf eine unschuldige Art" versinnlichten, sei sie beim Menschen eine Form

---

82. a. a. O. , S. 275
83. vgl. a. a. O. , S. 276
84. vgl. XII, 541 und Bertram, Nietzsche, a. a. O. , S. 42ff
    besonders auch die von Bertram hergestellte Verbindung
    zu Luther, auch einer Parzivalsgestalt der Literatur der
    Jahrhundertwende (vgl. S. 43)
85. III, 385
86. vgl. Schopenhauer, Die Welt als Wille und Vorstellung II,
    a. a. O. , S. 610f

der "zur Wollust erwachten Substanz".[87] Die Läuterung
wird so vom Urbild her gedacht, denn wie das Leben die
"infektiöse Erkrankung der Materie" sei, so könne man
"den Übergang des Unstofflichen zum Stofflichen" als
den eigentlichen Sündenfall auffassen.[88]
Hans Castorps biologische Studien schwenken im entscheidenden Moment von einer monistischen Anschauungsweise
zu einer idealistischen um ;[89] mit anderen Worten : er
bricht seine Lektüre der biologischen Schriften Ernst
Haeckels ab, um alleine weiterzuphilosophieren. Es ist
festzuhalten, daß das Steigerungsmotiv auftaucht, bevor
der Jesuit Naphta ins Spiel kommt. Castorps Beschäftigung mit Krankheit und Tod ist Frucht seiner naturwissenschaftlichen Forschungen, er treibt diese gleichsam ins
Geistige und Höhere vor. Wenn er sich nun, sozusagen um
einen weiteren Aspekt des Phänomens Leben zu untersuchen,
den Moribunden zuwendet, geschieht dies nicht nur aus dem
"Bedürfnis seines Geistes, Leiden und Tod ernst nehmen
und achten zu dürfen, "[90] sondern auch als "Gegengewicht"
im Hinblick auf "gewisse Urteile Settembrinis. "[91]

Der Steigerungsgedanke Castorps ist somit
auf einer ersten Stufe angelangt, denn er kennt die Läute -
rungsvorstellungen des katholischen Mittelalters mit all
ihren Implikationen noch nicht. Er wird auf dem Berg festgehalten wegen dessen merkwürdiger Atmosphäre : Sie löst
Zwiespältigkeit aus. Es ist seine platonisch-erotische Beziehung zur Chauchat, die er nicht in Worte fassen kann.
Nicht nur ihre Ähnlichkeit mit einem früheren Mitschüler,

---

87. III, 385
88. III, 398
89. vgl. III, 383f
90. III, 412
91. III, 413

zu dem er eine geheimnisvolle Zuneigung gefaßt hatte, ist
Grund seiner Faszination, sondern auch die Doppelbödigkeit von Eros und Krankheit in ihrer Person. Edhin Krokowski, für den "das Organische immer sekundär"[92] ist,
weist Castorp die Richtung seines Gefühlslebens, indem
er das Faszinierende in einem Vortrag ausspricht:

> "Insonderheit gebrauchte der Redner das Wort 'Liebe'
> beständig in einem leise schwankenden Sinn, so daß man
> niemals recht wußte, woran man damit war und ob es
> Frommes oder Leidenschaftlich-Fleischliches bedeute, -
> was ein leichtes Gefühl von Seekrankheit erzeugte. Nie
> in seinem Leben hatte Hans Castorp dieses Wort so oft
> hintereinander aussprechen hören, wie hier und heute, ja,
> wenn er nachdachte, so schien ihm, daß er selbst es noch
> niemals ausgesprochen oder aus fremdem Munde vernom-
> men habe. "[93]

Die Rolle der Chauchat, im ursprünglichen Novellenplan
des 'Zauberberg' eine ähnliche wie die Tadzios im 'Tod in
Venedig', gewinnt im großen Roman eine Initialbedeutung
für die Suche Castorps nach seiner Seele.[94] Der Bildungsroman beginnt mit einem erotischen Motiv und stei-
gert sich, so daß das Motiv allmählich seine Bedeutung
zwar explizit verliert, diese aber immer noch mitschwingt.

Der traditionelle Bildungsroman beschreibt
die Entwicklung des Helden zu einer Harmonisierung seiner
Individualität mit den Daseinsgrundlagen. B. Kristiansen
trifft den Unterschied des 'Zauberberg' zum 'Wilhelm Meister' recht gut, wenn er den Thomas Mannschen Ausgangspunkt darin sieht, daß an Stelle der harmonischen Einheit
von Mensch und Natur "die durch Schopenhauer beeinflußte
dualistische Auffassung des Menschen getreten"[95] sei. Das

---

92. III, 268
93. III, 178
94. vgl. auch T. J. Reed, The uses of tradition, a. a. O. , S. 232f
95. Børge Kristiansen, Unform-Form-Überform, Thomas
    Manns Zauberberg und Schopenhauers Metaphysik, Kopen-
    hagen 1978, S. 52

Kranke ist also, Thomas Mann gebraucht Schillers Bestimmung des Naiven und des Sentimentalischen, schon
in der "Zweiheit von Natur und Geist"[96] begründet; der
Sentimentalische verstrickt sich in diese "tragische Antinomie"[97] und ist "ein romantisch leidendes Geschöpf".[98]

Die Gefahr für jeden Zauberbergin-
terpreten besteht in der einseitigen Herstellung von Tra-
ditionsbezügen einerseits und im verengten Blick auf die
Thomas Mannschen Selbstaussagen in der Essayistik andererseits. Das dualistische Weltbild wurde Thomas Mann
ja nicht alleine von der Romantik, von Nietzsche oder
Schopenhauer vermittelt, es ist vielmehr das Grundproblem seiner Zeit. Die Parodie bei Thomas Mann besteht
nicht zuletzt darin, daß sich in den Personen des Romans
das heruntergekommene dualistische Lebensgefühl widerspiegelt.
Krokowski spricht schließlich - im Gegensatz zu dem an
der Tradition orientierten Thomas Mann im Essay - von
der Krankheit in bezug auf die Liebe. "Das Krankheits-
symptom sei verkuppelte Liebesbetätigung und alle Krankheit verwandelte Liebe."[99] Die Idee der Wandlung hat
leitmotivischen Charakter, ebenso wie der Dualismus Seele
- Leib, den auch Krokowski vertritt. Der Psychoanalytiker
repräsentiert einen Teil der damaligen gesellschaftlichen
Kräfte, die etwa unter der Formel "hin zur Seele" zu fassen wäre. Die Grundlegung der Psychoanalyse beim frühen
Freud steht im Zeichen dieser "Seelenbewegung", die sich

---

96. Goethe und Tolstoi IX, 81. Der Essay liefert die De-
    finitionen für die Begriffsantinomien im 'Zauberberg'.
    Allerdings wird hier manches mit großer Bestimmtheit
    vorgebracht, was im Roman eine schwankend. Bedeu-
    tung erhält.
97. vgl. IX, 81
98. IX, 81
99. III, 180

am Mystischen, Übersinnlichen orientiert, eine Bewegung weg von der technifizierten Arbeitswelt ins Höhere. So sind bereits die ersten Traumerlebnisse Castorps auf dem Zauberberg "Transsubstantiationen", ein Begriff den Freud in Anlehnung an A. Krauß, einem Psychiater der Schopenhauerzeit, gebraucht: Die Entstehung des Traums sei "Transsubstantation der Empfindungen in Traumbildern".[100] Im Lichte Freuds, für den das Organische gar nicht so sekundär war, wird Hans Castorps Steigerung eine Sublimierung der erotischen Beziehung zu Clawdia Chauchat.

Symbolisiert wird damit eine gesellschaftliche Erscheinung. Die übersteigerten Kult- und Kulturformen der damaligen Zeit, deren faßbarstes Beispiel nur der George-Kreis ist, waren ja schließlich auch Formen der Sublimierung einer im Grunde kulturlosen, materialistischen Lebenswirklichkeit. Musil, der im 'Mann ohne Eigenschaften' die Vorkriegsgesellschaft ähnlich facettenreich beschreibt wie Thomas Mann im 'Zauberberg', lenkt besonders den Blick auf das Phänomen der Seele, das diese Zeit so beschäftigte. Ulrich, der Held des Romans und gleichsam Medium der hier ablaufenden geistigen Prozesse, spielt eine ähnliche Rolle wie Castorp, wenngleich er wissender, auf eine reflektierte Art skeptisch ist. Die Seele wird gerade dem Realmenschen, dem trockenen Diplomaten Tuzzi, zum Problem. Konsterniert sieht er sich einem Maeterlinck-Zitat ausgesetzt und wendet sich an Ulrich:

"Können Sie sich etwas Sinnvolles vorstellen, wenn jemand beispielsweise sagt, daß Anzeichen für das Herauf-

---

100. Sigmund Freud, Die Traumdeutung (1900), Frankfurt 1977, S. 42. vgl. Castorps Träume III, 31 und III, 129ff Symbolische Verdichtungen des Geschehens und des Kommenden.

kommen einer Zeit vorhanden sein sollen, wo sich unsere Seelen quasi ohne Vermittlung der Sinne erblicken werden?"[101]

"Das Erwachen der Seele" von Maeterlinck, charakterisiert als "Abschütteln der lastenden Bürde der Materie",[102] wird von Ulrich einer Sprachkritik unterzogen: "Alle Sätze, die sie mir genannt haben, sind natürlich Allegorien ... Eine Art Schmetterlingssprache!"[103]

Insofern wird auch Thomas Manns "allegorische Syntax" verständlich. Die Gesellschaftskritik der damaligen kulturkonservativen Bewegung äußert sich in einer bildhaften Formel- und Symbolsprache, die ans Transzendente gemahnen und Verachtung gegenüber einer als roh empfundenen Alltagswelt ausdrücken sollte. Der 'Zauberberg' erscheint somit als Selbstparodie des Autors der 'Betrachtungen', der ja gerade diesen "höheren" Kulturbestrebungen nachhing. Der Weg, den Thomas Mann sozusagen geleitet vom Steigerungsgedanken beschritt, verlief nicht nur von Nietzsche bis Novalis (in der deutschen Republik); er läßt sich auch als ein im wesentlichen dubioser beschreiben, der von Langbehn bis zu Rudolf Steiner führt. Die Entwicklung ist am 'Zauberberg' abzulesen.

Wenn Thomas Mann im Vorsatz die Absicht erläutert, die Geschichte Hans Castorps "in der Zeitform der tiefsten Vergangenheit vorzutragen"und halb augenzwinkernd hinzufügt, sie sei "schon ganz mit historischem Edelrost überzogen",[104] so weist dies gleichzeitig zurück in seine eigene, nämlich in die Zeit der 'Betrachtungen'. "Edelrost" ist ein Ausdruck Langbehns für die noch übriggebliebene Patina

---

101. Robert Musil, Der Mann ohne Eigenschaften, a. a. O., S. 803f

102. vgl. Maurice Maeterlinck, Der Schatz der Armen, Übs. Friedrich v. Oppeln-Bronikowski, Jena ^{3}1906, S. 12f

103. Musil, a. a. O., S. 807

104. III, 9

"einer großen geschichtlichen Vergangenheit. "[105] Castorps

Weg erscheint so als der deutsche Versuch eine höhere Kul-

tur einzurichten in einer bildungs- und bindungslosen Zeit.

Der von einer Entmaterialisierung ausgehende Steigerungs-

gedanke bezieht sich auf eine innere Entwicklung, die den

Kontakt zu höheren Welten erstrebt. Diese damals keines-

wegs ungewöhnliche Vorstellung, wie man z. B. bei Maeter-

linck sieht, verband sich in Deutschland mit einem natio-

nalen Kulturideal. Im 'Zauberberg' taucht die Vorstellung

der "Seelenhaftigkeit" des Lebens zwar bei Castorp ohne

diese politischen Implikationen auf, sie birgt dennoch die

typischen Elemente. Seine anthroposophisch geprägten

Gedankengänge verbinden ihn immer wieder mit dem an-

deren Seelenmann, nämlich Krokowski :

> "Wieviel Stoff und Anlaß zu geistigem Austausch vorhan-
> den ist zwischen Männern und Kameraden, deren Grund-
> anschauungen idealistisches Gepräge tragen und von de-
> nen der eine auf seinem Bildungswege dazu gelangt ist,
> die Materie als den Sündenfall des Geistes, als eine
> schlimme Reizwucherung desselben aufzufassen, während
> der andere, als Arzt, den sekundären Charakter organi-
> scher Krankheit zu lehren gewohnt ist. "[106]

Dennoch zeigt sich auch hier, daß das Interesse des Ana-

lytikers und des Schülers des Zauberbergs ein jeweils

verschiedenes ist. Die Verzauberung durch die Chauchat

führt bei Castorp zu einer Reihe von Selbsterfahrungen

---

105. Julius Langbehn, Rembrandt als Erzieher. Von einem
Deutschen, Weimar 1934, S. 39. Allerdings soll damit
nicht behauptet werden, daß Langbehns Rembrandt irgend-
einen Einfluß auf die 'Betrachtungen' ausübte. Merkwürdig sind nur einige Formulierungs- und Wortähnlichkeiten,
die zeigen, wie gründlich Thomas Mann die nationalistische
Sphäre erforscht hat. So taucht bei Langbehn das Wort "Eideshelfer" auf als eine "uralte deutsche und griechische Rechts-
gewohnheit. "(S. 7, vgl. XII, 11) oder die Idee der Kunst als
organisches Schöpfertum (S. 95), bemerkenswert auch sein
'Anti-Zolaismus' (vgl. S. 272) und die Auffassung, daß die Macht
die Kunst nach außen schützt (vgl. S. 184)

106. III, 509

und inneren Veränderungen. Dies äußert sich zunächst als
"eine Sucht, die Welt mit sich zu erfüllen", die "desto be-
fremdlicher für uns Nüchterne" wirkt, "je weniger Sinn,
Vernunft und Hoffnung offenbar bei der Sache ist. "[107] Es
handelt sich hier um eine Form der Rudolf Steinerschen
"Alliebe", die eine erste Bedingung zur Erkenntnis der
höheren Welten ist. [108] Castorps Entwicklung verläuft
nach dem anthroposophischen Schema :

" 1. Die Vorbereitung. Sie entwickelt die geistigen
Sinne. 2. Die Erleuchtung. Sie zündet das geistige
Licht an. 3. Die Einweihung. Sie eröffnet den Ver-
kehr mit den höheren Wesenheiten des Geistes. "[109]

Gleichzeitig wird dieser Stufengang immer wieder parodiert.
Die Wirkung wird durch die übrigen Erzieher, besonders
Peeperkorn, teils beeinträchtigt, teils aufgehoben. Sie wird
zudem in der abgebrochenen Séance trivialisiert bis zum
"Fragwürdigsten". Sieht man als Vorbereitung die Beziehung zur Chauchat und das zunehmende Gespür für die pan-
erotische Atmosphäre der Krankheitswelt, so kann der na-
turwissenschaftlich- erotische Traum am Ende der Forschungen als die eigentliche Initiation bezeichnet werden. Begleitet
wird dieser Vorgang von einem totalen Verlust von Zeitvorstellungen beim Helden und einer schwindenden Fähigkeit,
Tatsachen zu begreifen. Es ist sozusagen "die Unterscheidung des Wahren von der Erscheinung"[110], die Hans Castorp treffen will. Diese Steigerungslinie verläuft weiter zu
Hans Castorps Gebet an die Schönheit in der Walpurgisnacht
(merveille de la forme et de la beauté), in der die Macht des
menschlichen Körpers als "plus éducative que toute la péda-

---

107. III, 330
108. vgl. Rudolf Steiner, Wie erlangt man Erkenntnisse der
     höheren Welten (1904-1909), Dornach 1945, S. 117
109. a. a. O. , S. 43
110. a. a. O. , S. 156

gogie du monde"[111] angesprochen wird. In seinem Gespräch
mit der Chauchat verfällt er ins Französische, weil sich in
der fremden Sprache die wichtigen und heiklen Angelegen-
heiten des menschlichen Liebeslebens einfacher, unverant-
wortlicher aussprechen lassen (c'est parler sans parler),
denn die Liebe ist ihm inzwischen ein ebenso schwankendes
Gefühl geworden, wie er es anläßlich Krokowskis Vortrags
schon einmal verspürt hatte.

---

111. III, 473

5.4. Die Mysterien

Der Castorpsche "Körperkultus", der sich paradoxerweise immer mit seinem Interesse am Kranken verbindet, reflektiert den damals so akuten Dualismus von Leib und Seele. "Le corps, l'amour, la mort, ces trois ne font qu'un".[112] Fasziniert von der Magie der Liebe und des Todes kommt es zu Synthesegedanken, die ins Reich des Übersinnlichen führen sollen. Die Zeitbezüge dieser Vorstellungen erschließen sich aus dem 'Schneekapitel'. In seinem Schneetraum entscheidet sich der in die feindliche Natur verschlagene und vom "Umkommen" bedrohte Castorp für einen dritten Weg zwischen seinen beiden Erziehern. Daß dieser Weg eine Steigerung bedeutet, wird glaubhaft gemacht durch einen allegorischen Bildertraum. Dieser Traum wird zu einer entscheidenden Überhöhung auch des Romans selbst, da ja ohnehin eine Symbolwelt dargestellt ist. Hervorzuheben ist, daß sich Hans Castorp bei seinem Erlebnis im Schnee immer noch auf dem Läuterungswege befindet. Die Konfusionen durch die beiden Erzieher, die Diskussionen, die weiterhin in den starren Antithesen verharren, löst er auf in eine eigentümliche Bildersprache, so wie Klages starre Antinomien auf die Bilderwelt seines "Pelasgertums" hinauslaufen.[113] Hier liegt auch der Kern von Castorps eigener Ironie.

Die Vorbehalte nach beiden Seiten erzeugen die dem Roman immanente Flexibilität der Begrifflichkeit. Denn eine bestimmte Vorstellung produziert gleichsam ihre Gegendarstellung, und so wäre Settembrini ohne Naphta gar nicht denkbar. Koopmann hat diesen Sachverhalt unter dem Be-

---

112. III, 476
113. vgl. Klages, Geist als Widersacher Bd. II (1966), a.a.O., S.1251ff, bes. S.1355f gegen die Begrifflichkeit.

griff der doppelten Optik gefaßt: "Unter doppelter Optik
ist iede Aussage immer nur eine bedingte Aussage, die
des Korrektivs bedarf, wenn sie Geltung behalten soll."[114]
Unter diesem Blickwinkel erscheint eine gespaltene Vorkriegsgesellschaft, in der die Gegensätze in Reinform
herrschen. Tatsächlich richtet sich Thomas Manns politische Strategie in den Essays nach dem Kriege auf die Lösung dieses Problems. Der in den 'Betrachtungen' so
überaus einseitig Argumentierende "schwelgt", wie Rein-
hart Baumgart bemerkt, in den zwanziger Jahren geradezu in Synthesen.[115] Es ist anzufügen, daß fehlende Vermittlung der auseinanderstrebenden gesellschaftlichen
Kräfte, schon in der Wilhelminischen Zeit ein Grundproblem, im schwierigen ersten Jahrzehnt der deutschen
Republik politisch akut wurde.

Das Problem wird greifbarer am Dualismus Behrens-Kro-
kowski als an den beiden Pädagogen, die, wenn überhaupt,
nur Möglichkeiten anbieten, die ins Historische zurück-
weisen. Bei den Medizinern zeigt sich, wie Okkultismus
und Parapsychologie die nicht zu unterschätzende Kehrseite eines extremen Positivismus sind. Sie gehen mit
dem Tode, dem Hans Castorp gerne seine Achtung und
"Ehrerbietung" erweist[116], pragmatisch um. Für Behrens
haben die Vorgänge der Geburt wie des Todes "keinen
subjektiven Charakter, sie fallen als Vorgänge ganz ins
Gebiet des Objektiven, so ist es damit."[117] In einer ersten Reflexion über seine Beziehung zu den Personen auf
dem Zauberberg besinnt sich Hans Castorp auf "das

114. Helmut Koopmann, Die Entwicklung des intellektu-
    ellen Romans, a. a. O. , S. 30
115. Baumgart, Ironie, a. a. O. , S. 145
116. vgl. III, 406f
117. III, 741

doppelte Wesen der Analyse", die einerseits "dem Fort-
schritte förderlich", andererseits "dem Grabe verwandt"
sei. [118]Dies bezieht sich auf den dubiosen Krokowski,
der mit seinen parapsychologischen Untersuchungen
auch einen Teil vom Genius des Ortes bildet. Er steht
wie die Chauchat und der religiöse Naphta auf der Seite
des Todes. Es sind die drei Stufen der Castorpschen
'Steigerung', die sich mit diesen Personen in einer jeweils unterschiedlichen Form verbinden. Liebe, Läuterung und die Erfahrung einer übersinnlichen Welt
sind die Etappen seines Weges ins Höhere. Herbert
Lehnert sieht im 'Zauberberg' eine doppelte Strukturlinie, nämlich die zunehmende Zersetzung der bürgerlichen Orientierung des einfachen Hans Castorp, die
andererseits verbunden sei mit "einem Zuwachs an
intellektueller Unabhängigkeit und Bildung. "[119] Bezüglich der steigenden Strukturlinie, die sich im anschwel-
lenden Selbstvertrauen Castorps zeigt, ist zu fragen,
ob gerade dies nicht parodiert wird. Auf dem Wege von
der Chauchat über Naphta zu Krokowski wird die Suche
nach Erfahrungen und Lebensmöglichkeiten ja immer
fragwürdiger. An seinem Ende steht der Umgang mit Ma-
terialisationsphänomenen, die zu Hans Castorps Ehrerbietung gegenüber dem Tode in einer grotesken Weise
kontrastieren. Wie man später sehen wird, bündeln sich
in der "fragwürdigen" Séance einige Strukturen des Romans.

---

118. III, 541
119. Herbert Lehnert, Thomas Mann, Fiktion, Mythos,
     Religion, Stuttgart 1965, S. 91

5.4.1. Bilder

Hans Castorps dritter Weg zwischen seinen Erziehern hat
das Signum des Mysteriösen. Das dreifache Mysterium
führt zu Erlebniswelten, die im Unterschied zu den logischen Gedankenkonstruktionen Naphtas und Settembrinis,
sich rausch- und bildhaft erzeugen. Vorbereitet werden
sie durch Castorps Forschungen und sein 'Regieren'.
Letzteres ist ein "Kinderausdruck" für seine naiven Ge-
dankenbeschäftigungen, die den Personen auf dem Zauberberg Rollen in einer bildlichen Vorstellungswelt zuweisen.[120]
Im 'Regieren' seines kleinen allegorischen Volkes entfrem-
det er sich immer mehr logischen Gedankengängen. Die Zersetzung der Realbezüge durch den Zeitverlust hat ihr Pendant in der Auflösung des Diskurses, der Transposition
des Denkens in Traumbilder. Eine zunehmende Intellektu-
alität kann man dies nicht nennen. So verflüchtigt sich die
Dialektik in den Diskussionen der ewigen Kontrahenten:

> "Neue Schlag- und Stichworte! Jetzt waren sie bei der
> Vornehmheit, der aristokratischen Frage! Hans Castorp,
> überhitzt und erschöpft von Frost und Problematik, tau-
> meligen Urteils auch in Hinsicht auf die Verständlichkeit
> oder fiebrige Gewagtheit seiner eigenen Ausdrucksweise,
> bekannte mit lahmen Lippen, er habe sich den Tod von je-
> her mit einer gestärkten spanischen Krause vorgestellt,
> oder allenfalls, in kleiner Uniform sozusagen, mit Vater-
> mördern, das Leben dagegen mit so einem gewöhnlichen
> modernen kleinen Stehkragen ... Doch erschrak er selbst
> über das Trunken-Träumerische und Gesellschaftsunfähige
> seiner Rede und versicherte, nicht dies habe er sagen
> wollen. "[121]

Die drei eigentlichen Mysterien sind der Bildertraum im
Schnee, die Epiphanie Peeperkorns, der die Zauberberg-
gesellschaft bei seinen dionysischen Festen in einen Le-

---

120. vgl. III, 540f
121. III, 641

benskultus einweiht und zuletzt als Kontrapunkt der Abstieg in die Unterwelt des Okkultismus mit Krokowski als "rechtem Führer", der "heimisch" ist im "Sumpfig-Verdächtigen und Untermenschlichen.[122]

Castorps Schneetraum bildet bei manchen Interpreten die Grundlage für eine Lösung vieler Rätsel auf dem 'Zauberberg'. Vor allem läßt sich Thomas Manns Vorstellung einer neuen Humanität an Castorps Vision der Sonnenleute ablesen. Liegt hier die "deutsche Mitte, das Schön-Menschliche, wovon unsere Besten träumten"?[123] Ist es das "Dritte Reich einer religiösen Humanität", die "Idee des Menschen" als "eine wahrhaft erzieherische Liebe"?[124] Insofern wäre der Schneetraum eine Allegorie einer einfachen Botschaft, simple even to the point of crudity.[125] Sie ist der Malerei nachempfunden, einem Medium, zu dem Thomas Mann eingestandenermaßen wenig Zugang hatte;[126] damit ist vielleicht erklärlich, warum die Szene der Pferde tummelnden nackten Jünglinge und der tanzenden Mädchen[127] jede Ironie, jede Doppeldeutigkeit verliert, die den Roman und Hans Castorps Bildersprache sonst so auszeichnet.

Die Einflüsse des symbolistischen Ludwig von Hofmann sind evident. Saueressig nennt einige frühe Bilder des Malers als Vorlage, was auf eine gewisse Vertrautheit Thomas Manns mit dieser Stilkunst schließen läßt.[128] Hofmann, dessen Kunst

---

122. III, 929
123. Von deutscher Republik VIII, 852
124. Geist und Wesen der deutschen Republik. (Dem Gedächtnis Walther Rathenaus), VIII, 860
125. T. J. Reed, The uses of tradition, a. a. O., S. 253
126. vgl. Maler und Dichter, XI, 740
127. vgl. III, 679
128. vgl. Heinz Saueressig, Die Entstehung des Romans "Der Zauberberg", in:ders. (Hrsg.) Besichtigung des Zauberbergs, Biberach a. d. Riss 1974, S. 32f

in zunehmendem Alter in dekorativer Form erstarrte, wurde um die Jahrhundertwende vor allem im George-Kreis als einer der großen Künstler gefeiert und war in den zwanziger Jahren fast vergessen.

Die Szene der blonden Jünglinge und Mädchen weist zurück auf eine Zeit vor den 'Betrachtungen', als Leben und Tod auch eine schöpferische Alternative waren. Die den Kriegsschriften eigentümliche Implikation von Regenerationsbewegung und 'Sympathie mit dem Tode' findet in der Schneevision eine Entsprechung. Allerdings ist die Kehrseite des Lebensglücks, das die jungen Menschen auskosten dürfen, das in den beiden kinderzerfleischenden 'Greuelweibern' inkarnierte Entsetzen.[129] Hans Castorps träumerische Auslegung der Szene deutet auf den Kern der neuen Humanitätsidee :

> "Form und Gesittung verständig-freundlicher Gemeinschaft und schönen Menschenstaats - in stillem Hinblick auf das Blutmahl."[130]

Dies weist schon hinüber auf den zweiten Teil des Traums, seine Lösung in Gedankengängen. Scheinbar ist sie eine Absage an die 'Sympathie mit dem Tode' der 'Betrachtungen':

> "Der Tod ist eine große Macht. Man nimmt den Hut ab und wiegt sich vorwärts auf Zehenspitzen in seiner Nähe. Er trägt die Würdenkrause des Gewesenen, und selber kleidet man sich streng und schwarz zu seinen Ehren. Vernunft steht albern vor ihm da, denn sie ist nichts als Tugend, er aber Freiheit, Durchgängerei, Unform und Lust. Lust, sagt mein Traum, nicht Liebe."[131]

Dennoch hat auch der neue Humanitätsgedanke starke Abhängigkeit zur Vorstellung des Gesamtkunstwerks, die auch an den 'Betrachtungen' erwiesen werden konnte. Überdies zeigt sich in der Vision und ihrer Deutung, daß Thomas Mann im Grunde den unpolitischen Vorstellungen des Be-

---

129. vgl. III, 683
130. III, 686
131. III, 685f

trachters verhaftet geblieben ist. Seine Humanität der
Mitte ist die Utopie einer schönen und jungen Menschen-
gemeinschaft, die ohne historische und gesellschaftliche
Bedingtheit ihr Leben fristen kann. Die Szene der Sonnenmenschen hat durchaus ihre aktuellen Bezüge und braucht
nicht im Hinblick auf Goethes 'Pädagogische Provinz' in
den Wanderjahren untersucht zu werden. [132] Sie steht in
einem engen Zusammenhang mit dem Sonnenkultus der Jahrhundertwende, der nicht zufällig in den beginnenden zwanziger Jahren eine Renaissance erlebte. Schließlich wurde
ja auch die Zeitflucht auf den anderen Zauberberg jener
Jahre, dem 'Monte Verita' als der dritte Weg einer Humanität des Lichts und Schönheitskults beschritten. Der Faszination des freien nackten Menschen war schließlich nicht
nur diese kleine Anarchistengemeinde erlegen, sondern
auch eine breite deutsche Kulturbewegung von George bis
zu den Expressionisten. Auffällig, daß etwa der heute längst
vergessene Ludwig Rubiner, der wohl kaum mit Thomas
Mann in irgendeiner Verbindung stand, sich an ähnlichen
Visionen ergötzte :

"Die braunen Muskeln der nackenden Jungen, ruhige Körper, die steil auf der schrägen Wiese
stehen, während fern ein Wasserfall wölbend
am sonnigen Ufer Perlenbögen über sie klirrt.
...
O Botschaft von Menschen! Ja, vielleicht gibt es
Lächeln und schöne Körper, ...
Vielleicht, trotzdem ich aufblicke, ich sitze an meinem Tisch, und ich weiß von dem ungeheu-
ren Zug der Menschen um mein Haus,
Ich weiß die alten, angstvollen Schädel und die kleinen, schweigenden Kinder, die an einem

---

132. wie z. B. bei Scharfschwerdt, Bildungsroman, a. a. O. ,
S. 143. Obwohl auch dieser Bezug aus der Essayistik
geschlossen werden kann, vgl. IX, 68

schmerzenden Arm schnell mitgezerrt werden."[133]

Auch hier ist eine politische Botschaft literarisch geformt
und als Utopie einer verwirklichten Freiheit erträumt. Der
Unterschied zu Thomas Mann ist die Art der Bedrohung.

Das Dämonische wird bei Rubiner in der Realität einer den
Menschen vernichtenden Industriegesellschaft gesehen,[134]
während es bei Thomas Mann in den Seinsgrundlagen selbst
als notwendiges Gegengewicht zu allem Glück verankert
ist. Die Sonnenmenschen sind "höflich und reizend zuein-
ander ... im stillen Hinblick auf dies Gräßliche".[135]
Der Kontext der Schnee-Szene führt zu Bezügen auch in
der Romanstruktur. Die Thomas Mannsche Vorstellung von
einem 'Dritten Reich' zwischen einem völligen Aufgehen
des einzelnen in der großen Gemeinschaft und ihrer Zersetzung durch den Individualismus ist dem Eleusis-Kapitel
von Ernst Bertrams 'Nietzsche-Mythologie' verhaftet,
weist also auch in die Zeit der 'Betrachtungen' zurück.
Bei Bertram steht, was bei Thomas Mann mit religiöser
Humanität gemeint ist und wie sie zu erlangen sei:

"Es war das hellseherische Verhängnis des Aufklärers
und Logikers Nietzsche, des erkenntnissüchtigen Indivi-
dualisten, daß er, zugleich von religiösen Grundantrie-
ben dunkel getragen, völlig durchschaute, daß und wes-
halb das Nur-Individuum nur mysterienauflösend sein
und wirken könne; daß es nur, soweit es irgendeiner
eleusischen Gemeinschaft angehört, der "Anschauung",
nicht des bloßen Wissens, teilhaftig werden, mysterien-
bildend und -erhaltend wirken kann."[136]

---

133. Ludwig Rubiner, Eine Botschaft, in: ders. (Hrsg.)
    Kameraden der Menschheit, Potsdam 1919, S. 18
134. Wenn etwa von den "aus schwarzer Nacht einsam
    Grinsenden" die Rede ist, die "aus vier Weltecken
    ihre Maschinengewehre auf mein Haus richten",
    a. a. O. , S. 19
135. III, 684f
136. Ernst Bertram, Nietzsche, a. a. O. , S. 346

Die eleusinischen Mysterien lassen Castorp, der während
seiner Traumvision immerhin verirrt in der weiten Schnee-
landschaft in höchster Todesgefahr geschwebt hatte, als einen Wiedergeborenen erscheinen. Er findet durch jenen berühmten, hervorgehobenen Satz[137] zum Leben und zu seinem eigenen Weg der Mitte zwischen moderner Skepsis
und katholischer Mystik.[138]

Das Leitmotiv läuft weiter zur Peeperkorn-Episode, die
das 'dionysische' Mysterium vertritt. Bekanntlich sind die
eleusinischen Mysterien als ein Fruchtbarkeitskult der
Demeter geweiht, die bei Nietzsche "zum ersten Mal wieder sich freut, als man ihr sagt, sie könne den Dionysus
noch einmal gebären."[139] Die Wiederkunft des Dionysos
in Gestalt des Mynheer Peeperkorn ist ein Triumph deutscher Willensmetaphysik, die sich fast sprachlos aber
eben um so kraftvoller ihre Bahn bricht. Peeperkorn,
eine Gestalt, die sogar dem kritischen Sonnemann gefällt,
der sie "als beste und dauerhafteste" Thomas Manns bezeichnet,[140] hat die Forschung durch die auch von Castorp
unterstellte Positivität einerseits[141] und die Folgenlosig-
keit ihrer Wirkung andererseits stark beschäftigt. Eine
der besten kritischen Darstellungen gibt T. J. Reed, der
die Ironisierung Peeperkorns als "torkelndes Mysterium"[142]
herausstreicht und ihn als Vertreter eines emphatischen
Vitalismus bezeichnet, der aus der Dekadenz geboren sei.[143]
Beeindruckt von der scheinbaren Vitalität des Kaffeepflan-

---

137. III, 686
138. III, 685
139. Nietzsche, Geburt der Tragödie, in:Werkel,
     a. a. O., S. 62 (Hervorhebungen von Nietzsche)
140. Sonnemann, Maß, a. a. O., S. 632
141. vgl. III, 809
142. III, 765
143. vgl. T. J. Reed, The uses of tradition, a. a. O., S. 260

zers zeigt sich auch Castorp, für den "das Dynamische"

das Entscheidende an diesem Manne ist :

"Dummheit und Gescheitheit sind nicht zu unterscheiden, aber die Wirkung ist da, das Dynamische, und wir
werden in die Tasche gesteckt. "[144]

Merkwürdig erscheint angesichts des Peeperkornschen

Vitalismus, daß nicht auch er als Vertreter bestimmter

Tendenzen der Konservativen Revolution namhaft gemacht

worden ist.

Dem zwar irrationalen aber an die Trägerschaft der

Kirche gebundenen Naphta fehlen diese Züge vulgärer

Lebensphilosophie. In ihm symbolisieren sich ja nicht

nur bestimmte Zeitströmungen, er repräsentiert vielmehr

den oftmals in Thomas Manns Werk vorkommenden aske-

tischen Typus vom Schlage Daniels[145] und Savonarolas.[146]

Im Vergleich der drei Erzieher Naphta, Peeperkorn, Set-

tembrini lassen sich einige Grundzüge des politischen

Denkens Thomas Manns erläutern. Die beiden Disputan-

ten repräsentieren die – wenigstens für Thomas Mann –

wichtigsten Zeitströmungen der Weltkriegszeit. Der in

den 'Betrachtungen' heftig tobende Streit um Kultur und

Zivilisation, um rationalistische Zersetzung und irratio-

nales Gemeinschaftsgefühl taucht in ihnen in einer verän-

derten Konstellation wieder auf. Es ist aber ein Kampf um

Ideen, der im wesentlichen in der abendländischen Tradi-

tion begründet ist.

---

144. III, 809
145. vgl. Beim Propheten VIII, 362ff
146. vgl. Fiorenza, VIII, 961ff

5. 5. Die Personen

Der Streit ist so nicht nur vor dem Hintergrund der 'Betrachtungen' zu sehen, er hat seine Bedeutung im Roman
selbst. Begründet sind die Personen auch durch die Adaption bestimmter Bildungswelten. Der 'Zauberberg' erscheint als der moderne Bildungsroman, weil er eine Gattung in sich aufnimmt und sie mit aktuellen Bezügen ver-
setzt. Die durch Zitate und Anspielungen angekoppelten
Muster der Comedia und des Faust waren allerdings schon
seit der Jahrhundertwende Fluchtpunkte, um aus der Banalität des Alltags in die Sphären höherer Kultur zu gelangen.
Bezeichnend ist Thomas Manns Auffassung von Dante, dessen
"hochpittoreske Gestalt" mit Hilfe C. F. Meyers beschworen wird:

> "Im Zwielicht der Zeiten stehend, blicken wir mit neuer
> Schicksalssympathie auf des Florentiners ferne und
> feierliche Figur, die, zwischen Scholastik und Erkennt-
> nis, zwischen der mystischen Führerin Beatrice und
> Vergil, ... ebenfalls von einem solchen doppelten Lichte
> umflossen ist. "[147]

Das Bild Dantes wird hier ausdrücklich aktualisiert im
Hinblick auf die ausgehende bürgerliche Epoche, die ebenfalls im Abendzwielicht zwischen Tradition und Fortschritt
gesehen wird. Dieses Zeitwendebewußtsein liegt über dem
'Zauberberg' und prägt die Integration der großen Vorbilder bis in die Romanstruktur. Castorp nimmt sein Erlebnis
der spätsommerlichen Kahnfahrt im Zwielicht als Symbol
für die Kluft zwischen den Welten der Großväter, seines
eigenen und desjenigen Settembrinis.

> "Da waren sie nun beide immer in Schwarz gegangen, der
> Großvater im Norden und der im Süden, und beide zu dem
> Zweck, einen strengen Abstand zwischen sich und die

---

147. Über Dante, X, 867

schlechte Gegenwart zu legen. Aber der eine hatte es
aus Frömmigkeit getan, der Vergangenheit und dem Tode zu Ehren, denen sein Wesen angehörte; der andere
dagegen aus Rebellion und zu Ehren eines frömmigkeits-
feindlichen Fortschritts." [148]

Das Problem von Tradition und Fortschritt stellt sich im

ersten Teil des Romans als eine Konfiguration der beiden

Großväter dar, des konservativen Großbürgers und des re-

publikanischen Patrioten. Der Settembrini des Anfangs ist

ein politischer Ästhetizist, der die "Einheit von Humanität

und Literatur" hervorhebt und den Gedanken des frühen Tho-

mas Mann, "das schöne Wort erzeuge die schöne Tat" [149] im

Munde führt. Dies kennzeichnet ihn als Zivilisationsliteraten,

denn der Gedanke wurde, auf ihn angewendet, in den 'Betrach-

tungen' so unschön umgewertet. Die Konfrontation der beiden

bürgerlich politischen Welten ist zwar für den Entwicklungs-

gang des jungen Castorp nicht ganz unwesentlich, sie wird

aber aufgehoben durch seine Initiation durch die unbürgerli-

che, sich in einem laxen Bohème-Leben ergehende Chauchat.

Die Konfiguration der drei bewegt sich bis zur Walpurgisnacht

im Harmlos-Bürgerlichen; die Zauberbergatmosphäre gewinnt

erst durch die stimulierende Kraft des Eros ihr Interesse.

Schärfere politische Konturen erhält der Roman als sich

Veränderungen in Form der Abreise Madame Chauchats ereig-

nen und noch jemand, nämlich Naphta die Szene betritt. Diese

Wandlung zum Politischen ändert auch die Grundkonzeption

des Romans entscheidend. Die "komisch-schauerliche Art",

in der Castorp anfangs "durch die geistigen Gegensätze von

Humanität und Romantik, Fortschritt und Reaktion, Ge-

---

148. III, 217
149. III, 224 und vgl. Geist und Kunst, a.a.O., S.171
und der Künstler und der Literat X, 65 dort mit anderen Vorzeichen als in den 'Betrachtungen' (vgl.
XII, 99 f)

sundheit und Krankheit geführt wird,"[150] gerät zunehmend zu blutigem Ernst, so parodistisch die Personenkonstellationen im zweiten Teil des Romans auch wirken mögen.

Das ursprüngliche Projekt läßt sich noch bis zur Walpurgisnacht nachvollziehen. Es verbindet sich mit der Dante-Vorlage und Goethes'Faust', die beide zeitgemäß parodistisch umgewertet werden. In Karl Voßlers wichtigem Buch über die 'Divina Comedia',[151] das auch die Dante-Interpretationen der Vorkriegszeit in sich aufnimmt, werden die beiden großen Epen der Menschengattung zusammen gesehen. Ausdrücklich hervorgehoben wird hier der Läuterungsgedanke als immanentes Prinzip in der 'Comedia' und im 'Faust'.[152] Die Natur zum Geiste emporzuziehen, ist der Kern jeder Läuterung.[153] Im 'Zauberberg' ist dieses große Thema aufgenommen in Hans Castorps morphologisch-naturwissenschaftliche Studien, die ihn zu eben dem Problem des Geistes und der Materie führen. Allerdings werden die großen Vorbilder grotesk verzerrt, weil auch Thomas Mann, willentlich oder unwillentlich, nicht mehr Wissen, sondern nur noch Belesenheit in seinen Helden einbringen kann. So erscheint der Vergil der Comedia auf dem Berg des Todes als ein windbeutelhafter Aufklärer, der die Führung durchs Totenreich nicht mehr übernehmen kann, weil ihm selbst vor diesem graut. Er leitet zwar die 'Comedia' durch seinen Hinweis auf das Sanatorium als "Schattenreich" ein,[154] läßt es aber an

150. Brief an Paul Amann vom 3. VIII. 1915, ursprünglich zum Plan der Erzählung, Amann Briefe, 29
151. Karl Voßler, Die Göttliche Komödie. Entwicklungsgeschichte und Erklärung, 2 in 4 Teilbänden, Heidelberg 1907-1910
152. vgl. Bd. I. 1., S. 5
153. vgl. a. a. O., S. 18
154. III, 84

ängstlichen Mahnungen an Castorp zu frühzeitiger Abreise nicht fehlen.[155] Dieser ist jedoch dem Ort auf eine zeitgemäße Weise verfallen. Auch die ideale Frauengestalt scheint nicht mehr möglich; die Emphase in der Würdigung der Rollen Gretchens und Beatrice bei Voßler, der beide als die "leuchtenden Zeugen dieser idealen (sc. nämlich allerhöchsten und erhabensten) Naivität", als "die feinsten Gebilde naiver Idealisierung" dem Leser ans Herz legt, divergiert mit der Lieblingsvorstellung seiner Zeit vom "Weib" als dem dunklen, herabziehenden Prinzip. Die Chauchat ist der Typus des seelenlosen Tierweibes, den das kleinbürgerliche Genie Weininger in diesem ganzen Geschlecht gesehen hat, einem Wesen, das in der "Materie" verhaftet[156] Annäherung in "tierischer Zärtlichkeit" sucht.[157] Die Chauchat ist das "schleichende Kätzchen", das den unbedarften Castorp in seinen Bann lockt. So erlebt er sie nach Krokowskis Vortrag über das schwankende Liebesideal:

> "Er sah Frau Chauchat hinausgehen, schleichend, mit vorgeschobenem Kopfe. Ob auch sie sich zergliedern läßt? dachte er, und sein Herz begann zu pochen."[158]

Soweit die bürgerlich-erotische Konstellation, die durch Naphta aufgebrochen wird. Von hier aus wird die Dantesche Sphäre als Problem mittelalterlicher Philosophie und Tradition durch die neuromantische Weltanschauung der 'Betrachtungen' angereichert. "Seine Form ist Logik, aber sein Wesen ist Verwirrung",definiert Settembrini seinen Gegner. Dieser darf nun auch ein Thomas Mann-Zitat anbringen, das ihm für kurze Zeit Überlegenheit sichert

---

155. vgl. III, 123f
156. vgl. Otto Weininger, Geschlecht und Charakter, Wien 1903, S. 392f
157. vgl. a. a. O. , S. 256
158. III, 184 vgl. auch Behrens bei erneut bevorstehender Ankunft der Chauchat: "Schleicht das Kätzchen sich wieder herein" III, 759

und gerade deshalb Hans Castorps Skepsis gegenüber dem
scharfen Irrationalisten fördert:

"Der Irrtum der Literaten besteht in dem Glauben, daß
nur der Geist anständig mache. Es ist eher das Gegenteil wahr. Nur wo kein Geist ist, gibt es Anständig-
keit."[159]

Verwirrung und Ungeist stempeln Naphta noch nicht zum
konservativen Revolutionär, auch wenn Hans Castorp in
ihm den "Revolutionär der Erhaltung"[160], Settembrini die
"Mischung aus Revolution und Dunkelmännertum"[161] sieht.
Die Gestalt Naphtas hat noch andere Implikationen, deren
eine im persönlichen Bereich, in der Bekanntschaft Thomas
Manns mit Georg Lukács zu finden ist. Die äußeren Ähnlichkeiten im Habitus und in den scharfen Gesichtszügen der
Romanfigur und des Philosophen sind ja zu evident, um
nicht allseits bekannt zu sein. Lukács Verbindung einer
romantisierenden Literaturvorstellung mit einem asketisch-
kommunistischen Gesellschaftsideal mag der Grund gewesen sein für seine Mutation in den fiktiven Kirchenmann
der eisernen Disziplin.[162] Insofern ist die Behauptung
Claude Davids nicht ganz richtig, daß Thomas Mann "an
Lukács eher der Menschentyp als die Ideologie" bedeutsam
war.[163] Es zeigt sich lediglich, daß bestimmte politische
Anschauungen auch in den 'Betrachtungen' stark persönlich geprägt waren.

Mit zunehmendem Abstand zu den 'Betrachtungen' werden
ihre großen Themen auch wieder aktualisiert. Saueressig
bemerkt, daß "Thomas Mann gerade in dem zweiten Band

159. III, 745 vgl. XII, 100 (Hervorh. v. TM)
160. III, 636
161. III, 720
162. vgl. auch Brief vom 24. XII. 1947 an Max Rychner
     Briefe II, 579
163. Claude David, Naphta, des Teufels Anwalt, in:
     Thomas Mann 1875-1975, a. a. O., S. 97

des 'Zauberberg' direkt Tageserlebnisse und Lesefrüchte hineinnahm. "[164] Die 'Betrachtungen', kurz nach dem Kriege zur Unzeit veröffentlicht, gewannen eine neue Bedeutung, als die das Wilhelminische Reich prägenden Kulturkreise sich auch in der deutschen Republik als haltbar erwiesen. So tauchen bei Naphta jene neuromantischen Züge auf, die schon in der Interpretation des 'Palestrina' bei Thomas Mann wirksam gewesen waren. Vor allem ist es Thomas Manns pessimistische Welt von "Kreuz, Gruft, Tod", die bei Naphta bestimmte romantische Züge annehmen. "Die christliche Religion ist die eigentliche Religion der Wollust", behauptet Novalis und begründet dies mit der christlichen Vorstellung der Sünde als "Reiz für die Liebe der Gottheit. "[165] Die Begriffe geraten wieder ins Schwingen: Der Kirchenmann, der zunächst für "pessimistische-asketische" Philosophie bürgt, die gleichzeitig, ähnlich Pfitzners Musik, witzig ist, [166] scheint trotz gotischen Geschmacks "gutes" 19. Jahrhundert zu sein. Durch einen ausnahmsweise stringenten Gedankengang und nicht durch Anruf seiner humanistischen Bildung warnt Settembrini eher den jungen Hans Castorp als seinen Vetter Joachim, der von klaren Ordnungsvorstellungen geprägt ist:

> "Meine Herren!... Prägen Sie sich ein, daß der Geist souverän ist, sein Wille ist frei, er bestimmt die sittliche Welt. Isoliert er dualistisch den Tod, so wird derselbe durch diesen geistigen Willen wirklich und in der Tat, actu, Sie verstehen mich, zur eigenen, dem Leben entgegengesetzten Macht, zum widersacherischen Prinzip, zur großen Verführung, und sein Reich ist das der Wollust. "[167]

---

164. Heinz Saueressig, Die Entstehung des Romans 'Der Zauberberg', a. a. O., S. 40
165. Novalis, Fragmente und Studien 1799-1800 Nr. 151, in: Werke, a. a. O., S. 550 (HKA Nr. 573)
166. III, 546
167. III, 570

Gerade der Erlösungsgedanke ist also Settembrini sus-
pekt, weil er die Bindung an das im Irdischen Erreich-
te aufhebt, allen Fortschritt nutzlos macht. Bei Naphta
ist übrigens genau jene konservative Verhöhnung auf-
klärerischer Glücksvorstellung zu spüren, die auch den
oben kurz angesprochenen Geschichtsentwurf Herders
trägt. [168]

Das Dantesche Zwielicht der Zeiten, nicht nur von Thomas
Mann damals sehr stark empfunden, scheint auf die beiden
Humanisten. Voßler glaubt, unter Umgehung der Aufklärung,
daß die beiden feindlichen Prinzipien schon dem Schoße
der katholischen Kirche entsprungen seien:

> "Die weltlich-kirchliche, katholische Kultur hat zwei
> visionäre Stilarten in der Dichtung zubereitet: näm-
> lich die apokalyptische, mystische, symbolische einer-
> seits und die weltliche, philologische, allegorische,
> andererseits." [169]

Nicht umsonst beruft sich Settembrini auf Petrarca und
dessen allegorische Dichtung des schönen Wortes. [170]

Settembrini und Naphta stehen so für die mittelalterliche
Welt Dantes und die Traditionslinien, die von ihr ausgehen.
Die Voraussetzungen der Comedia sieht Voßler in der allegorischen und der apokalyptischen Dichtung, [171] als deren
genaue Symbolfiguren Settembrini und Naphta erscheinen.
Verräterisch ist Naphtas Ergötzen am "Werk" der Inquisi-
tion bei Gregor IX. :

> "Seine Aufgabe ist der Schrecken zum Heile der Welt
> und zur Gewinnung des Erlösungsziels, der staats- und
> klassenlosen Gotteskindschaft." [172]

---

168. vgl. oben S. 12f
169. Voßler, Göttliche Komödie Bd. II. 1., a. a. O., S. 807
170. vgl. III, 89
171. vgl. Voßler, a. a. O., S. 787f
172. III, 559

Der eigentümliche Terror erscheint bei Voßler als Voraussetzung der apokalyptischen Kunst. Zwar ist es hier nicht Gregor, sondern Innozenz III., der eine "Jenseitsschilderung mit klarer strafrechtlicher Systematisierung" gibt, die "zu Bekehrungszwecken vorwiegend terroristisch" ausfällt,[173] die Sache bleibt aber sozusagen im selben Jahrhundert, und schließlich legt Naphta dem interessierten Castorp ein Werk jenes Innozenz als "asketisch und witzig"[174] ans Herz.

Wichtiger noch als diese offensichtlich beabsichtigten Analogien zu Dantes Welt ist der aktuelle Bezug, der sich in den Zukunftshoffnungen Naphtas ausdrückt. Es ist die eigentümliche Auffassung, daß sich das Proletariat ("heute") "gegen das internationale Händler- und Spekulantentum erhebt", und zwar "im Zeichen des Kreuzes" und unter den "Kriterien des Gottesstaates".[175] So wird das Proletariat der "Träger des Schreckens",[176] und "die Notwendigkeit des Terrors"[177] begründet sich aus einem Streben nach Transzendenz.

> "Der Dualismus von Gut und Böse, von Jenseits und Diesseits, Geist und Macht muß, wenn das Reich kommen soll, vorübergehend aufgehoben werden in einem Prinzip, das Askese und Herrschaft vereinigt."[178]

Dies ist die am schärfsten gesprochene Rede des Jesuiten Naphta. Das Ergebnis seiner scholastisch-philosophischen Reflexionen ist eine Mischung aus einem Glauben an kirchliche Gefolgschaft und einem weitgefaßten politischen Anarchismus. Die Verwirrung entsteht durch seine Heilsethik, die das Philosophische vom Praktisch-Politischen trennt.

---

173. Voßler, a.a.O., S. 766
174. III, 546
17. III, 559
176. III, 556
177. III, 557
17 III, 557

"Naphta verlegte Schuld und Verdienst aus dem Empiri-
schen ins Metaphysische. Im Tun, im Handeln herrsche
freilich Determination, hier gebe es keine Freiheit,
wohl aber im Sein. "[179]

Der Jesuit drückt so in der ihm eigenen apodiktischen
Sprechweise die Konfusion und die Befürchtungen seines Schöpfers nach dem Kriege aus. In den 'Tagebüchern'
werden Beschäftigung mit dem Mittelalter hinsichtlich
der Arbeit am 'Zauberberg' und politische Erwartung
miteinander verbunden. Thomas Mann empfindet 'den asketischen Gottesstaat beständig der kommunist(isch)en
Weltkultur" analog. Die Zukunft scheint in der "Tyran-
nei" enden zu wollen.

"Das proletarische Dogma, das politische Kriterium
wird herrschen. Merkwürdiger Irrtum, daß jetzt die
Freiheit angebrochen sei. Im Gegenteil, die Freiheit war das Ideal der 'bürgerlichen' Epoche. "[180]

In Thomas Manns Wertung der politischen Vorgänge nach
dem Weltkrieg zeigt sich deutlich, wie er die Wirksamkeit bestimmter Ideologien verkennt. Schon in den 'Betrachtungen' wird Zuflucht in der Bindung an eine höhere
Kultur gesucht. Diese Vorstellung war stark ästhetisch
geprägt. Vom Glauben an den Mythos der Geburt einer
neuen Kulturgemeinschaft aus dem Kriege bewegte sie
sich zu einem Ideal kultureller Innerlichkeit, das an der
'asketischen' Musik Pfitzners entwickelt wurde. Das
Scheitern aller Bestrebungen zeigt sich an der Resignation der Tagebucheintragungen. Die Erwartung, daß mit
dem verlorenen Krieg die bürgerliche Epoche zu Ende
sei, läßt ihn Bindungen nur noch in festen Organisationsformen vermuten. Diese Erkenntnis ist nicht aus den tat-

---

179. III, 638
180. Eintragung vom 24. IV. 1919, Tagebücher 1918-
1921, a. a. O., S. 211

sächlichen politischen Verhältnissen gewonnen, sondern sie ist eine psychologische. Disziplin ist der Ersatz für geistige und soziale Heimatlosigkeit. So ist die Erwartung Naphtas, die proletarische Revolution werde eine dem Gottesstaat ähnliche Gemeinschaft herstellen, eine voluntaristische Analogiebildung. Ihr liegt wohl eine Beobachtung Thomas Manns zugrunde, daß sich konservative Gesellschaftskritik übrigens auch schon vor dem Kriege, der Marxschen Kapitalismuskritik, wie sich René König ausdrückt, "in globo" bediente.[181] König bezieht sich auf die französische Variante des revolutionären Konservatismus von Sorel bis Péguy, die ja auch den Verfall in einer materialistischen Gesellschaft witterten und , jeder auf seine Weise, Lösungen im Generalstreik oder in katholischer Bindung suchten. Zwar liegen Vermutungen mindestens indirekter Einflüsse von Sorels politischem Mythos auf die Figur Naphtas nahe, eine Beziehung explizit herzustellen, dürfte jedoch schwer sein.

Es ergibt sich die Frage, ob nicht König schon die Wirkung Sorels auf die deutschen Konservativen der frühen zwanziger Jahre überschätzt. Glaubt man Mohler, so ist Sorels Bekanntheitsgrad sogar in Frankreich zumindest umstritten gewesen.[182]

Wenn Naphta tatsächlich ein konservativer Revolutionär ist, wie z. B. Hermann Kurzke behauptet,[183] so ist er es

---

181. vgl. René König, Zur Soziologie der zwanziger Jahre, in:ders. Studien zur Soziologie, Frankfurt 1971, S. 26
182. vgl. Armin Mohler, Im Schatten des Jakobinismus, Die Konservativen und die "Rechte" in Frankreich, in: G. K. Kaltenbrunner, Rekonstruktion des Konservatismus, a. a. O. , S. 280
183. vgl. Hermann Kurzke, Thomas-Mann-Forschung, a. a. O. , S. 238

jedenfalls auf eine echt Thomas Mannsche Art. Die Idee
des Terrors führte ja immerhin direkt ins Mittelalter;
sie gewinnt so durch die Darstellung zweier feindlicher
Prinzipien in Naphta und Settembrini im Roman einen eigenen Stellenwert. Bemerkenswert ist insofern die sehr
weitgehende Interpretation Jendrieks, der dem Thomas
Mann der frühen zwanziger Jahre einen hohen politischen
Bewußtseinsgrad unterstellt :So ist Naphta

> "eine symbolisch-komplexe Widerspiegelung aller Welt-
> anschauungen, die durch Ansätze oder Ausbildungen
> faschistoider Denk- und Herrschaftsstrukturen und durch
> die Tendenz zu totalitärem Dogmatismus wie dogmati-
> schem Totalitarismus geprägt sind."[184]

Dies paßt zwar recht gut zu Naphtas Rolle als "Revolutionär der Erhaltung", der in seiner Argumentation manches vorwegnimmt, was später konservative Revolutionäre explizit politisch formulierten. So erinnert sein Hang
zum Zerstörerischen an Ideen bestimmter konservativer
Revolutionäre, die die "Demoplutokratie" mit ihrem"nihi-
listischen Wertempfinden" ebenfalls zugunsten einer höheren Ordnung revolutionär hinwegfegen wollten.[185]

Allerdings wird die Gestalt Naphtas nur im Umriß getroffen und einfach auf die politische Meinung festgelegt. Sie
ist aber in dem Falle mehr als eine Karikatur irrationali-
stischer Bewegungen, die ins Dritte Reich führten. Anders
als sein Antipode Settembrini, dessen Argumente oft nur
aufs schöne Wort oder ästhetische Entrüstung reduziert

---

184. Helmut Jendreiek , Thomas Mann. Der demokratische
    Roman, Düsseldorf 1977, S. 304
185. vgl. Gustav Steinbömer (Hillard), Betrachtungen über
    den Konservatismus, in:Deutsches Volkstum, Jan. 1932,
    S. 26, zit. nach Kurt Sontheimer, Antidemokratisches
    Denken in der Weimarer Republik, München 1978, S.120

sind,[186] steht der Kirchenmann auch für die psychologischen Möglichkeiten seiner Zeit. Auffällig ist schon Thomas Manns Rückzug auf ein asketisch strenges Ideal in den 'Betrachtungen'. Er hängt zusammen mit den neureligiösen Stiftungsversuchen gerade um den I. Weltkrieg; nicht zuletzt erinnert man sich an Rudolf Steiners "Anthroposophische Gesellschaft" oder Klages' 'Münchner Kosmiker'. Im George-Kreis ist besonders in den zwanziger Jahren eine Verhärtung der Bindung angesichts der vielen avantgardistischen Kunstbewegungen zu verspüren, die das ästhetizistische Kulturideal geradezu hinwegschwemmten. Die Annäherung an die katholische Sphäre, schon im 'Siebenten Ring' im Verehrungsgedicht Leo XIII.[187] spürbar, geht im 'Stern des Bundes' im Schlußchor bis zur Litanei.[188] Die Vorstellung von eiserner Disziplin und Askese als Weg zu höherer Erleuchtung und neuer Kulturgemeinschaft führt auch nach dem I. Weltkrieg noch in diese exklusiven Welten. Aber auch der "erhabene prunk"[189] darf nicht fehlen, und so ist Naphtas Zimmer in jener Samt-Mode ausgestattet, die an das Atelier des Malers im George-Kreis , Melchior Lechter, erinnert. Glänzend getroffen wurde die Atmosphäre um George schon vom ganz jungen Hofmannsthal : Das Gedicht "Der Prophet" gibt die Mischung aus asketischer Strenge und schwülem Kitsch wieder, die

---

186. vgl. z.B. III, 640 "Was für ein ekelhafter Mischmasch. "
187. vgl. Stefan George, Der Siebente Ring, a. a. O. ,S.21
    "so singt der dichter und der seher weiss
        das neue heil kommt nur aus neuer liebe. "
188. vgl. Stefan George, Der Stern des Bundes, Gesamtausgabe 8. Band, a. a. O. (1929), S. 114
189. George, Leo XIII, a. a. O. , S. 21

auch den diszipliniert-wollüstigen Naphta umweht.

"In einer Halle hat er mich empfangen,
Die rätselhaft mich ängstet mit Gewalt,
Von süßen Düften widerlich durchwallt:
Da hängen fremde Vögel, bunte Schlangen. "

Aber Hofmannsthal beschwört auch das Dämonische an

George, worin nicht zuletzt der Reiz der katholischen

Sphäre überhaupt liegt:

"Von seinen Worten, den unscheinbar leisen,
Geht eine Herrschaft aus und ein Verführen,

Er macht die leere Luft beengend kreisen
Und er kann töten, ohne zu berühren. "[190]

So richtete sich Thomas Manns Interesse auf die Auslo-

tung der Möglichkeiten einer Kultur aus religiöser Stif-

tung abseits der gesellschaftlichen Wirklichkeit, als er

aus dem protestantischen Pastor Bunge im ursprüngli-

chen Zauberbergplan den Jesuiten Naphta machte. [191] Wie

gründlich dieser Themenkomplex von Thomas Mann nicht

zuletzt durch die 'Betrachtungen' recherchiert wurde -

im Gegensatz zur Bildungswelt Settembrinis - zeigt ein

weiteres Charakteristikum der Persönlichkeit Naphtas.

Sie wird im fortschreitenden Handlungsablauf zum Vexier-

bild, das die Entwicklung vom streng religiös gebundenen,

am Mittelalter orientierten Katholiken zum selbstzerstöreri-

schen Nihilisten widerspiegelt. Er wird individualistischer

und gleichzeitig mystischer:

"Und ob denn Mystik etwa nichts mit Freiheit zu tun habe?
Ob sie etwa nicht anti-scholastisch, anti-dogmatisch,
anti-priesterlich gewesen sei?"[192]

---

190. Hugo von Hofmannsthal, Der Prophet (1891), in: Gesammelte Werke, Gedichte, Dramen I, a. a. O.(1979)S.125
191. vgl. Tagebucheintragung vom 14.4.1919 ("Beschäftigung mit Settembrini und Bunge. Veraltet. ") und die An-
 merkung de Mendelssohns, Tagebücher 1918-1921, a. a. O.
 S. 197 und S. 659
192. III, 966

Mit Verschlechterung seines körperlichen Zustandes
wird er bei jeder Konfrontation mit Settembrini dämo-
nischer. Schließlich veranlaßt ihn die allgemeine Gereiztheit auf dem Zauberberg, den Widersacher zum Duell zu
fordern. Die Fehde wird mit den beziehungsvollen Worten
eingeleitet:

> "Nur aus der radikalen Skepsis, dem moralischen
> Chaos geht das Unbedingte hervor, der heilige
> Terror, dessen die Zeit bedarf."[193]

und endet mit seiner Selbstzerstörung durch Selbstmord.
Børge Kristiansen wertet in Widerspruch zu Jendreiek die Entwicklung Naphtas als eine schopenhauerische
Verneinung des Willens, die überdies durch das Leitmotiv Spanien-Inquisition-Tod ihre immanente Berechtigung im Roman habe.[194] Hierin sei alle Paradoxie des
zwischen Kommunismus und Kirche stehenden Jesuiten
begründet.

Damit ist jedoch nur ein Teilbereich seiner Herkunft
erfaßt. Die Verbindung von mittelalterlichen Glaubens-
vorstellungen mit philosophischen Strömungen des 19.
Jahrhunderts macht Naphta zu einem Dostojewskijschen
Helden vom Schlage Stawrogins in den 'Dämonen'.
Nicht zuletzt durch die Vermittlung Moeller van den
Brucks und den Erfolg seiner Neuausgabe der Werke
Dostojewskijs (1906-1914) wurde jener zu einem der
"Kirchenväter" der konservativen Revolution.[195]
Stawrogin, den Thomas Mann als die vielleicht "unheim-
lich anziehendste Figur der Weltliteratur" bezeichnete,[196]
ist eine typische Dostojewskij-Gestalt zwischen mysti-
schen Bindungen und dem fatalen Hang zur Selbstver-

---

193. III, 969
194. vgl. B. Kristiansen, Unform, Form, Überform, a. a. O.,
     S. 262f
195. vgl. Armin Mohler, Die konservative Revolution,
     a. a. O., S. 69
196. Dostojewskij – Mit Maßen (1946), IX, 662

nichtung; zwei Aspekte, die auch die gesellschaftspoliti-
schen Vorstellungen des Verschwörerbundes in den 'Dä-
monen' prägen. Die tragischen Züge des deutschen Kon-
servatismus sind darin zu sehen, daß er Dostojewskijs
Glauben ans Volk beschwören wollte, im Gegenteil jedoch
gerade die "nervöse, abgequälte und zerspaltene Natur"
seiner Figuren repräsentierte.[197] Daß dies auch die
Grunddisposition Naphtas ist, zeigt sich dort, wo er die
Prinzipien von Gut und Böse mystisch vermengt und dem
Leben entgegensetzt.[198] Dies ist genau jene "ethische
Wollust", die der Student Schatow dem dämonischen
Stawrogin vorwirft.[199] Von der Antinomie zwischen
Leben und Glauben geprägt, ist auch der Selbstmörder
Kirilov, der seiner "Idee" nachhängt und die Alltäglich-
keit des Daseins fürchtet.[200]

Der Dämon ist also ein Produkt des 19. Jahrhunderts, das
den Glauben ebenso grotesk verzerrt, wie die von Naphta
so verehrte gotische Pietà.[201] In dem Maße, in dem der
Katholik ins teuflisch Selbstzerstörerische abgleitet, erhebt sich sein humanistischer Gegenspieler im Duell zu
menschlicher Größe, indem er pazifistischerweise in die
Luft schießt. Daß der Jesuit nicht dem Gegner, sondern
sich selbst die Kugel gibt, ist weniger irgendeiner politischen Realität zuzuschreiben, als der von Dostojewskij
beeinflußten psychologischen Anlage seines Charakters.

---

197. Dostojewskij, Die Dämonen, Übs. Gregor Jarcho,
     München 1959, S. 214
198. vgl. III, 640
199. Dostojewskij, Die Dämonen, a. a. O. , S. 266
200. vgl. z. B. a. a. O. , S. 391f und S. 246f, auf jeden Fall
     ist auch das Duell im Zauberberg mit Vorbereitung
     und Ausführung dem Duell in den Dämonen nachgestellt.
     vgl. a. a. O. , S. 295ff und III, 977ff
201. vgl. III, 544

Für den zweiten Teil des Romans ist diese Psychologi-
sierung insofern wichtig, als sich auch neue politische
Konstellationen entwickeln. Die beiden 'disputierenden
Unmöglichkeiten' tragen zunehmend menschliche Kon-
flikte aus, der Zusammenprall der Argumente weicht der
Gereiztheit. Dies ist nicht nur in der Darstellung einer
allgemeinen Reizatmosphäre bedingt, sondern es hat Ursachen auch in Thomas Manns Romankonzeption. Es ist
die ihm eigentümliche Konfrontation historischer Möglichkeiten mit Urbildern.

5. 5. 1. Peeperkorn

Die Romanstruktur des 'Zauberbergs' ist eine Dialektik,
die keine Synthese bildet. Die bürgerliche Tradition, die
sich als Reaktions- und Fortschrittswille darstellt, bewegt sich nicht weiter, weil sie abgelebt ist. Die bürgerliche Gesellschaft ist krank. Dies tritt nicht nur sym-
bolhaft in der Sanatoriumswelt in Erscheinung, sondern
vor allem im Sachverhalt, daß ein junger interessierter
Mensch nicht mehr erzogen werden kann. Alle Personen
auf dem "Zauberberg", die historisch vermittelte Lebensmöglichkeiten symbolisieren sollen, neigen zu extremen
Positionen, die nicht harmonisch ausgeglichen werden
können. Castorp, der als Mensch der Mitte charakterisiert ist und die didaktischen Vorträge seiner Erzieher
"höchst hörenswert" findet, kann sich nach keiner Seite
entscheiden. Muß er sich entscheiden? Er bewegt sich
im Roman auf einer Mittelachse, die zwar vom Läuterungs-
motiv gekennzeichnet ist, dieses aber immer wieder unter-
bricht, wenn Urbilder aufblitzen, die Möglichkeiten eines

unentfremdeten Urzustands. Dieser Weg nach dem Schneetraum unterbrochen, läuft weiter zu Peeperkorn, der
Castorp die Erfahrung des "Mysteriums der Persönlichkeit" auskosten läßt.[202]

Dieser Mann, der keine Erwägungen kennt und angefangene
Sätze "kurzum" für "erledigt" erklärt, "ein eigentümlicher,
persönlich gewichtiger, wenn auch undeutlicher Mann,"[203]
zieht die Berghofgesellschaft in seinen Bann. Naphta und
Settembrini verzwergen vorübergehend angesichts seines
"Formats"; er drückt ihren Diskussionen sozusagen "den
Stempel des Müßigen" auf.[204] Die Ursache dafür liegt
im umgekehrten Pathos, das der Holländer pflegt. Affekt
und Erregung gehen von ihm aus: er feiert sein Pathos
durch Lebensfeste, begleitet durch abgehackte Reden, "Kul-
turgebärden", aber auch durch "Forderungen" an die Ge-
nußfähigkeit der Berghofgäste, die er in die Pflicht nimmt.
Denn:

"Die Niederlage des Gefühls vor dem Leben, das ist die
Unzulänglichkeit, für die es keine Gnade, kein Mitleid
und keine Würde gibt, sondern die erbarmungslos und
hohnlachend verworfen ist, - er-ledigt, junger Mann,
und ausgespien ... Schmach und Entehrung sind gelinde
Worte für diesen Ruin und Bankerott, für diese grauen-
hafte Blamage. Sie ist das Ende, die höllische Verzweif-
lung, der Weltuntergang..."[205]

Die dionysischen Orgien Peeperkorns stehen also auf
Messers Schneide, zwischen höchster Erfüllung und tra-
gischem Untergang. Dies ist eben jener Nietzsche-Dionysos-
Mythos, der auf eine immerwährende Neuschöpfung angewiesen ist. So macht der Holländer bei allem Behagen am Dar-

---

202. vgl. III, 914
203. III, 765
204. III, 813
205. III, 784

gebotenen und am von ihm Inszenierten den Eindruck des
gehetzten Tiers:

> "Angst also, aber nicht geringe und kleine Angst, son-
> dern etwas wie panischer Schrecken flackerte dort, so
> schien es, einen Augenblick auf."[206]

In Peeperkorn wirkt derselbe Dualismus wie im Schneetraum. Es ist das Bewußtsein, daß nur der Wille zum Leben über das Grauen des Todes hinwegtröstet.

Damit erhält der Roman eine entscheidende Dramatisierung.
Es ist ja nicht zuletzt das Mittel des Pathos, das seit dem
Auftreten dieses Dionysos Wohl und Wehe der Zauberberg-
gesellschaft von diesem Gott abhängig macht. In seinen re-
ligiös-heidnischen Festen ist er derjenige, der Zusammenhang stiftet und Wirkungen erzielt. Die Entscheidung für
das Leben, die in der Schneevision theoretisch vorge-
prägt war, offenbart sich nun als praktische Erfahrung
des Erlebens. Peeperkorn kommt im Roman eine kathartI-
sche Funktion zu: Die Tragödie der bürgerlichen Gesellschaft wird erst sinnfällig, nachdem man noch einmal die
Elementargewalt und die Emotion gespürt hat. So symbolisiert die kranke Zauberbergwelt die décadence des Vor-
kriegseuropa, die in ihrer Entfremdung nach dem Erlebnis des Mythos dürstet. Daß die Elementargewalt des
Krieges ihn hervortreiben solle, war ja die wesentliche
Annahme und der Motor aller Kriegsemphase bei Thomas
Mann. Man erinnert sich an die oben zitierten Worte, die
damit die "Reinigung, Befreiung" und "ungeheure Hoffnung"
verbanden,[207] die Heilung einer kranken "von den Ungezie-
fern des Geistes wie von Menschen" zersetzten Gesellschaft.[208]

---

206. III, 782
207. Gedanken im Kriege, XIII, 533 und vgl. oben S. 50
208. XIII, 532

Es war ja nicht nur die Sphäre Naphtas, die in den 'Betrachtungen' zur Darstellung gelangte, sondern auch die
Hoffnung auf einen Peeperkorn. Insofern ist die Beobachtung Scharfschwerdts wichtig, "daß die Aktualität des
Zeitbezuges in einem engeren Sinne im letzten Drittel
des Romans wächst. "[209] Allerdings bleibt recht unklar,
inwiefern der Holländer ein typischer Repräsentant der
politisch-gesellschaftlichen und geistigen Situation der
Weimarer Republik wird.[210] Daß er in Habitus, Gestik
und seiner abgerissenen apodiktischen Sprache dem repräsentativen Dichter der Republik, Gerhart Hauptmann,
nachempfunden wurde, zeigt recht deutlich Thomas Manns
Kunst des Porträts, verdeckt aber einige wichtige Sach-
verhalte.

Der Einbruch dieser "Persönlichkeit" ins Schattenreich
des Sanatoriums macht zum ersten Mal im Roman Schicksal fühlbar. Der Begriff 'Persönlichkeit' impliziert
schließlich auch, daß hier Charakter aus verschiedenen
Wesensmerkmalen zusammengesetzt ist. Dies kann jedoch nicht psychologisch gefaßt werden, denn Mynheer
Peeperkorn besteht aus den Urelementen der menschlichen Existenz – aus Angst und Lebenskraft. In seinem
schicksalhaften Untergang bringt er die antike Tragödie
sozusagen zur Darstellung. Anders als die anderen Berghofgäste verfällt er nicht dem Siechtum, sondern schwankt
zwischen der kraftvollen Tat im Freudenfest und einem
großartigen Leiden in seinen "Quartananfällen".[211] Als
Inszenierung des Mythos ist er also zweifellos den Vor-

---

209. J. Scharfschwerdt, a. a. O., S. 130
210. vgl. a. a. O.
211. vgl. z. B. III, 852

kriegsanschauungen Thomas Manns verhaftet, die den Krieg
ähnlich kunstvoll in Szene setzten. Insofern bietet dieser
wiedergeborene Dionysos keine Lebensmöglichkeiten für
den jungen Castorp - und zwar von Anfang an. Der Holländer als das vitale Prinzip in der Berghofgesellschaft vermag zu herrschen, indem er die Festlichkeit mit eiserner
Hand leitet, er vermag aber nur für diese kurze Zeit Zusammenhang zu stiften. Er will gerade bei der gewöhnlichen Stöhr die Selbstentgrenzung hervortreiben:

> " 'Kreischen Sie, kreischen Sie, Madame!' sagte er. 'Es
> klingt schrill und lebensvoll und kommt aus tiefster -
> Trinken Sie, laben Sie Ihr Herz zu neuen. "[212]

Man läßt

> "sich ohne Widerstand zu einem Gefühlsdienst anhalten,
> der weit das Maß von hingebender Leidenschaft über-
> stieg, das diese Leute sich sonst zuzumuten gewöhnt
> waren, "[213]

konzentriert sich auf den Genuß, solange man überwacht
wird[214], läßt er aber die Zügel schleifen, reißt "Verfall
der Geselligkeit" ein. "Demoralisation, Lethargie, Stumpfsinn"[215] greifen sogar in seiner Anwesenheit um sich. Er
ist also ein "torkelndes Mysterium", weil seine Bedeutung
fragwürdig und schwankend bleibt. Die Rollen des Schmer-
zensmannes[216] und des Auguren[217] wirken gestellt. Die
Zwiespältigkeit in der Darstellung dieser "Persönlichkeit"
zieht eine Parallele zum Wagnerverständnis Thomas Manns
vor dem Kriege. Die Verbindung wird evident, als Settembrini, der sich eher warnend als positiv erziehend be-
währt, den Schüler ins Gebet nimmt:

> "Sie venerieren eine Maske. Sie sehen Mystik, wo es

---

212. III, 778
213. III, 779
214. vgl. III, 781
215. III, 788
216. vgl. III, 78?
217. vgl. III, 820f

sich um Mystifikation handelt, um eine jener betrügerischen Hohlformen, mit denen der Dämon des Körperlich-Physiognomischen uns manchmal zu foppen liebt. Sie haben nie in Schauspielerkreisen verkehrt? Sie kennen nicht diese Mimenköpfe, in denen sich die Züge Julius Cäsars, Goethe's und Beethovens vereinigen und deren glückliche Besitzer, sobald sie den Mund auftun, sich als die erbärmlichsten Tröpfe unter der Sonne erweisen?[218]

Damit wird Nietzsches Wagnerkritik argumentativ aufgenommen, die ja bei Thomas Mann schon im 'Versuch über das Theater' anklang und die er sich in 'Geist und Kunst' völlig aneignete. Peeperkorn stammt also ganz aus der Sphäre Wagners, dessen Vorliebe für Kulissenzauber er offensichtlich teilt. Sinnfällig wird die Beziehung im Arrangement des Picknicks im "malerisch eigentümlichen, ja exotischen" Wald, der von einer Schmarotzerpflanze, "einer Sorte moosiger Flechten" befallen ist und einen bizarren, verzauberten aber krankhaften Anblick bietet.[219] Dieser erinnert in seiner schwülen Künstlichkeit an das Innere des Venusberges in der Pariser Fassung des "Tannhäuser".[220] Die Szene, an sich schon grotesk durch die parodistische Aufnahme des Venusmotivs "Wonne",[221] die beim masochistischen Berghofbewohner Wehsal in Perversion ausartet,[222] gerät Peeperkorn zur pantomimisch-großartigen Farce vor dem tosenden Wasserfall. Dies ist seine letzte Lebensäußerung vor dem Suizid. Nietzsches Vorwurf, Wagner sei "der Cagliostro der Modernität,"[223] wirft auch ein bezeichnendes Licht auf das eigentümliche Interesse Peeperkorns an alchi-

---

218. III, 810
219. III, 859
220. vgl. Richard Wagner, Die Musikdramen, München 1978, S. 875
221. "Göttin der Wonne", a. a. O., S. 879
222. vgl. III, 857
223. Nietzsche, Der Fall Wagner, in: Werke II, a. a. O., S. 913

mistischem Giftmischertum[224] und seinen toxigenen Selbstmord.

Die Inszenierung des Mythos ist auch hier eine jener Re-
generationsbestrebungen Thomas Manns, an die er selbst
nicht so recht glaubt. Schließlich war ja auch der Krieg
selbst für ihn eine Form des Wagnererlebnisses. Dies
erscheint im 'Zauberberg' parodiert: Tragödie und schick-
salshafte Entwicklung Peeperkorns führen zu einer ne-
gativen Katharsis. Nicht sinnstiftende Harmonie ging von
ihm aus, denn am Ende stehen Stumpfsinn und Fragwürdigkeit.

So beschreibt auch der mittlere Weg der Steigerung durch
das "Mysterium der Läuterung" gleichzeitig eine fallende
Strukturlinie, die zwangsläufig in der "Versumpfung"
durch den Krieg endet. Das Mysterium bleibt nur noch als
Gegenbild zur Wirklichkeit erhalten:

> "Das junge Blut mit seinen Ranzen und Spießgewehren,
> ... Man könnte sich humanistisch-schönseliger Weise
> auch andere Bilder erträumen in seiner Betrachtung.
> ... Rosse regend und schwemmend in einer Meeresbucht,
> mit der Geliebten am Strande wandelnd,
> ... Statt dessen liegt es, die Nase im Feuerdreck. "[225]

Insofern ist auch der Erziehungsgedanke nur noch Pathos,
als eine Harmonisierung dieser Bilder mit der Wirklichkeit nicht mehr möglich erscheint, denn wie soll ausgerechnet aus dem "Weltfest des Todes ... einmal die Liebe stei-
gen?"[226]

---

224. vgl. III, 800f
225. III, 992
226. III, 994

5. 6. Séance

Weil Hans Castorp schon einmal vom 'Mysterium der Persönlichkeit' gekostet hat, dringt er weiter auf "verbotenes
Gebiet" vor. [227] "Katzenjammer und Reue" nach der "zeh-
renden Zerstreuung" [228] durch die Peeperkorntragödie
sind überwunden. Die entscheidende Abkehr Thomas Manns
von seiner deutsch-nationalen Position ist an dieser Zersetzung des Mythos zu sehen. So berührt Klaus Schröter
einen ganz bestimmten Aspekt, wenn er hinsichtlich der
"pädagogisch politischen Grundabsichten" des ursprünglichen Romankonzepts argwöhnt, daß vielleicht "der Krieg
hiernach den Pädagogen Hans Castorps, dem Jesuiten
Naphta, dem Demokraten Settembrini, ausdrücklich als
der mächtigere Erzieher übergeordnet werden" [229] sollte.
An diese Stelle wird schließlich der holländische Dionysos gesetzt, der mit seinem Vitalismus und der inszenierten Elementargewalt alle Debatten gegenstandslos
macht. Es stellt sich also die Frage, ob nicht das Schlußbild des Schlachtengetümmels eine künstliche Götterdäm-
merung ist, damit dem ursprünglichen Konzept Rechnung
getragen wird. [230]
Hier gewinnt die Bemerkung Scharfschwerdts ihre Berechtigung, daß die Aktualität der Romanhandlung nach
dem Auftreten Mynheer Peeperkorns wächst. Es ist also
der geistige Zustand der zwanziger Jahre eingearbeitet.
Dies wird deutlich in der fragwürdigen Séance, die den
Endpunkt der Castorpschen Läuterung bildet und damit
seine Suche nach dem Höheren zweifelhaft macht. Hier

---

227. III, 914
228. vgl. oben S. 92 und A, 36
229. Klaus Schröter, Eideshelfer, a. a. O. , S. 1479
230. Scharfschwerdt meint sogar, daß der Ausgang des Ro-
    mans "fast schon vo⌐ ⌐usweist", Bildungsroman, a. a. O. ,
    S. 131

verbindet sich erneut die steigende mit der fallenden
Strukturlinie. Es geht also um "das okkulte Problem der
Exteriorisation und Materialisation"[231], mit dem Thomas
Mann erst nach dem Kriege Erfahrungen machte. Beeindruckt war er vor allem vom "ideoplastischen Vermögen
der Natur",[232] das seinen Künstlersinn stark beschäftigte. Seine Besuche bei dem Hypnoseforscher Schrenck-
Notzing sollten möglicherweise dazu beitragen, sein
durch den Kriegsausgang beschädigtes idealistisches
Weltbild zu renovieren. Im Essay über seine okkulten Erlebnisse wird gerade das Entzücken über den "Primat
der Idee" hervorgehoben, weil nämlich alles Wirkliche
"ideellen Ursprungs" sei.[233] Die "ideoplastische Fähigkeit", ein "Hilfsbegriff von platonischem Zauber", hat
"schmeichelhafte Eigenschaften für das Ohr des Künstlers, der schnell bereit sein wird ... die gesamte
Wirklichkeit als ideoplastisches Phänomen zu deuten."[234]

Dieser Komplex wird im 'Zauber-
berg' als "objektivierte Traumvorstellungen"[235] bezeichnet. Damit verbindet sich Thomas Manns Begriff
des "Zeitromans", dem "ein eigentümlich träumerischer
Doppelsinn zukommen könnte."[236] Besteht dieser Doppelsinn darin, daß die Zeit erzählt wird, aber gleichzeitig
auch von der Zeit? Im Abschnitt 'Strandspaziergang'
wird der Umgang des Erzählers mit der Zeit den Traum-
erlebnissen des "Haschischessers" analog empfunden:

> "Ähnlich also wie diese Lasterträume vermag die Er-
> zählung mit der Zeit zu Werke zu gehen, ähnlich ver-
> mag sie sie zu behandeln. Da sie sie aber 'behandeln'

---

231. Okkulte Erlebnisse, X, 167
232. III, 928
233. vgl. X, 169
234. III, 169
235. III, 928
236. III, 750

kann, so ist klar, daß die Zeit, die das Element der Erzählung ist, auch zu <u>ihrem Gegenstande</u> werden kann. "[237]

Thomas Mann legt seinen Reflexionen über die Zeit eher
die einschlägige Literatur über die Erlebniswelten des
Rauschgifttraumes als einen philosophischen Zeitbegriff
zugrunde. Er ist, wie Ulrich Karthaus unter Heranziehen
des kantischen Zeitbegriffs bemerkt, "kein Transzenden-
talphilosoph", [238] denn "die Einschaltung des Erzählers
hat fiktionale Bedeutung. "[239] Sie soll die Illusion der Auflösung der Zeitverhältnisse erzeugen, denn die gemessene
und die subjektiv erlebte Zeit sind nach Thomas Mann abhängig von gesetzten Bezugspunkten. Um die "wundersame
Verlorenheit" Hans Castorps begreiflich zu machen, wird
das Meer beschworen:

> "O Meer, wir sitzen erzählend fern von dir, wir wenden
> dir unsere Gedanken, unsre Liebe zu, ausdrücklich und
> laut anrufungsweise sollst du in unserer Erzählung ge-
> genwärtig sein, wie du es im stillen immer warst und
> bist und sein wirst. "[240]

Der Spaziergang am Meer ist ein "stehendes Jetzt", denn
"in ungemessener Monotonie des Raumes ertrinkt die
Zeit"[241] Dies ist natürlich Schopenhauers Auffassung des
"nunc stans" nachempfunden, auch wenn weiter unten aus-
geführt wird, daß

> "die Lehrer des Mittelalters (...) wissen (wollten), die
> Zeit sei eine Illusion, ihr Ablauf in Ursächlichkeit und
> Folge nur das Ergebnis einer Vorrichtung unsrer Sinne
> und das wahre Sein der Dinge ein stehendes Jetzt. War
> er am Meer spaziert, der Doktor, der diesen Gedanken
> zuerst empfing, – die schwache Bitternis der Ewigkeit
> auf seinen Lippen?"[242]

---

237. III, 749f
238. Ulrich Karthaus, Der Zauberberg – ein Zeitroman,
     in: Deutsche Vierteljahresschrift 1970, S. 295
239. a. a. O. , S. 294
240. III, 756
241. III, 756f
242. III, 757 und vgl. Schopenhauer, Welt als Wille und Vor-
     stellung II, Sämtl. Werke Bd. 3, a. a. O. , S. 560

Allerdings wird bei Thomas Mann die Vorstellung von der
Idealität der Zeit in die individuelle Erfahrung verlegt.
"Man ändert hier seine Begriffe. "[243] Diese erste Beleh-
rung, die Joachim seinem Vetter über das Leben auf dem
Zauberberg zukommen läßt, trifft die Problematik des
Aufenthaltes in dieser entgrenzten Welt nur teilweise.
Bei Hans Castorp führt die Reflexion über die Länge sei-
nes dreiwöchigen Besuchs sehr schnell zur Einsicht des
Verlusts fester Zeitvorstellungen. Das Erlebnis des
Neuen suggeriert ihm Dauerhaftigkeit:

> " 'Komisch ist und bleibt es, wie die Zeit einem lang
> wird zu Anfang, an einem fremden Ort.
> ... Mit Messen und überhaupt mit dem Verstand hat das
> ja absolut nichts zu tun, es ist eine reine Gefühlssache. "[244]

So äußert sich Hans Castorp, nachdem er drei Tage in dieser Region verbracht hat. Er nimmt noch Anteil am Exkurs
des Erzählers über den Zeitsinn, der die Erlebnisse seines Helden in den ersten Wochen "dort oben" noch de-
tailliert erzählt. Es klingen aber von dessen Seite schon
erste Warnungen an über die Zersetzung der Dauer durch
die Monotonie: "Was man Langeweile nennt ist ... eine
krankhafte Kurzweiligkeit. "[245] So vernichtet die Erzählung immer größere Zeiträume in der Beschreibung der
ewigen Wiederkehr des ständig gleichen Tagesablaufs im
Sanatorium. Nicht nur die Leitmotive, die Bildungsschnitzer
der immerwährend dummen Stöhr, die Blässe der Levy, das
Armrudern des Hofrats Behrens, der immer freundlich
"gdießende" Krokowski, die Türenschlagende Chauchat
sind Variationen eines gleichen Themas, auch die Diskussionen der Erzieher, Castorps 'Forschungen', sein Re-

---

243. III, 16
244. III, 149
245. III, 148

gieren sind Fixpunkte einer irrealen Konstanz. "Gedanken-
los-träumerisch" verliert sich schon der Knabe Castorp,
wenn der Großvater ihn die "Taufschale" sehen läßt, eine
Reliquie, in der die Zeit in doppeltem Sinne aufgehoben ist.
Das Gefäß symbolisiert die Geschlechterfolge, in der es
sich unverändert erhalten hat. Seine Besitzverhältnisse
reichen hinab bis in die Welt der Ur-Großväter, deren Vor-
silbe sich in der Ferne der Vergangenheit verdrei-vervier-
facht. Das "Ur-Ur-Ur-Ur" ist ein "dunkler Laut" der
"Zeitverschüttung", der aber "zugleich einen fromm gewahr-
ten Zusammenhang zwischen der Gegenwart ... und dem
tief Versunkenen"[246] ausdrücken soll.

Diese Mitgegenwärtigkeit des Vergangenen ist stärker
thematisiert in 'Joseph und seine Brüder', wo Joseph aus
dem tiefen "Brunnen der Vergangenheit"[247] schöpfen kann.
Seine "kleinen träumerischen Ungenauigkeiten"[248] in der
Erinnerung der Geschlechterfolge, sollen auf die Leben-
digkeit mythischer Zeitvorstellungen weisen, denen der
Geschichtsablauf nicht problematisch ist. Dies trifft auch
auf die epische Erzählform zu, die im Josephsmythos ins
Bild gerückt werden soll:

> "Welche Anordnung der Jahresgruppen werden wir darin
> treffen?
> Die Frage scheint unschicklich. Kennen wir unsere Ge-
> schichte, oder kennen wir sie nicht? Ist es gehörig und
> dem Wesen der Erzählung gemäß, daß der Erzähler ihre
> Daten und Fakten nach irgendwelchen Überlegungen und
> Deduktionen öffentlich errechnet? Sollte der Erzähler
> anders vorhanden sein denn als anonyme Quelle der er-
> zählten oder eigentlich sich selber erzählenden Geschich-
> te, in welcher alles durch sich selbst ist, so und nicht
> anders, zweifellos und sicher? Der Erzähler, wird man

---

246. III, 36
247. IV, 9
248. IV, 25

finden, soll in der Geschichte sein, eins mit ihr und
nicht außer ihr, sie errechnend und beweisend."[249]

Die Erzählung quillt gleichsam aus dem "Born", der auch
alles Geschehen entstehen läßt.[250]

Der Blick auf die Handhabung des Mythos in Thomas Manns
"epischem" Erzählwerk klärt auch über die Zeitverhältnisse auf dem "Zauberberg" auf. Der 'Strandspaziergang'
ist keine philosophische Reflexion und hat eine ähnliche
Funktion wie die Einschaltung des Erzählers in die Josephs-
geschichte. Der Vergleich des Zauberberges mit dem Meer,
der auch formal im großräumigen Erzählen sinnfällig wird,
soll die Vorstellung eines dauerhaften exemplarischen
Handlungsablaufs erzeugen. Im Grunde wird hiermit eine
kulturkonservative Lieblingsvorstellung der damaligen
Epoche ins Werk gesetzt. "Der lösung lohn: die dauer"[251]
ist die wesentliche Voraussetzung für den Glauben, daß
einst aus dem Dunkel verborgener Tradition eine neue Kunst
erstehen werde, "und blum und jugend lacht und sang er-
klingt."[252] Einer solch bildhaften Idee der neuen Humanität ist Thomas Mann ja durchaus verhaftet. Unter diesem
Leitgedanken kann die Zugehörigkeit des 'Zauberberg' zur
Gattung "Erziehungsroman" besser beleuchtet werden.

Wilhelm Meisters Lehrjahre sind inten-
tional auf die Verwirklichung der "Ideale des Humanismus"
gerichtet, an deren Möglichkeit wenigstens noch geglaubt
wird.[253] So kann Schiller dem Roman Goethes die "schönste
Harmonie"[254] zubilligen, was auch im 18. Jahrhundert keine

249. IV, 821
250. vgl. IV, 821
251. Stefan George, Der Siebente Ring, a. a. O., S. 33 und
     vgl. oben Kap. 3.1. Anm. 13 und Kap. 4.4.1. Anm. 159
252. a. a. O.
253. vgl. Georg Lukács, Goethe und seine Zeit, in: Faust
     und Faustus, a. a. O., S. 40
254. vgl. Schiller an Goethe 9.12.1794, in: Briefwechsel,
     a. a. O., S. 40

Selbstverständlichkeit war. Denn während bei Goethe "alles so heiter, so lebendig, so harmonisch aufgelöst und so menschlich wahr (ist)", erscheint ihm im philosophischen Wesen "alles so strenge, so rigid und abstrakt und so höchst unnatürlich, weil alle Natur nur Synthesis und alle Philosophie Antithesis ist."[255] Aber selbst der Dichter, für Schiller "der einzige wahre Mensch",[256] ist nicht in der Lage im Zeitalter der Maschinen den Einklang mit der Natur, die 'Synthesis', herzustellen. An die Stelle der Goetheschen Selbstsicherheit ist bei Thomas Mann ein Spiel mit Hypothesen getreten. Scharfschwerdt hebt den "Modellcharakter" als Grundzug des "Zauberberg" hervor. Die "Bedingungen der Möglichkeit einer neuen Lebensharmonie"[257] sollen erkundet werden; ist diese Idee einmal, wie in Castorps Schneevision, im Menschen aufgestiegen, sei "vor allem die geschichtliche Wirklichkeit nach konkreten Möglichkeiten für eine Verwirklichung dieser neuen höheren Lebensharmonie abzufragen."[258] Scharfschwerdt verlegt damit die Konsequenz des Castorpschen Durchgangs vom Tod ins Leben aus dem Roman, wie es etwa in den Schlußworten der Republikrede von Thomas Mann intendiert ist.[259] Innerhalb des Handlungsablaufs bleibt das erzeugte Ideal aber eigentümlicherweise folgenlos.

Dies ist in der Scheinhaftigkeit der Zauberbergwelt begründet. Eine Erzählung, die mit Raum und Zeit umgeht wie der Berauschte in einem "Lastertraum", kann nur hervorbringen, was Baudelaire l'Idèal

---

255. vom 7.1.1795, a.a.O., S.46
256. a.a.O., S.47
257. Scharfschwerdt, Bildungsroman, a.a.O., S.173
258. a.a.O.
259. vgl. XI,852

artificiel" genannt hat. Daß der Zauberberg ein künstliches Paradies in diesem Sinne ist, zeigt sich an der Erlösung des Helden. In die verwunschene Welt des "deutschen Siebenschläfers" bricht eine von jenen "elementaren Außenmächten"[260] ein, denen sich niemand widersetzen kann. Der Krieg, der schon den unpolitischen Betrachter aus seinen wirklichkeitsreinen Träumen riß, hat auch Hans Castorp eingeholt:

> "Er sah sich entzaubert, erlöst, befreit, - nicht aus eigener Kraft, wie er sich mit Beschämung gestehen mußte, ...
> Und so sank er denn auf seine Knie hin, Gesicht und Hände zu einem Himmel erhoben, der schweflig dunkel, aber nicht länger die Grottendecke des Sündenberges war."[261]

Dies ist "stark bildlich gesprochen, wie sich versteht,"[262] um die Analogie zum Venusberg abzurunden. Der in der Grotte erwachende Tannhäuser wundert sich ebenso wie Castorp:"Die Zeit, die hier ich verweil, ich kann sie nicht ermessen."[263] Der Unterschied zum 'Wilhelm Meister' und die spätromantischen Elemente des 'Zauberberg' werden hier deutlich. Glaubt man Lukács, dann war gerade Goethe der Weg "ins Land der wesenlosen und gestaltlosen Träume" ein Greuel.

> "Gegen jede solche Auflösung der Wirklichkeit in Träume, in bloß subjektive Vorstellungen oder Ideale ist der Kampf des Humanisten Goethe gerichtet."[264]

Diese Tradition wirkt ja gerade bei Wagner nach, der so sinnfällig in das Zauberberggefüge eingearbeitet wurde. Für Adorno ist genau dies scheinhafte Spiel mit der Zeit, das die Dauer zum Augenblick und den Augenblick

---

260. III, 988
261. III, 988
262. III, 989
263. Richard Wagner, Tannhäuser, in: Die Musikdramen, a. a. O., S. 224
264. Lukács, Goethe, a. a. O., S. 39

zur Dauer zusammenrinnen läßt, der phantasmagorische
Trug.[265]

Der Gebrauch von Zitat und Leitmotiv bei Thomas Mann
wird auch hier im Hinblick auf Wagner problematisch:

> "Wagners Gestalten lassen nur darum beliebig als Sym-
> bole sich nutzen, weil in der Phantasmagorie ihre Exi-
> stenz nebelhaft zerrinnt."[266]

An dieser Stelle entscheidet sich der Ästhetizismus
Thomas Manns. Einfach ist dieses Problem bei T. J. Reed
gelöst, der die Kritik am Ästhetizismus der Vorkriegszeit schon in dessen Darstellung als verwunschene Traumwelt des Zauberbergs sieht.[267] Es wirken aber auch
innere Kräfte, die den Roman ein Stück weit der Wirklichkeitsreinheit entziehen. Gerade die Steigerungslinien,
die zu einer Überrealität führen sollen, verlaufen paradoxerweise im Sande. Mit der "ideoplastischen" Wirklich-
keitsauffassung, die die Einbildungskraft des Träumens
nutzt, gelangt man eigentümlicherweise in ein Gelaß bor-
dellartigen Zuschnitts, das von der Farbe 'Rot' beherrscht
wird: "Mystik und Weihe? Ach nein, es ging laut und abge-
schmackt zu im Rotdunkel."[268] Es ist aber auch der Ort
einer Geburt: Wiedergeboren wird der inzwischen ver-
storbene Joachim durch das Medium Elly Brand als Mystifikation. Sie wird aber auch erzeugt durch ein Leitmotiv,
das 'Gebet des Valentin'. Der sterbende Joachim hat sich
durch Zitierkunst in Goethes braven Soldaten verwandelt,
der als ein Genius des Ortes durch Hans Castorps Gramm-
ophonkunst beschworen wird. Die Schallplatte setzt die

---

265. vgl. Adorno, Wagner, a.a.O., S. 82
266. a.a.O., S. 83
267. vgl. T. J. Reed, Uses, a.a.O., S. 272f, z. B. auch in
  dem Schluß "Hans Castorp ... is left torpid on the
  mountain as a warning against the sloth and quietism
  which 'Bildung' in some circumstances may lead to."
268. III, 941

Wiederkunft Joachims aus dem Todesschlaf phantasmago-
risch ins Werk. Dies ist der Moment der Entgrenzung des
Raumes, der Stillstellung der Zeit auf dem Zauberberg.
Es ist aber auch der Moment des "Zuviel", in dem Tannhäuser und Castorp aus ihrem Traum erwachen. Als wäre
er der aufklärerische Erzieher, schaltet Hans Castorp
"das Weißlicht" ein.

Wenig entscheidend ist hier, ob Thomas Mann tatsächlich
an Materialisationsphänomene geglaubt hat,[269] entscheidender vielmehr, daß die mystische Mittelachse des Romans
parodistisch zersetzt wird. Die scheinbar rauschhafte Entgrenzung aus Raum und Zeit entlarvt sich jeweils selbst
als eine inszenierte. Hinter den drei Phantasmagorien
Peeperkorn, den Darbietungen des Musikschranks und der
Séance stehen jeweils "Seelenzauberkünstler",[270] die den
Mythos zum Theater machen.

---

269. Was aus dem Essay, mehr noch aus den Briefen
     an Schrenck-Notzing hervorgeht. vgl. XIII, 47
270. III, 907

5.7. Realismus

Im 'Zauberberg' wirkt trotz allem noch der Glaube an die
großen zusammenhangstiftenden Kräfte. Auch wenn die Reflexionen über den Zeitsinn den Verstand des Lesers
schärfen, damit er sich in acht nehme vor der rausch-
haften Wirkung einer Stillstellung der Zeit, bleibt dennoch
der Charakter der Phantasmagorie.[271] Daß Thomas Mann
zu gern in die Welt der Bilder und des Traumes flüchtete,
konnte schon an den 'Betrachtungen' gezeigt werden. So
versinkt die große Polemik, die "gellend herausgefordert"[272]
wurde , am Ende in "wesenlosem Scheine".[273] Während
der englisch-französischen Offensive träumt er.[274]

Die Doppeldeutigkeit von Rausch und
Helle im 'Zauberberg' erklärt auch Wysling mit dem Charakter Thomas Manns:

"Wir kennen Thomas Mann als analytisch reflektierenden Schriftsteller, als Wahrheitsfanatiker, als Erkennt-
nislyriker aus der Schule Nietzsches, ... wir kennen
ihn zu wenig als 'wirklichkeitsreinen' Träumer, der den
Zwang von Raum und Zeit verabscheut."[275]

In diesem Zusammenhang ist der Zeitpunkt des Kriegs-
ausbruchs im Roman interessant. Die Elementargewalt
bricht nicht ein in eine verzauberte Welt, sondern in eine

---

271. Hermann Meyer hat dieses Phänomen damit erklärt,
     daß sich der Zauberberg zwischen der "Polarität"
     "Rausch und Helle" befindet. Damit ist genau die be-
     schriebene Erzählhaltung gemeint, die den Rausch mit
     "kritischem Erkenntniswillen" überwacht. vgl. Hermann
     Meyer, Zum Problem der epischen Integration, in: Zarte
     Empirie, a. a. O. , S. 32, vgl. auch H. Kurzke, Auf der
     Suche nach der verlorenen Irrationalität, a. a. O. , S. 162
272. XII, 489
273. XII, 407
274. vgl. XII, 489
275. Hans Wysling, 'Mythus und Psychologie' bei Thomas
     Mann, in: Dokumente und Untersuchungen. Beiträge zur
     Thomas-Mann-Forschung, Bern und München 1974
     (= TM-Studien III), S. 170

verfaulte und überdrüssige Sanatoriumsgesellschaft,in
der Gereiztheit und Stumpfsinn schon längst um sich ge-
griffen haben.

Krieg bereitet sich schon vor, als das Element der Zeit
im Roman wieder wirksam wird. Die große Gereiztheit
bringt Ereignisse hervor, die die rasenden und gleichsam damit stillgestellten Zeitabläufe wieder normalisie-
ren. Dies wird dokumentiert durch einen polnischen
"Ehrentrubel", eine Beleidigungsaffäre, an der die Berghofbewohner vor allem deshalb Anteil nehmen, weil in
protokollarischer Datierung und deutlicher Aufmachung
die andere, die profane Realität in den Zauberberg ein-
dringt.

Die vom Dichter ins Werk gesetzte träumerische Wirk-
lichkeitsreinheit wird an diesen Stellen zersetzt; sie erscheint nur "als ob". Es wirkt aber auch hier doppelte
Optik : Die Datierung und Dokumentierung des Gewöhnlichen, die ins Extrem getrieben wird, steht in komischem
Kontrast zur höheren Weihe des Ortes, an dem von den
Grundmächten des Lebens und des Todes die Rede war.
Das Verfahren erinnert an das Credo des "pessimisti-
schen Ethikers", der sich zur Realität "mit natürlicher
Vorliebe humoristisch" verhält. [276] Es wird also deutlich,
daß sich Thomas Mann bereits in den 'Betrachtungen' der
parodistischen Kunstform langsam näherte. Beredtes Zeugnis gibt die Einführung zu einer Lesung aus dem 'Felix
Krull', der damals, im Jahre 1916, noch Fragment war. Es
geht um den "autobiographisch erfüllte(n) Bildungs-und
Entwicklungsroman", der als "typisch-deutsch", "legitim-
national" [277] empfunden wird. Besonders auffallend ist die

---

276. XII, 412 und vgl. oben Kap. 4. 5. Anm. 319
277. Der autobiographische Roman (Titel des Hrsgs) XI, 702

Geste, mit der Thomas Mann sozusagen den Anfängen weh-
ren will. Die Parodie sei die Kunstform, der sich der In-
tellekt, "von jeher das Mittel und Werkzeug aller Zersetzung", "mit Vorliebe" bediene. Der Gedankengang wird abgebrochen, um deutlich zu machen, wie weit das eigene
Werk schon ins Parodistische vorgedrungen ist trotz aller
sinnstiftenden Essayistik:

> "Lassen wir uns auch nicht verleiten, dem und jenem
> lockenden Gedanken über Parodie im allgemeinen nach-
> zuhängen -, ich meine darüber, wie weit wohl gar alle
> Kunst ihre Wurzeln im Parodischen hat, über das Ver-
> hältnis des Charakteristischen zum Parodischen also
> und darüber, wie alle stilistische Anpassung beständig
> das Parodische streift und darin übergeht. "[278]

Die "Bruchlinien des poetischen Ausgleichs"[279] gehen

durch Thomas Manns Werk. Wo die 'Betrachtungen' das

"unbewußt ruhende Sein zu begreifen, klarzustellen und

zu verteidigen"[280] bestrebt sind, macht sich der Roman

in seinem stilistischen Eigenleben schon ganz zeitgemäß -

an die "intellektualistische Zersetzung. "

In dieser Hinsicht bezweifelt Helmut Koopmann überhaupt,

daß Thomas Manns Romankunst unter dem Stilbegriff Rea-

lismus gefaßt werden könne. Sie stellten vielmehr ein "Kon-

glomerat verschiedener Handlungen, heterogener Geschen-

nisse und sogar in sich widerspruchsvoller Aussagen" dar.

Die "realistische Oberfläche" erweise sich immer nur als

"Fassade"[281] Der 'Zauberberg' spielt insofern in den De-

batten um die moderne Kunst seit den zwanziger Jahren

eine ganz besondere Rolle. Die Krisis des Romans wird

auch bei Thomas Mann spürbar, und zwar gerade dort, wo

er sich noch auf den epischen Atem beruft. Die Einschal-

---

278. XI, 703
279. Ernst Bloch, Erbschaft dieser Zeit, Frankfurt 1973,
280. XII, 12   S. 242
281. Helmut Koopmann, Die Entwicklung des intellektualen
  Romans bei Thomas Mann, a. a. O. , S. 3

tung des Erzählers im Josephroman zeigt, daß Geschehen und Geschichte durchaus nicht mehr aus demselben "Born" sprudeln. So ist die Anrufung des Meers nur die Evokation eines künstlichen, weil symbolistischen Ideals; die Erzählung ist nicht wie ein Meer, sie soll nur nach dem Vorbild eines ewigen Rauschens erzeugt werden. Walter Benjamin, der einen ähnlichen Vergleich zwischen Epik und Meer gebraucht hat wie Thomas Mann im 'Zauberberg', sieht den Romancier als einen außen, nicht mehr im Zusammenhang mit der Natur Stehenden.

> "Der Romancier hat sich abgeschieden vom Volk und von dem, was es treibt. Die Geburtskammer des Romans ist das Individuum in seiner Einsamkeit, das sich über seine wichtigsten Anliegen nicht mehr exemplarisch aussprechen kann, selbst unberaten ist und keinem Rat geben kann. "[282]

Dies stellt einen Realismus in Frage, wie er etwa bei Goethe möglich war und von Lukács damals noch gefordert wurde. Seine Definition stützt sich dabei auf Thomas Mann: Bei ihm sei das Individuum in seinen Objektbeziehungen dargestellt und werde damit greifbarer und glaubwürdiger als das Subjekt des "modernen" Romans in seinem Erlebnisstrom. Denn

> "er weiß, wie Denken und Empfinden aus dem gesellschaftlichen Sein herauswachsen, wie Erlebnisse und Empfindungen Teile eines Gesamtkomplexes der Wirklichkeit sind. "[283]

Hier wird das Problem der Modernität angesprochen, das ein Problem des Wirklichkeitszerfalls ist. Lukács' Argument gegen den 'roman pur' läuft auf den Vorwurf einer unkriti-

---

282. Walter Benjamin, Krisis des Romans. Zu Döblins 'Berlin Alexanderplatz' (1930), in: Gesammelte Schriften III, (Hrsg. Hella Tiedemann-Bartels), a. a. O., (1972) S. 230

283. Georg Lukács, Es geht um den Realismus (1938), in: Die Expressionismusdebatte. Materialien zu einer marxistischen Realismuskonzeption, hrsg. Hans-Jürgen Schmitt, Frankfurt 1973, S. 201

schen Aneignung der scheinhaften Oberfläche hinaus, ohne
daß Realität phänomenologisch durchdrungen wurde; kritische Arbeit könne nur geleistet werden, wenn die Mittel-
barkeit von Erzähler - Held - dargestellter Wirklichkeit
sich fassen läßt.[284] Gerade deren Beziehungen sind es,
die Lukàcs interessieren. Er hat offensichtlich dabei den
klassischen Entwicklungsroman im Sinn, den er als literarisches Muster auch den modernen Romanciers anempfiehlt.
Er sieht nämlich das kritische Element darin, daß der traditionelle Held die "künstlerische Dialektik von Wesen und
Erscheinung"[285] hervortreibe, denn dieser trägt in seinem
reichen Seelenleben einen lebendigen Widerspruch[286] zur
schlechten Realität aus. Lukàcs schwebt wohl ein moderner Wilhelm Meister vor, der mit seiner Umwelt im Konflikt liegt. Brecht, der die Abneigung gegen die Subjektivität des modernen Romans teilt, polemisiert an dieser
Stelle gegen Lukàcs und hebt die Unausführbarkeit dieser
vorgeschlagenen "neuen" Konzeption hervor.[287]
Die Problematik des literarischen Realismus, wie er in der
Expressionismusdebatte in den dreißiger Jahren im nachhinein ins Feld geführt wurde, läßt sich gerade an Lukàcs
Schützling Thomas Mann zeigen. Auffällig ist die Gleichursprünglichkeit der verschiedenen Kunstformen in der
Vorkriegsgesellschaft. Sie können unter die Begriffe Montage, Engagement und Parodie subsumiert werden, mit der
Einschränkung allerdings, daß der literarischen Gattung
der Parodie eine längere Tradition zukommt. Jedoch sind
diese drei Literaturformen ein Reflex auf dasselbe gesell-

---

284. vgl. Lukàcs, a. a. O. , S. 203
285. Lukàcs, a. a. O. , S. 205
286. vgl. a. a. O.
287. vgl. Bertolt Brecht, Die Essays von Georg Lukàcs,
     in: Die Expressionismusdebatte, a. a. O. , S. 309

schaftliche Problem. Der Romancier, der sich abgeschieden hat, kann nicht mehr auf Evidenz vertrauen. Die Kunstmittel selbst sind fragwürdig geworden, weil die Worte keine in der Realität ohne weiteres verankerte Bedeutung haben. Daher rührt ja auch die übersteigerte Kulturkritik der anderen Seite, des Ästhetizismus: George mit seiner hochgetriebenen Formensprache löste das Problem, indem er eben eine ihm gemäße Wirklichkeit forderte, die dann mit seiner Sprache übereinstimmen sollte. An diesem Beispiel wird begreiflich, welches Vakuum zwischen Kunst und Gesellschaft auszufüllen war.

Die literarische Entwicklung Thomas Manns in den zwanziger Jahren hängt nicht nur mit dem Kriegsverlust zusammen. Der "künstlerisch heillose Gedankentumult" hatte zustatt abgenommen, die Kunst wurde revolutioniert in einem Ausmaß, das für ihn noch vor dem Kriege kaum denkbar gewesen wäre. Dennoch zog er sich nicht auf eine rein konservative Position zurück. Die Neubesinnung steht in einem engen Zusammenhang mit der Arbeit am 'Zauberberg', die ihm die Beziehung seiner Kunst zur Realität in einem anderen Licht erscheinen ließ. Im Roman werden dieselben Weltanschauungskomplexe zur Sprache gebracht wie im großen Essay: Die Sprache wird aber bewußter gehandhabt, eingedenk ihres Bedeutungswandels und der Möglichkeit ihrer Beschädigung. Die Begriffe, manchmal emphatisch, manchmal in starrer Definition in den 'Betrachtungen' aufgebaut, werden im 'Zauberberg' spielerisch aufgenommen und erfahren einen vielfachen Bedeutungswandel. Dies ist mehr als nur allegorische Syntax: Die Ideen beginnen zu oszillieren, die Kunstmittel werden verlebendigt. [288]

---

288. vgl. Kap. 5. 2.

Der Mangel von Lukàcs Konzept besteht darin, nicht dies,
sondern verengend Thomas Manns Realismus hervorzuheben. Diese Theorie ist an die Voraussetzung gebunden,
daß zwar in den Objektbeziehungen Zerrissenheit und
Diskontinuität herrschen mag, im Ergreifen einer intakten
literarischen Tradition dem Schriftsteller aber gegeben
ist, zur "lebendigen Dialektik von Wesen und Erscheinung"
durchzubrechen. [289] Allerdings hat wohl kaum ein Künstler von Rang in den zwanziger Jahren dieses klassische
Kunstideal aufgenommen, nicht zuletzt deshalb, weil die
Tradition so unbeschädigt nicht war. Intakte Tradition bedarf eines Mindestmaßes an Übereinstimmung mit der Realität. Wenn Goethe seine Intention noch auf ein geschlos-
senes Ganzes von Natur und Geist richten konnte, ist das
an bestimmte Bedingungen und Erfahrungsmöglichkeiten
geknüpft. Das Kontinuum der Erfahrung ist in der Indu -
striegesellschaft aufgesprengt.Der moderne Mensch sieht
sich einer verwirrenden Vielfalt der Eindrücke und der
Zeichen gegenüber : Die neue Form der Erfahrung ist vor
allem die Kenntnis der Zeichensysteme.
Der 'Zauberberg' wird gerne mit dem Großstadtroman verglichen, der auf die moderne menschliche Wirklichkeitsaneignung zeitgemäß reagiert. Der Homogenität des traditionellen Erzähltypus steht dort die Simultaneität als ein Ausdruck des ständigen Perspektivenwechsels der Wahrnehmung in einer mit Signalen durchsetzten Welt gegenüber.
Im Grunde negiert Lukàcs mit seiner Realismuskonzeption,
daß sich mit den Bedingungen auch die Formen der Wahrnehmung verändert haben. Der psychologisierende Roman
im Sinne des 19. Jahrhunderts ist mit Döblins Worten eine

---

289. vgl. Lukàcs, a. a. O. , S. 199 und 206

'abstrakte Phantasmagorie', die das Bewußtsein der Menschen des 20. Jahrhunderts nicht mehr exemplarisch ausdrücken kann. So ist sein großes Werk auf die Realisie-
rung epischen Erzählens gerichtet. Die Sprachtechnik der
Simultaneität erlaubt eine Ausdehnung des Gedankenganges
in die Breite und ein Erfassen der Szene von vielen verschiedenen Seiten. Bei Döblin wird der schildernde,
auswählende und deutende Erzähler zwar nicht ganz aus-
geschaltet, er weiß zwar mehr als der Leser, aber nicht
alles. Ansonsten ist der Leser in seiner Unabhängigkeit
zu kritischem Urteil aufgefordert. Die Handlungsabläufe
werden nur notiert, Fakten und Dokumente gesammelt. Die
Wirklichkeit wird fragmentiert und neu montiert wieder in
den Roman eingesetzt. Verwendet werden dazu Techniken,
wie sie auch der Film damals entwickelt hat, z.B. Zeit-
raffer, Zeitlupe[290] oder die Montage. Benjamin, der die
Krisis des Romans ja gerade an dessen Überwindung durch
Döblin festmachte, nennt die Montage das eigentliche "Stil-
prinzip dieses Buches".[291] Hier wirkt also ein anderer
Realismus der Dokumentation und der Authentizität. Nicht
mehr in einer illusionären Stiftung von Zusammenhängen
sieht diese Literatur die Wirklichkeit, sondern nur in den
Realitätsfragmenten. Das Verfahren Döblins erinnert - Benjamin hat darauf hingewiesen - an dadaistische Montagetech-
niken. Deutlich wird das an vielen Stellen:

"Am Abend des 9. Februar 1928, an dem in Oslo die Ar-
beiterregierung gestürzt wurde, die letzte Nacht im
Stuttgarter Sechstagerennen gerannt wurde - Sieger
blieben Van Kempen-Frankenstein mit 726 Punkten, 2440

290. z.B. die Szene als Franz Biberkopf seine Verlobte
    erschlägt: "Man kann Stück für Stück verfolgen was
    Franz tat und Ida erlitt" (folgt Schilderung), Alfred
    Döblin, Berlin Alexanderplatz, München 1965, S. 86
291. Walter Benjamin, Krisis, a.a.O., S. 232

Kilometer - die Lage im Saargebiet verschärft erschien
... an diesem Abend stand Franz Biberkopf am Alexanderplatz an einer Litfaßsäule und studierte eine Einla-
dung der Kleingärtner von Treptow-Neukölln und Britz
zur Protestversammlung nach Irmers Festsälen. "[292]

Ähnlich der Schwitters'schen Merzkunst, werden hier Wirk-
lichkeitsschnipsel scheinbar wahllos zusammengeklebt.

Bloch, auf dessen Montagebegriff Lukâcs' Argumente reagierten, zieht im Hinblick auf Joyce's 'Ulysses' die Ent-
wicklungslinie der Moderne nach, die geprägt sei durch
den Verlust der Einheit des Bewußtseins. So "zerstückt"
schon Proust "die eigene Person in unzählige Ichs", seine 'recherche' sei "Mosaik der Erinnerung". Radikalisiert
wird dieser Prozeß bei Joyce:

"Völlig folgt die Sprache diesem Zerfall nach, sie ist
nicht fertig und schon gebildet, gar geformt, sondern
offen und verwirrt. "[293]

Gegenüber dieser Sprache "mitten im fließenden Trieb,"
die ihn "trinkt", "lallt", "auspackt",[294] scheint Döblin
für Bloch geradezu gemäßigt zu sein.[295] Warum? In
"Berlin Alexanderplatz" wird inmitten des Großstadtge-
triebes die einfache Geschichte der Entwicklung des einfachen Franz Biberkopf erzählt. Sie hat didaktischen Sinn:
Der Epiker stellt also die Fakten, Dokumente, Wirklichkeits-
fragmente szenisch vor, "dann hat er die Sache zu durch-
stoßen",[296] um das Exemplarische" herauszuarbeiten. Döblin begleitet seinen Helden auf dessen Wegen durch die
Berliner Welt und Unterwelt mit sinnerzeugenden Kommen-
taren:

"Es ist kein Grund zu verzweifeln. Ich werde, wenn ich

---

292. Döblin, Alexanderplatz, a. a. O. , S. 150f
293. Ernst Bloch, Erbschaft dieser Zeit, a. a. O. , S. 243
294. vgl. a. a. O.
295. vgl. a a. O. , S. 244
296. Döblin, Der Bau des epischen Werks, in:ders. Auf-
     sätze zur Literatur, Hrsg. W. Muschg, Olten 1963, S. 107

diese Geschichte weitererzähle und bis zu ihrem harten, schrecklichen, bitteren Ende geführt habe, noch oft das Wort gebrauchen: es ist kein Grund zu verzweifeln."[297]

Franz Biberkopf, der seine Verlobte im Affekt erschlagen hat und, aus dem Gefängnis kommend, ein "anständiger" Mensch werden will, ist gerade als solcher nicht gefeit gegen die verderblichen Einflüsse einer Großstadt. Am Ende ist er durch den Tod hindurchgegangen, ein "neuer Mensch", der durch Schaden klüger geworden ist.

"Die Stimme des Todes, die Stimme des Todes, die Stimme des Todes:
Was nützt alle Stärke, was nützt alles Anständigsein, o ja, o ja, blick hin auf sie. Erkenne, bereue."[298]

"Wach sein, Augen auf, aufgepaßt"[299] lautet das neue Erziehungsdogma.

Es hat Benjamin veranlaßt, die "Education sentimentale des Ganoven" Biberkopf als "die äußerste, schwindelnde, letzte vorgeschobenste Stufe des alten bürgerlichen Bildungsromans" zu bezeichnen.[300] Dabei fällt auf, was auch noch in der Expressionismusdebatte anklingt, daß diesem "klassischen" Romantypus der Charakter eines Grundmusters zukommt. Dies war ja auch für Thomas Mann im 'Zauberberg' verpflichtend. Der Erziehungsgedanke soll aber jeweils in einem schicksalshaften kathartischen Durchgang verwirklicht werden. Insofern lassen sich Parallelen ziehen von der schlimmen Erfahrung Biberkopfs zur Schneevision Hans Castorps. Das neue Humanitätsideal, das jeweils daraus entsteht, bleibt aber als Quintessenz in beiden Romanen eigentümlich künstlich und

297. Döblin, Berlin Alexanderplatz, a. a. O., S. 191
298. a. a. O., S. 398
299. a. a. O., S. 410
300. Benjamin, Krisis, a. a. O., S. 236

folgenlos. Benjamin hält das "Mannbarwerden" von Biberkopf für einen "großen Kunstgriff"[301], es wäre zu fragen,
ob dies nicht auch für Hans Castorps Lebensorientierung
zutrifft. Gegen den Döblinschen schwachen Schluß sind
schon oft, gegen Castorps Schneetraum seltener Vorwürfe
erhoben worden. Die Stärke beider Romane besteht gerade
darin, daß sich ihre Kunstmittel soweit verselbständigt
haben und daß dem Autor die Integration eines harmoni-
sierenden Sinnes als Entelechie nicht gelingen kann. Sinn
erzeugt sich vielmehr in der Handhabung der Kunstmittel.
Dies war im Grunde auch schon ein Traum der Dadaisten:
aus der Heterogenität der Realitätsfragmente ein drittes
zwischen Kunst und Wirklichkeit zu schaffen – das Uner-
wartete und Überraschende.
Die Bedeutung des 'Zauberberg' als moderne Literatur
liegt ebenfalls in diesem "Dazwischen". Insofern kann man
Eckhard Heftrich bedingt folgen, der Thomas Manns Modernität aus der Tradition zu bestimmen versucht.

"Modernität bedeutet für Thomas Mann nicht Rebellion
gegen die Tradition, bedeutet nicht ein Zerbrechen der
bewährten Formen, hat nichts mit jenem Aufstand der
Jungen gegen die Alten in der Literatur zu tun, dem
immer wieder einmal der fragwürdige Ehrentitel einer
Literatur-Revolution gegeben wird. "

Modernität bei Thomas Mann sei vielmehr "Verfeinerung
und Differenzierung der Kunstmittel".[302] Dies impliziert,
daß die Tradition des psychologischen bürgerlichen Romans
mit dem Werk Thomas Manns an ihrem Ende angelangt wäre.
Damit wird jedoch das kritische Element der parodistischen
Kunstform unterschlagen. Die Perfektion der Mittel alleine,
hätte eine vollkommene Phantasmagorie schaffen können,

---

301. a. a. O. , S. 235f
302. Eckhard Heftrich, Thomas Manns Modernität, in:
   Neophilologus Nr. 2, Stuttgart 1977, S. 267

was wohl auch ursprünglich intendiert war. [303] Die Span-
nung entsteht nun durch eine Vermittlung zwischen dem in
den 'Betrachtungen' zur Verfügung gestellten alten Ge-
dankenmaterial und der sich entwickelnden neuen parodistischen Sprache. Viktor Žmegač hat dieses Element
der Thomas Mannschen Kunst im Vergleich zu Joyce's
'Ulysses' herausgearbeitet. Eigentlich witzig trifft er die
Feststellung, daß bei Thomas Mann das

> "Schockierende und Unkonforme seiner Erzählkunst (.)
> paradoxerweise in der Bewahrung überlieferter epischer
> Konventionen und Schemata (liegt)."[304]

Žmegač sieht den entscheidenden Unterschied in der Projektion des Mythos auf das Kunstwerk; bei Joyce unver -
mittelt "im Zeichen der ewigen Wiederkehr", ist sie bei
Thomas Mann "nicht ohne die historische Distanz denkbar,
und die Parodie ist das Mittel, diese Distanz zum Bewußtsein zu bringen".[305]

Das eigentlich parodistische Verfahren sollte in der vor-
liegenden Arbeit näher bestimmt werden. Es zeigte sich
am "Zauberberg", daß die jeweils steigenden Strukturli-
nien der adaptierten Mythen und Mysterien, in die moderne Welt der psychologischen Charaktere transponiert,
fallende einer heillosen Zersetzung werden. Bildung
konnte - beabsichtigt oder nicht - in einer Welt der un-
sicheren Begriffe und der doppelten Optik nicht stattfin-
den. Insofern sind jene Elemente des Romans die fragwürdigsten, die im ursprünglichen Konzept angelegt waren,
also unparodistisch von der sinnstiftenden Kraft der 'Be-

---

303. vgl. T. J. Reed, Uses, a. a. O., S. 263f
304. Viktor Žmegač, Konvention - Modernismus - Parodie.
Bemerkungen zum Erzählstil Thomas Manns, in: Georg
Wenzel (Hrsg.) Betrachtungen und Überblicke. Zum
Werk Thomas Manns, Berlin Weimar 1966, S. 117
305. a. a. O., S. 115

trachtungen' zehren. So wird der Krieg durchaus noch
als Regeneration einer kranken, sich vor allem auch in
geistigem Verfall befindlichen Gesellschaft gesehen. Der
'Zauberberg' bildet die Klammer zwischen Thomas Manns
Früh- und seinem Spätwerk : Die sprachlichen Mittel, die
noch aus der Romantradition des 19. Jahrhunderts schöpfen,
sind immerhin in der Lage, eine phantasmagorische Verzauberung zu bewirken, sogar in gewissem Sinne den
Krieg zu ästhetisieren. Sie steuern aber gleichzeitig in
ironischem Vorbehalt die Kritik an ihrer eigenen Evokation. Die Parodie macht den Charakter des "Als-ob" dieses ästhetischen Scheins deutlich und bewirkt die Ent-
zauberung. Die Vexierbilder, die zwischen Bedeutung
und Bedeutetem auftauchen und die Ungewißheit über die
Symbolgehalte die, in alter Form ins Spiel gebracht, sich
immer neu und nie endgültig bestimmen lassen, sind das
"Eigentliche" an Thomas Manns Werk. Es ist jener "Charakter des höheren Jux",[306] den Adorno am Spätwerk
festmacht und der doch im Übergangswerk seine größere
Berechtigung hat, weil er hier nicht manieriert in Szene
gesetzt wird. Er löst sich aus den verselbständigten
sprachlichen Mitteln.

---

306. Th. W. Adorno, Standort des Erzählers im zeitge-
     nössischen Roman, in: Noten zur Literatur, a. a. O. ,
     S. 45

LITERATURVERZEICHNIS

I. Quellen

I.1. Thomas Mann

Thomas Mann, Gesammelte Werke in 13 Bänden, Frankfurt ^{2} 1974

Tagebücher 1918-1921, Hrsg. Peter de Mendelssohn, Frankfurt 1979

Tagebücher 1933-1934, Hrsg. Peter de Mendelssohn, Frankfurt 1977

Essays Bd. 2 Politik, Hrsg. Hermann Kurzke, Frankfurt 1977

Die Briefe Thomas Manns, Regesten und Register, Hrsg. Hans Bürgin und Hans-Otto Mayer, Frankfurt 1976

Briefe 1889-1936, Hrsg. Erika Mann, Frankfurt 1961

Briefe 1937-1947, Hrsg. Erika Mann, Frankfurt 1963

Briefe 1948-1955 und Nachlese, Hrsg. Erika Mann, Frankfurt 1965

Briefe an Otto Grautoff 1894-1901 und Ida Boy-Ed 1903-1928, Hrsg. Peter de Mendelssohn, Frankfurt 1975

Thomas Mann an Paul Amann 1915-1952, Hrsg. Herbert Wegener, Lübeck 1959

Thomas Mann - Heinrich Mann, Briefwechsel 1900-1949, Hrsg. Hans Wysling, Frankfurt 1975

Thomas Mann an Ernst Bertram, Briefe aus den Jahren 1910-1955, Hrsg. Inge Jens, Pfullingen 1960

Hermann Hesse, Thomas Mann, Briefwechsel, Hrsg. Anni Carlsson, Frankfurt 1977

Goethe und Tolstoi, in: Deutsche Rundschau, Berlin, Jg. 48, H.6, März 1922

Der Taugenichts, in: Die Neue Rundschau, 27.Jhg. H.11, November 1916, S.1470-90

Versuch über das Theater, in: Nord und Süd 32.Jhg.H.370, Jan.1908, S.116 ff und H.371 Februar 1908 S. 259 ff

I.2.   Sonstige Quellen

Aristoteles,	Politik
Bergson, Henri	Zeit und Freiheit, Jena 1920
Bertram, Ernst	Nietzsche, Versuch einer Mythologie, Berlin 1918
Borchardt, Rudolf	Der Krieg und die deutsche Verantwortung, Berlin 1916
	Der Krieg und die deutsche Selbsteinkehr. Rede öffentlich gehalten am 5.12.1914 zu Heidelberg, Heidelberg 1915
Brandes, Georg	Die romantische Schule in Deutschland, Berlin 1909
Burke, Edmund	Betrachtungen über die französische Revolution. Übs. Friedrich Gentz, bearb. von Lore Iser, Einleitung Dieter Henrich, Frankfurt 1967
Döblin, Alfred	Berlin Alexanderplatz, München 1961
Dostojewskij, Fjodor M.	Die Dämonen, Übs. Gregor Jarcho, München 1959
Freud, Sigmund	Die Traumdeutung (1900), Frankfurt 1977
	Zeitgemäßes über Krieg und Tod, in: Sigmund Freud Studienausgabe Bd. IX, Hrsg. A. Mitscherlich, A. Richards, J.Strachey, Frankfurt 1974
George, Stefan	Gesamtausgabe der Werke, Endgültige Fassung Bd. VI/VII:Der Siebente Ring, Berlin 1931 Bd. VIII:Der Stern des Bundes, Berlin 1929
Goethe, Joh. Wolfg. v.	Hamburger Ausgabe in 14 Bänden, Hrsg. Erich Trunz, Hamburg 1948-60
	Die Natur,in: Sämtliche Werke, Artemis Ausgabe, Hrsg. Ernst Beutler, Bd.16, Zürich 1977
Haeckel, Ernst	Die Welträtsel, Gemeinverständliche Studien über monistische Philosophie, Leipzig 1918
Haym, Rudolf	Die romantische Schule, Darmstadt 1977 (=photomechan. Nachdruck der ersten Auflage, Berlin 1870)

Hegel, G. W. F.	Werke in 20 Bänden, Hrsg. Moldenhauer/ Michel, Frankfurt 1970 Grundlinien der Philosophie des Rechts
Herder, Joh. Gottfr.	Auch eine Philosophie der Geschichte zur Bildung der Menschheit. Mit einem Nachwort von Hans-Georg Gadamer, Frankfurt 1967
Hiller, Kurt	Vom Aktivismus, in: Die Weißen Blätter 5. Jhg. H. 4, Leipzig, April 1917, S. 88ff
Hofmannsthal, Hugo v.	Gesammelte Werke in zehn Einzelbänden, Hrsg. Bernd Schoeller in Beratung mit Rudolf Hirsch, Frankfurt 1979-80
Huch, Friedrich	Mao, Berlin 1907
Jünger, Ernst	Der Kampf als inneres Erlebnis, Berlin 1922 In Stahlgewittern, Stuttgart 1981
Kant, Gentz, Rehberg	Über Theorie und Praxis, Einleitung Dieter Hanrich, Frankfurt 1967
Klages, Ludwig	Der Geist als Widersacher der Seele, Bd. I München und Bonn 1954 Bd. II München und Bonn 1966
Langbehn, Julius	Rembrandt als Erzieher. Von einem Deutschen, Weimar 1934
Lublinski, Samuel	Die Bilanz der Moderne, Berlin 1904
Maeterlinck, Maurice	Der Schatz der Armen, Übs. Friedrich v. Oppeln-Bronikowski, Jena [3]1906
Mann, Heinrich	Ausgewählte Werke, Hrsg. Alfred Kantorowicz, Essays Bd. I und II, Berlin und Weimar 1961-62 Die Göttinnen oder Die drei Romane der Herzogin von Assy, Werkauswahl in 10 Bdn., Düsseldorf 1976 Novellen, Werkauswahl in 10 Bdn., Düsseldorf 1976 Politische Essays, Frankfurt 1974 Zola, in: Die Weißen Blätter, 2. Jhg. H. 11, Leipzig, November 1915, S. 1312 ff
Meinecke, Friedrich	Die Entstehung des Historismus, neu hrsg. von Carl Hinrichs, München 1959 Kap. 9 (= Werke Bd. 3)

Moeller van den Bruck Das Dritte Reich, Hamburg/Berlin 1931

Möser, Justus   Über Theorie und Praxis in: Sämtliche
                       Werke Bd. IX, Hrsg. B.R. Abeken,
                       Berlin 1843

Musil, Robert   Der Mann ohne Eigenschaften, Hrsg.
                       Adolf Frisé, Reinbek 1970

                       Geist und Erfahrung. Anmerkungen für
                       Leser, welche dem Untergang des Abend-
                       landes entronnen sind, in: ders. Gesammel-
                       te Werke, Hrsg. Adolf Frisé Bd. 7
                       Reinbek 1978

Natorp, Paul   Krieg und Friede.
                       Drei Reden gehalten auf Veranstaltungen
                       der "Ethnischen Gesellschaft" in München
                       im September 1915. Mit einem kritischen
                       Anhang hrsg. vom Dürerbund, München 1915

Nietzsche, Friedrich   Werke in drei Bänden
                       Hrsg. Karl Schlechta, München 1966

Novalis,   Werke, Hrsg. Gerhard Schulz,
                       München 1969

Pfitzner, Hans   Gesammelte Schriften Bd. I,
                       Augsburg 1926

Pinthus, Kurt   Die Überfülle des Erlebens,
                       wieder abgedruckt in: Silvio Vietta (Hrsg.),
                       Die Lyrik des Expressionismus,
                       Tübingen 1976, S. 9f

Platon,   Phaidros
                       Symposion

Quabbe, Georg   Tar a Ri
                       Variationen über ein konservatives
                       Thema, Berlin 1922

Rosenberg, Arthur   Entstehung der Weimarer Republik,
                       Hrsg. K. Kersten, Frankfurt 1961

Rubiner, Ludwig   Eine Botschaft, in: ders. (Hrsg.) Kame-
                       raden der Menschheit, Potsdam 1919

Scheler, Max   Die Zukunft des Kapitalismus, in: Die Weis-
                       sen Blätter, I. Jhg. H. 9 Mai 1914, S. 932-
                       948

Scheler, Max	Versuche einer Philosophie des Lebens, in: Die Weißen Blätter 1. Jhg. H. 3, Leipzig November 1913, S. 203
	Der Genius des Krieges und der Deutsche Krieg, Leipzig 1915
	Europa und der Krieg in: Die Weißen Blätter 3. Jhg., Leipzig 1915, Teil I H. 1, S. 124 ff Teil II H. 2, S. 244 ff Teil III H. 3, S. 376 ff
Schiller, Friedrich	Randbemerkung zum Balladenfragment "Deutsche Größe" in: Sämtliche Werke in 20 Bänden Hrsg. Gerhard Fricke und Herbert G. Göpfert in Verbindung mit Herbert Stubenrauch, Bd. 2, München 1965–1966
	Sämtliche Werke in 5 Bänden aufgrund der Originaldrucke hrsg. von Gerhard Fricke und Herbert Göpfert, München 1975
	Der Briefwechsel zwischen Schiller und Goethe, Hrsg. Paul Stapf, München o. J.
Schlegel, Friedrich	Schriften zur Literatur, Hrsg. Wolfdietrich Rasch, München 1972
Schopenhauer, Arthur	Sämtliche Werke, Hrsg. A. Hübscher, Leipzig 1937–1941
Simmel, Georg	Der Krieg und die geistigen Entscheidungen, München und Leipzig 1917
	Böcklins Landschaften, in: Die Zukunft, 4. Jhg. 1895, S. 271 ff
Sombart, Werner	Händler und Helden, Patriotische Besinnungen, München und Leipzig 1915
Spengler, Oswald	Der Untergang des Abendlandes, Sonderausgabe in einem Band, München 1923
Steiner, Rudolf	Wie erlangt man Erkenntnisse von höheren Welten? Dornach (Schweiz) 1945
Tolstoi, Leo N.	Was ist Kunst, Leipzig 1902
Toller, Ernst	Briefe aus dem Gefängnis, Amsterdam 1935

Voßler, Karl

Die Göttliche Komödie,
Entwicklungsgeschichte und Er-
klärung, 2 in 4 Teilbänden,
Heidelberg 1907-1910

Wagner, Richard

Die Musikdramen,
Hamburg 1971

Oper und Drama,
Leipzig 1869

Weininger, Otto

Geschlecht und Charakter,
Wien 1903

II. Kritische Literatur

II.1. Literatur zu Thomas Mann

Adorno, Theodor W.

Zu einem Portät Thomas Manns,
in: Noten zur Literatur = Gesammelte Schriften Bd. 11, Frankfurt 1974

Andersch, Alfred

Thomas Mann als Politiker, in: Die
Blindheit des Kunstwerks,
Zürich 1979

Back, Hanne

Thomas Mann, Verfall und Überwindung, Wien 1925

Banuls, André

Thomas Mann und sein Bruder Heinrich,
Stuttgart 1968

Baumgart, Reinhard

Das Ironische und die Ironie in den
Werken Thomas Manns,
München 1964

Bertram, Ernst

Dichtung als Zeugnis, Hrsg. Ralph-
Rainer Wuthenow, Bonn 1967

Bludau, B., Heftrich, E.
Koopmann, H.

(Hrsg.)
Thomas Mann 1875-1975, Vorträge in
München-Zürich-Lübeck,
Frankfurt 1977

Blume, Bernhard — Perspektiven des Widerspruchs. Zur Kritik an Thomas Mann in: Germanic Review vol. XXXI,1956 S. 177 ff

Bruhn, Gert — Parodistischer Konservatismus. Zur Funktion des Selbstzitats in Thomas Manns Zauberberg,in: Neophilologus, 58, 1974 S. 208 ff

Dettmering, Peter — Suizid und Inzest im Werk Thomas Manns, in: ders. Dichtung und Psychoanalyse, München 1969

Dierks, Manfred — Studien zu Mythos und Psychologie bei Thomas Mann (= Thomas-Mann-Studien II), Bern und München 1972

Diersen, Inge — Thomas Mann. Episches Werk, Weltanschauung, Leben, Berlin und Weimar 1975

Untersuchungen zu Thomas Mann, Berlin 1959

Exner, Richard — Der Essay als dichterische Kunstform. Stilistische und historische Probleme in der besonderen Berücksichtigung Thomas Manns, Heinrich Manns, Hugo von Hofmannsthals und Rudolf Borchardts, Los Angeles 1958

Zur Essayistik Thomas Manns in: Germanisch-Romanische Monatsschrift, Neue Folge 12/1962, S. 51 ff

Frizen, Werner — Zaubertrank der Metaphysik. Quellenkritische Überlegungen im Umkreis der Schopenhauer-Rezeption Thomas Manns, Frankfurt 1980

Graefe, Johanna — Über den Zauberberg, Berlin 1947

Grau, Helmut — Die Darstellung gesellschaftlicher Wirklichkeit im Frühwerk Thomas Manns, Freiburg 1971

Hamburger, Käte — Der Humor bei Thomas Mann, München 1965

Thomas Mann und die Romantik, Berlin 1932

Hansen, Volkmar — Thomas Manns Heine Rezeption, Hamburg 1975

Haug, Hellmut — Erkenntnisekel. Zum frühen Werk Thomas Manns, Tübingen 1969

Heftrich, Eckhard — Thomas Mann Modernität, in: Neophilologus Nr. 2, Stuttgart 1977, S. 265 ff.

Zauberbergmusik. Über Thomas Mann, Frankfurt 1975

Heiner, Stefan — Politische Aspekte im Werk Thomas Manns 1895–1918, Berlin 1976

Heller, Erich — Der ironische Deutsche, Frankfurt 1959

Hellmann, Winfried — Das Geschichtsdenken des frühen Thomas Mann, Tübingen 1972

Hoffmann, Fernand — Thomas Mann als Philosoph der Krankheit, Luxemburg 1975

Holthusen, Hans Egon — Die Welt ohne Transzendenz. Eine Studie zu Thomas Manns Dr. Faustus und seinen Nebenschriften, in: Merkur III, 1 und 2, 1949, S. 38–58, S.161–170

Jacob, Gerhard — Thomas Mann und Nietzsche, Leipzig 1926

Jendreiek, Helmut — Thomas Mann. Der demokratische Roman, Düsseldorf 1977

Jens, Inge und Walter — Betrachtungen eines Unpolitischen. Thomas Mann und Friedrich Nietzsche, in: Konrad Gaiser (Hrsg.), Das Altertum und jedes neue Gute. Für Wolfgang Schadewaldt zum 15. März 1970, Stuttgart u.a. 1970, S. 237ff

Kantorowicz, Alfred — Heinrich und Thomas Mann, Berlin (Ost) 1956

Zola-Essay-Betrachtungen eines Unpolitischen in: Geschichte in Wissenschaft und Unterricht, Bd. 11 H. 5 S.257–272, Stuttgart 1960

Karthaus, Ulrich	'Der Zauberberg'- ein Zeitroman, in: Deutsche Vierteljahresschrift für Literaturwissenschaft und Geistesgeschichte, 1970 S. 269 ff
Keller, Ernst	Der unpolitische Deutsche, Bern 1965
Koopmann, Helmut	Die Entwicklung des' intellektualen Romans' bei Thomas Mann. Untersuchungen zur Struktur von "Buddenbrooks", "Königliche Hoheit" und "Der Zauberberg", Bonn ^{2} 1971
Krajina, Anto	Die Zeitauffassung bei Thomas Mann, gesehen im Lichte der Goetheschen Phänomenallehre, Bern, (Frankfurt, Las Vegas) 1978
Kristiansen, Børge	Unform - Form - Überform. Thomas Manns Zauberberg und Schopenhauers Metaphysik, Kopenhagen 1978
Kuczynski, Jürgen	Thomas Mann: Drei Studien über die Entwicklung eines Humanisten des deutschen Bürgertums, in: Gestalten und Werke, Berlin und Weimar 1969, S. 245-317
Kurzke, Hermann	Auf der Suche nach der verlorenen Irrationalität. Thomas Mann und der Konservatismus, Würzburg 1980
	Thomas Mann Forschung 1969-1976, Frankfurt 1977
Lehnert, Herbert	Heine, Schiller, Nietzsche und der junge Thomas Mann, in : Neophilologus, 48, Febr. 1, 1964
	Thomas Mann. Fiktion, Mythos, Religion, Stuttgart 1965
	Thomas-Mann-Forschung, Ein Bericht, Stuttgart 1969
Lehnert, Herbert Segebrecht, Wulf	Thomas Mann im Münchner Zensurbeirat (1912/13), in: Jb. der dt. Schillergesellschaft, Stuttgart 7, 1963, S. 190

Lion, Ferdinand — Thomas Mann. Leben und Werk, Zürich 1947

Lukács, Georg — Thomas Mann, in: Faust und Faustus. Ausgewählte Schriften Bd. II, Reinbek 1967

Maitre, Hans Joachim — Thomas Mann. Aspekte der Kulturkritik in seiner Essayistik, Bonn 1970

Mayer, Hans — Thomas Mann, Frankfurt 1980

Mendelssohn, Peter de — Der Zauberer. Leben des deutschen Schriftstellers Thomas Mann, Erster Teil 1876-1918, Frankfurt 1975

Mörchen, Helmut J. — Studien zur politischen Essayistik und Publizistik der zwanziger Jahre. Mit besonderer Berücksichtigung von Heinrich und Thomas Mann, Kurt Tucholsky und Ernst Jünger, Stuttgart 1972

Noble, C. A. M. — Krankheit, Verbrechen und künstlerisches Schaffen bei Thomas Mann, Bern 1970

Nündel, Ernst — Die Kunsttheorie Thomas Manns, Bonn 1972

Peacock, Ronald — Das Leitmotiv bei Thomas Mann, Bern 1934

Pütz, Peter — Kunst und Künstlerexistenz bei Nietzsche und Thomas Mann, Bonn 1963

Thomas Mann und Nietzsche, in: Bruno Hillebrand (Hrsg.), Nietzsche und die deutsche Literatur, Bd. II Forschungsergebnisse, Tübingen 1978, S. 128-155

(Hrsg.) Thomas Mann und die Tradition, Frankfurt 1971

Reed, T. J. — Thomas Mann. The Uses of Tradition, Oxford 1974

Reiss, Gunter — Allegorisierung und moderne Erzäh-kunst. Eine Studie zum Werk Thomas Manns, München 1970

Sündenfall – Modell und Romanform, in: Jahrbuch der deutschen Schiller-gesellschaft, Stuttgart 13.Jhg. (1969), S. 436 ff

Rychner, Max — Thomas Mann und die Politik, in: Hamburger Akademische Rundschau, II 1947/48 S. 588 ff

Sagave, Pierre-Paul — Der Begriff des Terrors in Thomas Manns "Zauberberg", in: Rainer Schönhaar (Hrsg.), Dialog, Fest-gabe für Josef Kunz, Berlin 1973, S. 184ff

Saueressig, Heinz (Hrsg.) — Besichtigung des Zauberbergs, Biberach an der Riss 1974

Scharfschwerdt, Jürgen — Thomas Mann und der deutsche Bil-dungsroman. Eine Untersuchung zu den Problemen einer literarischen Tradition, Stuttgart 1967

Schröter, Klaus — "Eideshelfer" Thomas Manns 1914/18, in: Sinn und Form, 19. Jhg. H.6 1967, S. 1469 ff

Thomas Mann in Selbstzeugnissen und Bilddokumenten, Reinbek bei Hamburg 1964

Schröter, Klaus (Hrsg.) — Thomas Mann im Urteil seiner Zeit, Hamburg 1969

Sonnemann, Ulrich — Thomas Mann oder Maß und Anspruch, in: Frankfurter Hefte, 3. Jhg., H.7, Frankfurt 1948

Sontheimer, Kurt — Thomas Mann und die Deutschen, München 1961

Spelsberg, Helmut — Thomas Manns Durchbruch zum Politischen in seinem kleinepischen Werk, Marburg 1972

Weigand, Hermann — The magic mountain, Chapel Hill 1964

Wenzel, Georg   (Hrsg.) Betrachtungen und Überblicke. Zum Werk Thomas Manns,
Berlin Weimar 1966

Werner, Renate   "Cultur der Oberfläche".
Zur Rezeption der Artisten-Metaphy-
sik im frühen Werk Heinrich und Tho-
mas Manns, in: Bruno Hillebrand (Hrsg.)
Nietzsche und die deutsche Literatur Bd. II
Forschungsergebnisse, Tübingen 1978
S. 82 ff

Wiecker, Rolf (Hrsg.)   Text und Kontext. Gedenkschrift für
Thomas Mann 1875-1975,
Kopenhagen 1975

Wirtz, Erika   Zitat und Leitmotiv bei Thomas Mann,
in: German Life and Letters Vol. VII
1953 S. 126 ff

Wolffheim, Hans   Das 'Interesse' als Geist der Erzählung. Ein Beitrag zur Stilphysiogno-
mie Thomas Manns, in: Euphorion 47 Jhg.
1953, S 351 ff

Wysling, Hans   Dokumente und Untersuchungen.
Beiträge zur Thomas-Mann-Forschung,
(=Thomas Mann Studien III),
Bern 1974

      Thomas Mann. Der Unpolitische in der
Politik, in: Neue Rundschau 91 Jhg.
1980, H. 213, S. 36ff

Wysling, Hans (Hrsg.)   Thomas Mann Notizen (zu verschiedenen Werken) (= Beihefte zum Euphorion
5. Heft), Heidelberg 1973

Wysling, Hans
Scherrer, Paul   Quellenkritische Studien zum Werk Tho-
mas Manns (=Thomas Mann Studien I),
Bern/München 1967

Zimmermann, Jürg   Repräsentation und Intimität.
Zu einem Wertgegensatz bei Thomas Mann,
Zürich und München 1975

II.2.   Sonstige Literatur

Adorno, Theodor W.   Ästhetische Theorie,
                          Frankfurt 1970

                          Form und Gehalt des Zeitgenössischen
                          Romans, in: Akzente 1. Jhg. 1954
                          S. 410 ff

                          Jargon der Eigentlichkeit. Zur deutschen
                          Ideologie, Frankfurt 1977

                          Kulturkritik und Gesellschaft, in: ders.
                          Gesellschaftstheorie und Kulturkritik,
                          Frankfurt 1975

                          Noten zur Literatur (= Gesammelte Schrif-
                          ten Bd. 11),
                          Frankfurt 1974

                          Über Tradition, in:Ohne Leitbild, Parva
                          Aesthetica, Frankfurt [2] 1967

                          Versuch über Wagner,
                          Frankfurt 1974

Arendt, Hannah   Fragwürdige Traditionsbestände im poli-
                          tischen Denken der Gegenwart,
                          Frankfurt o.J. (1959)

Benjamin, Walter   Gesammelte Schriften Bd. I - IV, Hrsg.
                          Rolf Tiedemann und Hermann Schwepper-
                          häuser, Frankfurt 1972 - 1977

Bense, Max   Über den Essay und seine Prosa, in: Mer-
                          kur 1. Jhg. (1947) H. 3 S. 414 ff
                          und in: ders. Plakatwelt (vier Essays),
                          Stuttgart 1952

Bloch, Ernst   Erbschaft dieser Zeit,
                          Frankfurt 1973

Bürger, Peter   Theorie der Avantgarde,
                          Frankfurt 1974

Döblin, Alfred   Der Bau des epischen Werks, in:
                          ders. Aufsätze zur Literatur,
                          Hrsg. W. Muschg, Olten 1963

Gadamer, Hans Georg   Wahrheit und Methode,
                          Tübingen [3]1972

Geiss, Imanuel — Studien über Geschichte und Geschichtswissenschaft, Frankfurt 1972

Gerstenberger, Heide — Konservatismus in der Weimarer Republik, in: Gerd-Klaus Kaltenbrunner (Hrsg.) Rekonstruktion des Konservatismus, Freiburg 1978, S. 331

Habermas, Jürgen — Theorie und Praxis, Neuwied und Berlin 1963

Strukturwandel der Öffentlichkeit, Neuwied und Berlin 1962

Hermand, Jost — Gralsmotive um die Jahrhundertwende, in: ders. Von Mainz nach Weimar 1793 - 1919, Stuttgart 1969

Expressionismus als Revolution, in: ders., Von Mainz nach Weimar 1793 - 1919, Stuttgart 1969

Horkheimer, Max
Adorno, Theodor W. — Dialektik der Aufklärung, Frankfurt 1969

Jappe, Hajo — Ernst Bertram. Gelehrter, Lehrer, Dichter, Bonn 1969

Jauss, H.R. — Poetik und Hermeneutik, München 1977

Kaltenbrunner, Gerd-Klaus
Der schwierige Konservatismus, in: ders. (Hrsg.), Rekonstruktion des Konservatismus, Freiburg 1978

Kayser, Rudolf — Wege des Essays, in: Neue Rundschau 36. Jhg. 1925 S. 1313 ff

Klemperer, Klemens von — Konservative Bewegungen, München und Wien o. J.

König, René — Studien zur Soziologie, Frankfurt 1971

Landfried, Klaus — Stefan George - Politik des Unpolitischen, Heidelberg 1975

Loewy, Ernst — Literatur unterm Hakenkreuz. Das Dritte Reich und seine Dichtung, Frankfurt 1969

Lübbe, Hermann	Politische Philosophie in Deutschland, München 1974
	Traditionsverlust und Fortschrittskrise. Sozialer Wandel als Orientierungsproblem, in: ders. Praxis der Philosophie, Praktische Philosophie, Gesellschaftstheorie, Stuttgart 1978
Lukacs, Georg	Die Seele und die Formen, Berlin 1911
	Theorie des Romans, Neuwied und Berlin 1963
	Die Zerstörung der Vernunft Bd. II, Irrationalismus und Imperialismus, Darmstadt und Neuwied 1973
Mannheim, Karl	Das Konservative Denken, in: ders. Wissenssoziologie (Auswahl aus dem Werk), Hrsg. Kurt H. Wolff, Neuwied und Berlin 1964
Marcuse, Herbert	Der deutsche Künstlerroman, Frankfurt 1978
Martens, Kurt	Literatur in Deutschland, Berlin 1910
Martin, Alfred v.	Weltanschauliche Motive im altkonservativen Denken, wieder abgedruckt in: G. K. Kaltenbrunner (Hrsg.), Rekonstruktion des Konservatismus, Bern 1978
Marx/Engels,	Ausgewählte Schriften, Berlin (Ost) 1952
Matthias, Klaus	Heinrich Mann, München 1971
Meyer, Herman	Zarte Empirie, Stuttgart 1963
	Das Zitat in der Erzählkunst, Stuttgart 1961
Mohler, Armin	Die konservative Revolution in Deutschland 1918 – 1932, Darmstadt 1972
Plessner, Helmuth	Die verspätete Nation, Frankfurt 1974

Preisendanz, Wolfgang   Humor als dichterische Einbildung-
kraft. Studien zur Erzählkunst des
poetischen Realismus,
München 1963

Pross, Harry (Hrsg.)   Die Zerstörung der deutschen Politik
(Dokumente 1871 - 1933),
Frankfurt 1959

Rasch, Wolfdietrich   Nachwort zu:Joseph von Eichendorff,
Werke, Hrsg. ders., München 1966

Rohner, Ludwig   Der deutsche Essay,
Neuwied und Berlin 1966

Rosteutscher, J.H.W.   Die Wiederkunft des Dionysos.
Der naturmystische Irrationa-
lismus in Deutschland,
Bern 1947

Rudolph, Hermann   Kulturkritik und konservative Revolution.
Zum kulturell-politischen Denken Hofmanns-
thals und seinem problemgeschichtlichen
Kontext, Tübingen 1971

Schmidt, Alfred   Zum Begriff des Glücks in der materialistischen Philosophie, in: ders. Drei Stu-
dien über Materialismus,
München, Wien 1977

Schmitt, Carl   Politische Romantik,
München und Leipzig 1919

Schmitt, Hans-Jürgen (Hrsg.) Die Expressionismusdebatte. Materialien zu einer marxistischen Realismuskon-
zeption, Frankfurt 1973

Schröter, Klaus   Anfänge Heinrich Manns. Zu den Grundlagen seines Gesamtwerks,
Stuttgart 1965

Schwabe, Klaus   Zur politischen Haltung der deutschen Pro-
fessoren im ersten Weltkrieg, in:
Historische Zeitschrift, H. 193 (1961)
S. 601 ff

Šklovskij, Victor   Theorie der Prosa,
Frankfurt 1966

Sontheimer, Kurt — Antidemokratisches Denken in der Weimarer Republik, München 1978

Deutschland zwischen Demokratie und Antidemokratie. Studien zum politischen Bewußtsein der Deutschen, München 1971

Stackelberg, Jürgen — Literarische Rezeptionsformen, Frankfurt 1972

Stern, Fritz — Kulturpessimismus als politische Gefahr, Bern/Stuttgart 1963

Stern, Fritz — Die politischen Folgen des unpolitischen Deutschen, in: Michael Stürmer (Hrsg.) Das kaiserliche Deutschland 1870 - 1918, Düsseldorf 1970

Sternberger, Dolf — Panorama oder Ansichten vom 19. Jh., Frankfurt 1974

Tynjanov, Jurij — Die literarischen Kunstmittel und die Evolution in der Literatur, Frankfurt 1966

Verweyen, Theodor — Eine Theorie der Parodie, München 1973

Weber, Max — Soziologie, Universalgeschichte, Analysen, Politik. Ausg. Schriften. Hrsg. J. Winckelmann, Stuttgart 1973

Wuthenow, Ralph-Rainer — Muse, Maske, Meduse. Europäischer Ästhetizismus, Frankfurt 1978

ANALYSEN UND DOKUMENTE

Beiträge zur Neueren Literatur

Herausgegeben von Norbert Altenhofer

Otto, Susanne

LITERARISCHE PRODUKTION ALS EGOZENTRISCHE VARIATION DES PROBLEMS VON IDENTITÄTSFINDUNG UND -STABILISIERUNG: URSPRUNG, GRUNDLAGEN UND KONSEQUENZEN BEI THOMAS MANN

Analyse des novellistischen Frühwerks mit Perspektive auf das Gesamtwerk

Frankfurt/M., Bern, 1981. 408 S.
Europäische Hochschulschriften: Reihe 1, Deutsche Sprache und Literatur. Bd. 477
ISBN 3-8204-6246-2   br. sFr. 84.–

Die Arbeit erforscht dichterisches Werk und politisches Verhalten Th. Manns auf der Folie einer Theorie literarischer Produktion. Die Wechselbeziehung von problematisch werdendem Alltag, literarisch-fiktiver Suche nach Problemlösung und deren Transfer ins lebenspraktische Handeln des sich professionalisierenden Autors wird aufgezeigt und dabei die Funktion der Schreibhandlungen kritisch reflektiert. Der Schwerpunkt der Untersuchung liegt auf dem stark egozentrisch gebundenen novellistischen Frühwerk Th. Manns; das Spätwerk ist mit Blick auf Problemexpansion und Wendung zum Soziozentrismus in die Analyse einbezogen.

Aus dem Inhalt: Thomas Manns Sozialisationsprofil – Literarisches Erstlingswerk als interpretative Aufarbeitung der bisherigen Lebensgeschichte und Selbsterforschung – Literarische Professionalisierung und gesellschaftliche Integration.

Bartsch, Angelika

ZUR STELLUNG DER ADVERBIALE IN DEN WERKEN VON THOMAS MANN

Frankfurt/M., Bern, 1982. XII, 378 S.
Europäische Hochschulschriften: Reihe 1, Deutsche Sprache und Literatur. Bd. 521
ISBN 3-8204-6264-3   br. sFr. 84.–

Für die Reihenfolge der Adverbiale im deutschen Satz gibt es noch keine einheitliche Regel. Welche Faktoren bestimmen die Adverbialstellung? Welche Ausdrucksmöglichkeiten bieten sich durch sensibles Umgehen mit den möglichen Freiheiten der deutschen Satzgliedstellung? Die Arbeit beantwortet diese Fragen für Thomas Mann, indem sie knapp 1000 Sätze mit mindestens drei Adverbialen aus seinem Werk untersucht. Ausführlich eingegangen wird auf die Schwierigkeiten der Klassifizierung der Adverbiale. Die auf Grund der statistischen Ergebnisse ungewöhnlichen Positionen werden in ihrem Kontext interpretiert.

Aus dem Inhalt: Die Klassifizierung der Adverbiale – Ihre Stellungsmöglichkeiten im Satz – Statistische Tabellen der Adverbialstellung bei Thomas Mann – Sätze mit ungewöhnlichen Positionen.

Verlag Peter Lang Bern · Frankfurt a.M. · New York

Auslieferung: Verlag Peter Lang AG, Jupiterstr. 15, CH-3000 Bern 15
Telefon (0041/31) 32 11 22, Telex verl ch 32 420